大学通识书系

刘毓庆◎著

国学概论

GUOXUE GAILUN

（第2版）

北京师范大学出版集团
BEIJING NORMAL UNIVERSITY PUBLISHING GROUP
北京师范大学出版社

图书在版编目（CIP）数据

国学概论/刘毓庆著. —2 版. —北京：北京师范大学出版社，2015.5
（2025.1重印）

（大学通识书系）

ISBN 978-7-303-18871-0

Ⅰ．①国…　Ⅱ．①刘…　Ⅲ．①国学-概论　Ⅳ．①Z126

中国版本图书馆 CIP 数据核字（2015）第 072976 号

出版发行：北京师范大学出版社 https：//www.bnupg.com
　　　　　北京市西城区新街口外大街 12-3 号
　　　　　邮政编码：100088

印　　刷：北京虎彩文化传播有限公司
经　　销：全国新华书店
开　　本：710 mm×1000 mm　1/16
印　　张：15.5
字　　数：257 千字
版　　次：2015 年 5 月第 2 版
印　　次：2025 年 1 月第 17 次印刷
定　　价：32.00 元

策划编辑：马佩林　　　　　　　责任编辑：马佩林　王　宁
美术编辑：李向昕　　　　　　　装帧设计：李向昕
责任校对：李　菡　　　　　　　责任印制：马　洁

目　录

第三编 史 学

第四编 子 学

第五编 文 学

绪　言

1. "国学"概念的意义

"国学"是近些年来学术界最为响亮的一个概念之一，它的基本意思就是指本国的传统学术。说起这个概念，它并不是"国产"的，而是江户时代日本人的发明。当时日本有所谓的国学四大师，主要在于提倡古道，研究本土学术，阐发民族精神。至今日本各地图书馆的图书目录分类中，还有"国学"一目。他们所说的"国"，是指日本本国，所说的"国学"是和洋学对立而提出的。在19世纪与20世纪之交，有一批中国留学生到日本学习现代科学技术与文化，便把这个概念引入了中国。中国古代也有"国学"这个名词，但概念与现在所说的不一样，是指国家设立的学校。这在周朝就出现了。《周礼·春官·乐师》曰："乐师掌国学之政，以教国子小舞。"这里的国学即指国立学校。

我们称"国学"，外国人则称"汉学"。以前也有人称"中学"，所谓"中学为体，西学为用"，这"中学"就是指"中国的学术与文化"。也还有过"国故"、"国粹"之类的叫法。但"国故"、"国粹"有很大的保守性，而"中学"、"汉学"又是一个隐去主体立场、缺乏情感维系的科学名称，"国学"则寄寓了中国人的爱国情感，且不排除与时偕行，因此被更多的人所采用。

"汉学"、"中学"所指仅仅代表中国学术，是一种知识形态。而"国学"，它不仅仅是一种知识形态，同时还是一种价值形态，是中国文化精神的一个载体。宋朝时有一位杰出的思想家张载，他曾发一个宏愿："为天地立心，为生民立命，为往圣继绝学，为万世开太平。"这里所说的"学"，就是指一种文化传统与文化精神，也就是我们今天所说的"国学"。而这段话所体现出的精神，就是中国文化中最闪亮的精神，也是"国学"精神闪光之所在。生生不息的造化之德，体现了天地巨大的仁善之心；不可抗拒的规律，体现了天地深邃的理性精神。这一切都是由人来体会的。作为一名承传中国文化传统的学人，就应该自觉地承担起"为天地立心"的使命，在领悟天地深意之中，为社会建立一套以道德为核心的价值系统。所谓"为生民立命"，是指为百姓确立正确的人生目标，使之在道德价值观的规范下，把握命运的方向，确立生命的意义。所谓"为往圣继绝学"，就是要继承尧舜周孔以来以道德为核心的文化道统，确保人类的健康发展方向。"为万世开太平"，就是建立永恒稳定的社会秩序，用今天的话说，就是构建和谐社会，而且是永恒的和谐，这是一个终极目标。

可以说，张载的这种思想，就源自中国文化的熏陶。我们用它来诠释"国学"的精神，目的是要说明国学同时是一种价值观念。需要指出的是，现在有人把中国传统文化与"国学"混为一谈，认为国学就是中国传统文化，这是不准确的。中国传统文化是一个内涵广泛的概念，它包括了民间习俗、生活方式、社会结构等传统社会中方方面面的内容，其中自然有优秀的传统，也有糟粕存在。而"国学"则要把那些不健康的东西通过研究过滤出来，淘汰掉，因此它代表的是优秀传统文化。民国时期有人一度提"国粹"，似乎想置换国学，也是想更突出地强调民族文化中的优秀传统。

2. "国学"概念的发生

"国学"概念的发生，是以19世纪与20世纪之交的知识分子群体的民族救亡意识为基础的。从19世纪40年代开始，西方列强开始对中国虎视眈眈。先是英国人的坚船利炮打开中国的大门，强迫清政府签订不平等条约；接着是英法联军入北京，火烧圆明园，逼迫咸丰皇帝逃出京城；再后是八国联军入北京，清朝最高统治者再次出逃。此时，清政府主权丧失，颜面丢尽，自尊全无。伴随着军事入侵，西方文化及价值观也开始登陆。文化的强大冲击与列强侵略，使中华民族处于生死存亡关头，一批志士仁人为确立民族存身的依据，在与"西学"的对峙中，引入了"国学"的概念，最具代表性的是章太炎先生。章氏一生与国学结缘，1906年至1909年，在东京创立国学讲习会，鲁迅、周作人、钱玄同等皆前往听讲。1913年至1916年被袁世凯软禁期间，又再次办起了章氏国学会，举办国学讲演。1922年，应江苏省教育会的邀请，举行系列国学演讲。晚年在苏州再次办起了国学讲习会。他在《民报》第七号所载的《国学讲习会序》中指出："夫国学者，国家所以成立之源泉也。吾闻处竞争之世，徒恃国学固不足以立国矣，而吾未闻国学不兴而能自立者也。吾闻有国亡而国学不亡者矣，而吾未闻国学先亡而国仍立者也。"显然，章太炎先生这里强调的是一种文化传统存在的重要性：有这种文化传统，国虽亡而可兴；没有了这个传统，则一亡而永亡。当时也有一批人主张抛弃传统，全盘西化。"全盘西化"与"国学立本"两种观点表面上是相矛盾的，其实目标都是为了民族救亡。不过，"全盘西化"论者关注的是民族政权的存亡，而"国学立本"论者更看重的是民族文化传统的存亡。

此外，西方及日本的文化入侵，也加剧了国人整理国故的意识。在列强军事入侵中，中国大批古籍与文物流向海外，同时，东方大陆也成了西方及日本考古学家与探险家关注的对象。在他们一次次的考古与探险中，一批批的文物资料被运走。如此，中国固有的学术资源优势逐渐丧失，西方及日本的汉学研究取得了令国人意想不到的成就，汉学研究的中心似乎不在国内而到了海外，这使中国学者感到了压力，也激发了中国人以西学新知整理国故的热情。

3. "新国学运动"兴起的原因

20世纪的最后十年，蕴含着五千年中华文化深厚力量的"新国学运动"沉稳而持重地开始了。最具国学研究实力的北京大学，首先创办了《国学研究》这一大型学术刊物，接着国学类刊物、丛书、电子图书、网站相继出现。特别是在20世纪的最后两三年与进入21世纪的最初几年间，"新国学运动"更显示出强盛的发展态势，不仅在以北京大学为首的一些高等院校中成立了国学研究院、国学研究中心、中国文化研究中心等机构，而且在一些城市还出现了面向学龄前儿童和小学生开设的国学启蒙馆与国学课程班。一些地方，民众自发地办起了书院与私塾，肩负起了承传中华文化的伟大使命。这场运动的发起，最直接的原因，无疑是无数志士仁人出于对民族文化传统的自觉维护。

中国学人再一次注目"国学"，不仅因为"国学"是民族的，更主要的在于国学中高扬着人类至善至美的人格典范，并以数千年的历史证实着其创造和平的基本素质。如果说章太炎先生他们那一代哲人是站在民族主义的立场提出"国学"概念的，那么，当代的一批学人则是在世界文化大视野下发现了"国学"。他们不仅像上一轮的国学倡导者那样"保持自我"，还要在世界性的人类文化大选择中，展现中国文化的风采。这是中国传统士大夫以天下为己任的社会责任感与道德责任感给予的榜样，也是数千年文化的深厚积淀给予的自信与自觉。

4. "国学"在文化比较中展现价值

中国文化的终极目标是"万世太平"，因而这一文化的优越性在于它对和平的追求与维护，保证人类生命的健康与安宁，获得心灵的踏实与平稳。

早在 20 世纪初，辜鸿铭在《春秋大义》导言中就说过，"我们要承认：现代的欧洲文化在制服自然方面已取得成效，是其他文化没有做到的。但是在这个世界上，还有一种比自然物质力量更可怕的力量，即藏在人心中的情欲……这情欲，如果不能得到适当的调理和节制，那就不要说文化，便是人类之生存也将不可能了。"

中国文化从孔子建立经典文化体系开始算起，至 19 世纪西方文化登陆东方，少说也有两千多年的历史。英国著名历史学家汤因比（1889—1975）认为："世界统一是避免人类集体自杀之路，在这点上，现在各民族中具有最充分准备的，是两千年来培育了独特思维方法的中华民族。"他在一次报告中提出："世界现在最需要的是中国文明的精髓——和谐。如果中国不能取代西方成为人类的主导，那么整个人类的前途是可悲的。"汤因比在与池田大作的谈话中还提到："近代物质文明的危机，本质在于'道德差距'。就是说，'善性'衰退，人类的伦理、道德水准低下。要克服这些，提高人类伦理性，巨大的力量是中华民族所具有的'世界精神'。"瑞士著名心理学家卡尔·荣格（1875—1961）在《东洋冥想的心理学》中指出：应该转换西方人已经偏执化了的心灵，学习整体性领悟世界的东方智能，应该让他们放弃一些令人毛骨悚然的技术，拆穿他们拥有力量的幻象。这些技术和幻象已导致千百万人付出生命。1988 年在巴黎召开的"面向 21 世纪"第一届诺贝尔奖获得者国际大会上，著名瑞典科学家汉内斯·阿尔文博士提出："人类要在 21 世纪生存下去，就必须回到 2500 年前，去汲取孔子的智慧。"澳大利亚学者李瑞智、黎华伦在《儒学的复

兴》一书序言中说："北亚古老的神话和圣哲，看来更可能替代西方文化成为我们
'地球村'未来的中心。"20世纪后期来自西方的声音，从另一方面说明了中国文化
的价值和意义。

5. "国学"与其他文化的关系

我们强调国学，并不是要排斥西方文化，而是希望人类在发展科学技术的同时，
更多地考虑一下未来的生存与和平发展问题，考虑一下人类自身的发展即人性的发
展问题、人类道德精神提升的问题。人类发展有两个轮子，一个是科技，一个是人
文，两个轮子一起转动，才能真正走向和平、幸福、快乐与美满。只有一个轮子转，
则会翻车。西方文化是推动人类科技之轮迅速转动的强大力量，而中国文化则是促
进人类人文之轮高速发展的强大力量。这两种文化有性质的不同，而没有先进与落
后之别。任何想用一种文化取代其他文化的念头都是错误的。

中国文化有包容精神，总是求同存异；有和谐精神，能与任何不同质的文化和
平共处；有世界精神，考虑的不是一个民族的利益与秩序，而是"日照所及"之地
的平安与幸福，以及永久性的和平。世界上存在着多种不同质的文化，人类交通、
通信的发展使地球迅速变小。在这种情况下，各种不同质的文化难免要发生碰撞、
冲突。西方霸权主义者在强大的军事力量的支持下，企图用西方的价值观统一世界，
故而不断诉诸战争，造成了世界的极大动荡与不安。实际上，世界上无论何种民族
的文化，都是人类文化的一部分，都是人类的一份精神资源。人类未来的幸福，在
于使多种不同质的文化能够欢聚一堂。作为中国文化的继承者与传播者，我们应该
肩负起这样的使命，保护好人类的各种文化资源，为世界不同文化的共生、共存，
为人类未来持久的和平、幸福、美满，做出自己的努力。

6. 学习国学的目的

简单地说，我们今天倡导国学、学习国学，至少有三个目的：一是认识中国传
统文化的价值，二是建设民族精神家园，三是丰富并提升精神境界。

中国文化是世界上唯一在五千年历史中未曾中断的文化。为何没有中断而且始
终影响着历史，它顽强的生命来自何方，它对当代人类具有何种意义，这都是我们

应当了解的。当然在五千年的长途跋涉中，中国文化也蒙上了历史的尘埃，但经过
20 世纪大批判的洗礼，它呈现出的是凝结着数千年历史智慧的厚重与沉稳。我们要
将历史的尘埃以及腐朽之物与国学的基本精神区分开来，了解国学的基本内容与精
神，认识国学的价值。

从精神境界的角度讲，人生是有层次的。人的素质、品位的高低，不是在物质
生活的层面上体现，而主要是在精神层面体现。像猴子，尽管其物质生活上由于人
的提供，完全可以达到比一般人生活水平还高的享受，但它的精神世界却是空空荡
荡的，它永远无法获得人的那一份精神愉悦。面对文学作品时候，我们可以走进另
外一个世界，在那里获得乐趣，可是猴子却不能，它只能看到白纸黑字，甚至不知
道那是字。国学中有一个无限广阔的世界，我们可以从中获得陶冶，获得提升，获
得无限乐趣。孔子说："发愤忘食，乐以忘忧，不知老之将至。"这就是从中获得的
人生境界。

党的二十大报告指出："坚持和发展马克思主义，必须同中华优秀传统文化相结
合。"我们要成为强国，不仅要有技术输出、产品输出，还要有文化输出、价值观输
出。"国学"就是要我们确立东方价值观，培养我们与西方价值观对峙的底气，为文
化输出做好精神准备。

7. "国学"的基本分类

"国学"作为中国传统学术、传统文化的代码，尽管是近代才有的事情，而作为
中国传统学术与文化精神的研究，则应该从孔子算起。孔子建立了中国的经典体系
与文化学统，从而也开始了中国学术研究的历史。

关于传统学术的分类，筹划最早的是孔子，影响最大的是《隋书·经籍志》，最
为合理的是章太炎先生。孔子最早办学，在他的"孔子学院"中，根据学生自己的
优长，分了四科，即德行、言语、政事、文学。曾国藩按义理、辞章、考据的学问
分类，把德行与政事归入义理，把言语归入辞章，把文学归入考据。看来，"德行"
科应该是关于道德理论的，是与意识形态相联系的，如同今天大学里的"政治系"。
"言语"科，相当于"语言系"，"政事"科相当于"行政管理系"，"文学"科相当于
"文献系"。孔子的这个分类并不是严格意义上的学科分类，而是从教育的结果所体

现的特点说的。因此，并不完全适合于传统学术。长期以来，学术界通用的是经、史、子、集的四部分类。这个分类是从《隋书·经籍志》开始的，如清朝皇家主持编纂的《四库全书》，就是按这四部来分类的。"经"中包括了四书五经，即传统儒家经典。"史"包括正史与各类历史性记述，像方志地理也都归入这一类。"子"包括诸子百家，像三教九流都归到这一类。"集"包括各种诗文集子。这个分类基本上能把中国传统学术全部包容进来，而且易于理解。但它把"小学"即关于文字、音韵的部分归入经学，这在现代人看来，就不好理解，也不太合理了。因此章太炎先生讲国学，在传统学术分类的基础上，专列"小学"。这样就分成了五类，即小学、经学、史学、诸子、文学。

从研究中国文化的角度来讲，这五类蕴含五个方面的意义：小学，是开启中国文化之门的管钥；经学，是中国人的道德精神与理想追求；史学，是中国人的价值判断与道德坚持；诸子，我们也可以称作"子学"，是中国人的思想与生存智慧；文学，是中国人的人生情怀与咏叹。这五个方面构成了国学的全部。

从晚清到现在，学术界对于国学概念一直存在争议。近些年也有人为此作过专门的考证、辨析。但与其在概念上纠缠，不如直接面对事物本身。而事物本身是运动、发展的，因此国学也应该是一个动态的概念，应当不断吸收和接纳其他民族文化中的优质成分，强化自己，丰富国学之府，也应当将历史的尘埃以及腐朽之物清扫出国学之门。

8. "国学"的观念与路径

20世纪西方文化输入中国后，中国学术彻底改变了传统经、史、子、集的分类，而采取了所谓"科学"的方法，强调学术的专科化。故而在一个世纪的不断调整中，学科划分越来越细，研究越来越精深，确实大大促进了学术的发展。但在这种分科中，可以看到一个明显的趋向：专业化其实是技术化。在专业化的进程中，人的基本素质与精神的提升被忽略。进入21世纪，学术彻底变成了一种职业性的活动，完全改变了提升精神、完善人格的意义指向，而目标则在学术成果的创造上。学术成果的质量与数量，成为考核学者的双重指标，因而出现了一些学问高深、道德滑坡的现代型学者。这种导向，不但有违于健康、快乐、幸福的生活原则，对于人类未来的健康发展也是没有意义的。

在以专业性、技术性为目的的学科规则下，传统的国学便自然地被废置，而变成了现代学术研究各取所需的一堆素材。比如，大学中多分中文、历史、哲学等系，中文系主要面对的是语言文学，原有的"集部"与"小学"可归为其研究范畴；历史系对应的是"史部"；哲学系对应的是"子部"，但诸子的思想极为丰富，并不全是讲哲学的，这样自然有一部分要作为边角料而被剔除。最重要的是"经部"，它失去了独立存在的地位，被文、史、哲三家瓜分了，但它之所以成为"经"，是因为它是中国传统文化的核心，确定着中国人的道德精神与价值观念，影响着数千年来中国人的行为。一旦被瓜分，就意味着传统精神流失。

通过近一个世纪的反思，人们再次关注国学时，却不得不面对因现代学科分类而带来的问题。这里出现了两种情况。一是学者们给自己定了位，基本上都划地为界，互不相犯。二是有些单位成立国学研究院或国学研究中心，只是在形式上把文、史、哲三支力量拼凑在一起。这两种情况都是当代国学研究的障碍。

故而，在这里有必要提出国学的观念与学习路径来。国学的观念是要文、史、哲不分，即打破现代学科的壁垒，以小学为基础，由小学入经学，由经学通文史，然后出入于诸子，这样才能建立起扎实的学术基础。20世纪前半叶产生了一批大师级的人物，章太炎、王国维、梁启超、陈寅恪等皆为世所仰，他们无一不具有扎实的国学功底。但20世纪的后半叶，很难找出能够与前期抗衡的重量级学者来。因为国学中那种培育大家的浑元之气，已在学科划分中被消解。

因此可以说，国学既是一个知识系统，也是一个价值系统，同时还是一种学习方法与治学门径。

思考题

1. 什么是国学？它的基本含义是什么？

2. 国学的概念是在怎样的背景下提出的？

3. "国学热"再次兴起的原因何在？

4. 国学的内容包括哪些方面？

5. 国学有哪些基本素质？

6. 学习国学的目的是什么？

7. 在当代世界文化的冲突与交融中，国学的地位与角色是怎样的？

参考书目

章太炎：《章太炎国学讲演录》，北京，中华书局，2013。

钱穆：《国学概论》，北京，商务印书馆，1997。

龚鹏程：《国学入门》，北京，北京大学出版社，2007。

1 | 第一编
小 学

　　根据现代学科分类，小学属于"语言文字学"。因古代小学先教六书，故称"小学"。据古文献记载，古代小孩是八岁上学的。《大戴礼记·保傅》篇云："古者年八岁而出就外舍，学小艺焉，履小节焉。束发而就大学，学大艺焉，履大节焉。"所谓"小艺"，就是识字、算数、待人接物的礼节以及洒水扫地之类的劳动技能。朱熹《大学章句序》释云："人生八岁，则自王公以下，至于庶人之子弟，皆入小学，而教之以洒扫、应对、进退之节，礼、乐、射、御、书、数之文。"其中最重要的一项学习任务是识字。因为入学主要是读书，而读书必先识字。《汉书·艺文志》云："古者八岁入小学，故《周官》保氏掌养国子，教之六书，谓象形、象事、象意、象声、转注、假借，造字之本也。"因此《艺文志》里把十种

"文字学"书归在了"小学"类中。

这在我们今天看来确实令人困惑，这些东西那样艰深，连学者都不一定能搞懂，古代的小学生怎么能读懂呢？其实这是因为古今语言变化造成的隔阂。就拿《尚书》来说，这不过是古代的一些政治报告、告示、会议记录之类的东西，它只能是当时的大白话，是希望每一个人都能听懂、能看懂的。可是在今天读来，却是那样艰涩。正是由于古今语言的变化，才出现了训诂学、音韵学。

古代把"小学"类放到了"经部"，是因为这是读经书的一个基础。要想通经，必先通小学。由小学入经学，这是一条传统的治学之路。同时，"小学"作为一门学问，也是由研究经典文字开始的。我们在这里讲"小学"，目的也是为了阅读包括经典在内的古书。"小学"是一条通向古典的路径，是打开中国古代文化之门的管钥。要想读隋唐以前的书，没有"小学"基础是不行的。因此在中国所有的学问中，这是最基础的一门学问。只有它，才能帮助我们走进中国文化的殿堂。章太炎先生当年讲国学，最重视的就是"小学"。他在给钟正懋的信中就明确地说："仆国学以《说文》《尔雅》为根极。"在《国故论衡·小学略说》中，也称"小学"是"国故之本，王教之端，上以推校先典，下以宜民便俗"。

"小学"主要包括文字、音韵、训诂三部分，而最主要的是文字学。中国文字有三个要素，即形、音、义。因为特殊的方块形体，产生了《说文解字》系列的研究著作，以及"古文字学"这门学问。因为读音有古今的变化，因而出现了后来的"音韵学"一科；因为古今字义的变化，因而有了"训诂学"一门。即如宋代学者王应麟《玉海》卷四十五所说：

> 文字之学凡有三，其一体制，谓点画有衡纵曲直之殊（《说文》之类）；其二训诂，谓称谓有古今雅俗之异（《尔雅》《方言》之类）；其三音韵，谓呼吸有清浊高下之不同（沈约《四声谱》及西域反切之学）。

音韵学因在发展中成了一门非常专业的学问，虽也有助于训诂，而主要指向不在古籍的阅读与理解，因此暂且搁置。以下主要就文字与训诂两个方面作些介绍。

第一章　文字学

什么叫"文字"？"文"指的是象形字，因为是"错画"而成，故谓之文。《说文解字》（以下简称《说文》）："文，错画也。""字"指的是合体字。"字"有生的意思。《说文解字》："字，乳也。"《广雅·释诂》："字，生也。"因是由"文"滋生出来的，所以叫"字"。即如许慎《说文解字叙》所说："盖依类象形，故谓之文；其后形声相益，即谓之字。文者，物象之本也。字者，言孳乳而浸多也。"混言之则曰"文字"。正因如此，许慎才把他的大作命名《说文解字》。所谓"文字学"，就是关于文字的学问。文字学的研究有两个主要对象：一是研究文字的原意，让人们知道文字形义的"所以然"，了解其背后蕴含的学问；二是研究古今字形的变化，即文字由甲骨文到金文、简帛文字、篆书、隶书、草书、楷书以及繁体、俗体、简体等的变化。

第一节　汉字与中国文化

汉字是当今世界上为数不多而影响最大的方块文字。这种文字的特殊性，不仅仅在于它的结构，更在于它的文化意义。概言之有四。

第一，汉字形义中蕴藏着一个世界。每一个字中都藏着故事，藏着学问，藏着历史。所以，梁启超曾说，若用新眼光去研究，作成一部"新说文解字"，是可以当作一部民族思想变迁史，或社会心理进化史来读的。

如果我们从文字学的角度去看汉字系统，就会看到上古生活的方方面面。如"乘"字，《说文》写作𣔬，云："覆也，从入桀。"乘本义是"覆盖"，上面的"人"是用来遮盖的，下面是个"桀"字，"从舛在木上"，"舛"是人的两腿，人两腿在树上，上面又有覆盖，这显然就是巢居的写实。当然就字形来解，许慎说得并不正确，因为在古文字中，乘写作🜨、🜨，像人登树巅之状，但反映巢居这一点则是对的。甲骨文中"乘"字有一种写法，下面的"木"被砍去了树梢，树被砍去梢，这是为了构巢的方便。（张舜徽《广文字蒙求》）又如"穴"字，《说文》云："穴，土室也。"在古文字中，"穴"像人工挖出的土窑洞形。穴系列的字，如窨、邃、窈、窕、窘、窆等，则反映了穴居洞处的情况。现在我们称女子长得好看为"窈窕"，称结婚为入洞房，这都是穴居时代留下的烙印。贝系列的字，如财、贫、贪、贡、货、赈、费、赠、赏、贷、赊、贿、赂之类都从贝。《说文》云："贝，海介虫也。古者货贝而宝龟，周而有泉，至秦废贝行钱。"这反映的是古代的货币交易情况。如"市"字，《说文》云："韠也，上古衣蔽前而已，市以象之。天子朱市，诸侯赤市……从巾，象连带之形。"朱骏声《说文通训定声》云："祭服曰市。上古衣兽皮，先知蔽前，继知蔽后，市象前蔽以存古。"所谓"上古衣蔽前而已"，是指人身首先被遮蔽的部分。市和蔽古音相近，"市"也含有"蔽"的意思。与前蔽阴部相对，后面则是尾饰。《说文》云："尾，微也。从倒毛在尸后。古人或饰系尾，西南夷皆然。"从青海出土的新石器时代的陶盆纹中，即可看到舞蹈者尾饰的图像。这反映的是上古服饰方面的情况。如"弃"字，《说文》云："捐也，从廾，推𠦒弃之，从𠫓。𠫓，逆子也。"像是双手拿着一个长柄箕之类的工具将孩子丢弃，反映的是上古的弃子习俗。传说周人的先祖后稷生下来就曾几次被丢弃。如"凶"字，《说文》云："恶也。象地穿交陷其中也。""凶"字所从的凵，代表的就是陷阱。古代因猛兽甚多，人们想出了用陷阱的方式制伏野兽，常挖陷阱，上盖草木枝叶及泥土等物做掩盖，这就是"凶"所从的"𝗑"。但生人不知，往往会陷入其中，所以叫"凶"。甲骨文中的"拯"字，就像人用双手从陷阱中救人之形。它反映的是古人与猛兽斗争的情况。如"州"字，《说文》云："水中可居曰州，周绕其旁，从重川。昔尧遭洪水，民居水中高土，故曰九州。诗曰：在河之州。"在洪水泛滥时，人就高地而居，周边是水。所谓九州，就是当时人所居住的水中高地，这反映的是人类早期的生存环境。后来行政区域划分中有一级叫州，现在还有霍州、徐州之类的名称。像《说文》所云："洪，洚水也。""滔，水漫漫大貌。""沆，莽沆，大水也。""沆

舞蹈纹彩陶盆。青海大通县上孙家寨出土，现藏于中国国家博物馆。

水广也。""溥，大也。"反映的是大水灾的阴影。不难看出，上古历史的许多秘密，都深藏于文字形义之中。汉字形义本身就是一部凝固的中国上古史。

反过来讲，懂得文字学，可以帮助我们从历史的纵深处认识现存的事物。比如"取"字，在现代汉语中是获得、取得的意思，可是为什么要写作从耳从又呢？《说文》云："取，捕取也。从又从耳。《周礼》：'获者取左耳。'《司马法》曰：'载献聝。'聝者，耳也。"在古文字中，取字像用手执耳之状。根据《说文》的解释，我们得知，在上古时代，人们狩猎或作战时，要把捕获的野兽或战俘的左耳割下来，以割取耳朵的多少来计功。所以《周礼·夏官·大司马》郑玄注："得禽兽者取左耳，

"取"字字形图

当以计功。"《左传·僖公二十二年》云："且今之勍者，皆吾敌也，虽及胡耇，获则取之，何有于二毛？"如果用今天的字义来理解，"获"就是"取"，为什么还说"获则取之"呢？这里的"取"就是割取左耳的意思。从这个字中我们可以看到关于古代战争的习俗。耳朵被割意味着被捕，是一件令人感到耻辱的事情，所以"耻"字从耳。汉字中有个"聑"字，这就是"妥帖"之"帖"的本字，《说文》云："安也。"为什么能解释成"安"呢？因为战争结束，两只耳朵还好端端地长在头上，得以全身而归，表示安然无恙，没有被羞辱。这个意思也是由割左耳的战争习俗衍生来的。

"取"由捕获的意思，引申出获得、收取的意思。我们再从"取"字入手，来看"娶"字。《说文》云："娶，取妇也，从女从取，取亦声。"从许慎的解释中也可以看出，"娶妇"原先是写作"取妇"的。后来因妇是女性，才加"女"字写作"娶"。但为什么字从"取"呢？由以上"取"与"捕获"的关系，不难发现"取妇"与古代抢婚习俗的关系。在《周易》爻辞中屡见"匪寇，昏媾"之文，意思是说：以为遇到了盗寇，结果不是，原来是为婚媾而来的。结婚的"婚"字，为什么从"昏"，而且原来要写作"昏"？就是因为抢婚往往在黄昏视线模糊、认不清对方面孔时进行，后来则演变为黄昏时行婚礼。《说文》云："婚，妇家也。礼，取妇以昏时。妇人阴也，故曰婚。从女昏，昏亦声。""取妇以昏时"，这是古俗；所谓"妇人阴也，故曰婚"，这是汉时人昧于何以昏时行礼的原因而作出的"想当然"的解释。《白虎

通·嫁娶》篇云："婚姻者何谓也？婚者，昏时行礼，故曰婚。"妻子的"妻"，小篆写作 ，像一只手抓住女子头发的样子。金文中上面的"中"像古"齐"字的上边部分，所以林义光《文源》云："从又持女，齐省，齐亦声。""从又持女"，所反映的也是抢婚习俗。梁启超在《中国文化史·社会组织编》中谈到抢婚制时曾说："今俗亦尚有存其余习者，如婿亲迎及门，妇家闭门，妇家儿童常哗逐媒妁之类皆是。"

我们这里仅由一个"取"字就带出在现代生活中仍有残存、在文字形义中仍有所反映的上古习俗。如果我们能从文字学的角度思考问题，就会从更多的、极为平常的汉字形义中发现当代与远古的种种联系。比如"京"字，我们现在称首都为京，这是为什么呢？从古文字中看，京像是一个高大的建筑物。京起初当是建于高丘上的，所以《说文》云："京，人所为绝高丘也。"周人从公刘时代开始，每到一处，都要建造"京"这样的标志性建筑，故而留下了周京、丰京、镐京之类地名。汉代继承了这个名称，又有了东京、西京之说。早期，这样的建筑本来是只有王都才有的，但后来逐渐演变，普及到了各个城市。像古代城中的鼓楼，其实就是"京"。因为"京"是高大的建筑物，所以引申出高、大、盛等意思。

鼓 楼

甲骨文

金 文

又如，我们看到很多灵堂所设立的写有死者名字的牌位，均呈上尖下方形，还有墓碑以及庙里的石碑，都是这种形状，这是什么原因呢？如果懂古文字，一眼即可发现，这其实就是"且"形的翻版。甲骨文中，"祖"字没有示字边，只书为"且"：上呈尖状或半圆状，酷似男性生殖器的模型。《说文》云："祖，始庙也。"这是说，祖是奉祀祖先的宗庙。因为与祭祀有关，所以后来加了"示"旁。而祖庙中象征祖先的"且"，就是巨大的男根模型，这显然是生殖崇拜的反映。《穀梁传·文公二年》说："无祖，则无天也。"范宁注："祖，人之始也。"无祖则无己，因而尊祖祭祖便成为人生的大事。后世的灵位牌、墓碑等，皆是由此演化而来的。

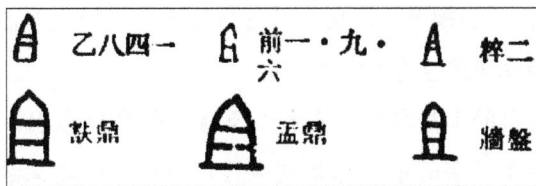

"且"字字形图

再比如，我们把第三者称作"它"，这也是很难理解的。但结合古文字看，这便可了然。张舜徽先生在《广文字蒙求》中说："蛇古字当作它，其形为𧖟。《说文》：'象冤曲垂尾形。上古草居患它，故相问：无它乎？'以前农村中有一种很流行的禁忌，便是对于平日最为可怕的东西，如虎如鬼习惯于用'那个东西'来代替它的名号，而不敢直呼其名，这恐怕是远古传下的遗俗。推想我们的祖先为毒蛇所苦的时候，熟人见面便问：'近来没有那个东西为害了吗？'于是展转引申，'它'字便成为第三者的称呼，作彼字用了。"

从一个字便可看到一段历史，看到一种不复存在的生活，这恐怕只有汉字能做到。人们常说中国文化博大精深，从这里我们也不难体味到这一点。

第二，汉字所记载的传统文化典籍，其丰富性、久远性超过了世界上任何一种文字。仅一部《四库全书》，就多达 36300 册，6752 函，全书共 230 万页，连接在一起，足够绕地球赤道一圈有余。《续修四库全书》比《四库全书》量还大，双页缩印精装本竟多达 1800 册。其余《四库存目丛书》《丛书集成》《四部备要》《四部丛刊》等大型丛书，以及丛书之外的大量单刻古籍，数不胜数。汉字为人类保存了一大批极为珍贵的精神产品。

第三，汉字强化了民族的凝聚力，成就了中华民族的伟大。中国幅员辽阔，人口众多，南北异音，东西殊俗。在普通话不普及的古代，各地皆用方言，南方人说话北方人听不懂，西部人说话东部人不知所云。《尹文子》中就记有这样一个故事："郑人谓玉未理者为璞，周人谓鼠未腊者为璞。周人怀璞谓郑贾曰：'欲买璞乎？'郑贾曰：'欲之。'出其璞视之，乃鼠也。因谢不取。"郑约在今郑州一带，周约在洛阳一带，两地相去并不算太远，但语言上仍会出现如此大的差异，何况南北极边之地呢？但不管方言多么分歧，只要一写出汉字来，大家都能读懂。因此这种功能是拼音文字无论如何都不能替代的。中国历史上曾出现过多次分裂。每次分裂都会出现

"言语异声，文字异形"的现象，如果不是通过汉字"书同文"而进行文化整合，我们很难想象如今的中华民族会有如此之大。

第四，汉字所创造的丰富多彩的艺术以及博大的文化思想，也是世界上任何文字都无法比拟的。由于汉字的单音和独立应运，形成了中国文学的多种诗体，如四言、五言、七言、格律、词、曲等，还出现了回文诗、回环诗、藏头诗等多种奇异的文学艺术。我们可举蒋一葵《咏春》为例：

　　莺啼岸柳弄春晴晓月明

这看起来是残缺的诗，其实是一首测试智力的回文诗，回环读之就会发现它是一首七言绝句。正读是：

　　莺啼岸柳弄春晴，柳弄春晴晓月明。
　　明月晓晴春弄柳，晴春弄柳岸啼莺。

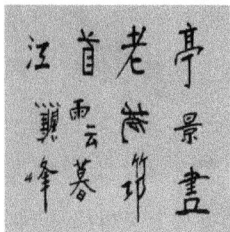

神智体

再如，由于汉字的方块象形、独立应运的特点，还形成了汉赋、神智体、图形诗、宝塔诗等艺术。我们可举苏东坡的神智体为例（见左图）：

看到这横七竖八的字，很难想象到这原来是一首诗。这首诗正读则为：

　　长亭短景无人画，老大横拖瘦竹筇。
　　回首断云斜日暮，曲江倒蘸侧山峰。

据南宋桑世昌编《回文类聚》卷三，这首诗的名字叫《晚眺》，是苏轼写给一位辽国使臣的。"神宗熙宁间北虏使至，每以能诗自矜，以诘翰林诸儒。上命东坡馆伴之，虏使乃以诗诘东坡，东坡曰：'赋诗易事也，观诗难事耳。'遂作《晚眺》诗以示之，虏使惶愧，莫知所之，自后不复言诗矣。"

由于汉字的象形特征，产生了独特的书法艺术、篆刻艺术，形成了正、草、隶、篆等多种书体，出现了王羲之、欧阳询等众多书法大家。书法特有的变化无方的艺术造型，成为其内在精神的最佳展示。蔡邕《笔论》云："为书之体，须入其形，若坐若行，若飞若动，若往若来，若卧若起，若愁若喜，若虫食木叶，若利剑长戈，若强弓硬矢，若水火，若云雾，若日月。纵横有可象者，方得谓之书矣。"孙过庭《书谱》又云："观夫悬针垂露之异，奔雷坠石之奇，鸿飞兽骇之资，鸾舞蛇惊之态，绝岸颓峰之势，临危据槁之形。或重若崩云，或轻如蝉翼；导之则泉注，顿之则山安；纤纤乎似初月之出天崖，落落乎犹众星之列河汉。"显然，在书法家的笔下出现的并不是单纯的横、竖、撇、捺的线条，而是飞动的生命姿态，因为作者已将自己的全部精神倾入其中。书法家的性情、人格以及人生境界，都在这里得到了体现。故先人有言曰："书如其人。"苏东坡《书唐氏六家书后》云："世之小人，书字虽工，而其神终有睢盱侧媚之态。"所谓"睢盱侧媚"，就是我们今天所说的"媚俗"。媚俗实际上就是"世之小人"的人格说明。

从某种意义上讲，汉字不仅仅是中国文化的表述符号，也是中国文化的参与者，它的创造功能渗透到了中国文化的方方面面。如在广告行业中，由于汉字的一字多义与多字一音的特点，广告艺术家们制作出了众多风趣、幽默又发人深省、引人注目的广告词。如沙发的广告词："坐享其成"；发廊的广告词："百发百中"；服装的广告词："望眼欲穿"；面粉的广告词："面对面的关怀"；空调的广告词："我的名气是吹出来的"；等等。

像字谜游戏，对于汉字的功能也可说是全方位的展示。《西厢记》写张生与崔莺莺相恋，横插进崔夫人的侄子郑恒要践履婚约。郑恒夸自己如何优于张君瑞，此时红娘唱道：

　　〔调笑令〕你值一分，他值百分，萤火焉能比月轮？高低远近都休论，我拆白道字辨与你个清浑。君瑞是个"肖"字这壁着个"立人"，你是个"木寸"、"马户"、"尸巾"。

"拆白道字"是字谜的一种形式，这里红娘骂郑恒是"村驴屌（屌）"，可她没有明说，却将这意思藏在了字谜中。有些字谜中深藏的学问，确让人有中国文化深不可测之感。如清代笔记中记载的一条字谜，谜面是"无边落木萧萧下"，谜底是一个"日"字。从谜面到谜底，处处藏着学问。南朝宋、齐、梁、陈，齐和梁都姓萧，这样"萧萧下"便是"陈"了。"陈"的繁体作"陳"，"陳"去掉"阝"旁，即所谓"无边"，则为"東"字。"東"去"木"，即所谓"落木"，则成了"日"字。如果没有历史知识，是绝对猜不出谜底的。若没有汉字做基础，这样高深的谜语也绝对不会产生。

再如对联艺术，也非常能体现汉字象形独立的优势。传说乾隆皇帝乔装改扮，与大臣张玉书在酒楼饮酒。席间，他趁着酒兴指着一姓倪的歌姬出上联说："妙人儿倪氏少女。""妙"字分解开，就是少女二字；"人儿"合起来正好是"倪"字。未等张玉书想出来，歌姬随口答道："大言者诸葛一人。""大"字分解开是"一人"二字，"言者"合起来则是"诸"字。像如此精妙的对联，如此幽默的艺术，从其他民族的文字中则不易找到。

此外，如酒令、歇后语、绕口令、装饰艺术等，也无不体现着汉字的特殊本质与创造功能。可以说，中国不能没有汉字，没有汉字就没有中国文化，不懂汉字的玄妙，就不能理解中国文化，也就根本不可能走进中国文化的殿堂！

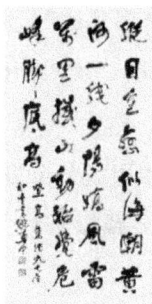

不知老　　古为今用　　家居汾水之阳

风物长宜放眼量　　姚奠中　　奠中书画之章

第二节 六书

今存最早的一部文字学著作是《说文解字》，全书 14 篇，分 540 个部首，这代表了先民对事物的基本分类。单字 9353 个，重文 1163 个。书中推究六书之义、造字之本，言简意赅，最为得要。其存字形，上接金文、甲骨文，下启汉隶，是中国文字学史上一部不可替代的权威性著作。古文字学之门，就是由它打开的。汉字内部有其自身的规律，前人用"六书"来总结。《说文解字叙》云：

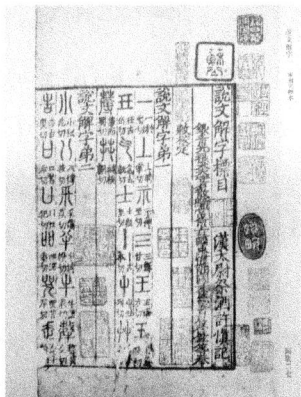

《说文解字》书影

《周礼》：八岁入小学，保氏教国子，先以六书：一曰指事。指事者，视而可识，察而可见，上下是也。二曰象形。象形者，画成其物，随体诘诎，日月是也。三曰形声。形声者，以事为名，取譬相成，江河是也。四曰会意。会意者，比类合谊，以见指㧑，武信是也。五曰转注。转注者，建类一首，同意相受，考老是也。六曰假借。假借者，本无其字，依声托事，令长是也。

这里所提到的"六书"，就是所谓的"建字之本"。其实这是古代学者研究文字时归纳出的条例，并不是造字法。以下就六书分别作介绍。

1. 指事

所谓"指事"，就是用象征性的符号来表事，有可能是最早产生的一类文字。如用一画表示"一"，用二画表示"二"，用三画表示"三"，用四画（䒑）表示"四"等。手是五指，为一个单位，于是便不再加画，而用"✕"表示。以一横代表准线，于"一"上加一竖线或一短横，就是表示上的意思，若短横或竖线加在下面，则表示"下"。

但有相当多的指事字是产生在象形字的基础上的，是在象形符号上加标识以表示所指之事的。如先有"木"表示树木，要表示树根，则于木的根部加一横或一点，这就成了"本"字。故《说文》云："木下曰本。"要表示树梢，则于木的梢部加一横，这就成了"末"字，故《说文》云："木上曰末。"在"木"的中间重点一笔，则成了"朱"（朱），也就是树株的"株"，指树干部分。《说文》云："朱，赤心木，松柏属。从木，一在其中。"认为指的是树心，树心是赤色的，所以朱指颜色，看来这个解释是有问题的。郭沫若《金文丛考》云："'朱'乃'株'之初文。与'本''末'同义……金文于'木'中作圆点以示其处，乃指事字之一佳例。其一横者乃圆点之演变。"再如，"刀"像刀形，在刀刃的部位加上一点即成"刃"字；"大"（大）像人形，在人的两腋的部位加点，便成为"亦"字，即"腋"的本字。

不过指事字并不只是用加标识的方式来表示其意的，还有相当多是以强调、夸张某些事物的部位来指事的。如"天"（天）字，是在"大"字上部突出了硕大的人头。《说文》云："天，颠也。至高无上，从一、大。"颠就是头顶。加大人头，就是要表示所特指的部分。头是人体最上部，故说是"至高无上"。如果人的脑袋歪在左边，便成了"夨"（夨）字，《说文》云："夨，倾头也。"脑袋歪在右边，便成了"夭"（夭）字。《说文》云："夭，屈也。"人把两条腿相交在一起，突出相交的部分，这就成了"交"（交）字。《说文》云："交，交胫也。从大，象交形。"侧面人形膝盖下地，突出膝盖部分，则成"卩"（卩）字，杨树达《积微居小学述林·释卩》云："卩乃厀之初文……卩者，胫头节也。引申为节止、节制之义。"正面人形一腿弯曲，则成为"尢"（尢）字，《说文》云："尢，曲胫也。象偏曲之形。"侧面人形加大脑袋部分，这就成了"元"字，《说文》云："元，始也。"在人头的部分突出眼睛，这就成了"见"（见）字，《说文》："见，视也。"

这里需要说明的是，"指事"与"会意"、"象形"，常出现难以辨别的情况，所以《说文解字》中就把不少指事字释为象形，王筠《说文释例》《说文句读》又一律归于会意。简单地说，指事与象形之别在于象形是描绘具体的形象，指事则带有抽象性，往往是通过强调、标识的方式表示事物；与会意之别是，会意字用几个意符合成一个意思，而指事字往往分为单个的符号就失去了意义。不过有些时候是不必强分它们的，只要知道意义也就行了。因为先人造字时，并没有指事、象形等概念。

2. 象形

象形字指纯用点画描摹物体的字。《说文解字叙》中谈到造字时说："仰则观象于天，俯则观法于地，视鸟兽之文与地之宜，近取诸身，远取诸物……"这其实就是说，文字是人以自己为中心观察天地万物的结果，是取天地万物之象而造出的，而天地万象是宇宙存在的根据，这也就确立了象形文字在汉字中的主导地位，故人们有时用"象形字"代称汉字。前人所谓象形兼会意、象形兼形声等划分，都有点过于复杂化。我们的原则是，只要它的基础主体是象形的，就可以归于象形系列中，不必再作细分。

今观象形字，确实涉及天地万象。如表现人体的：人，像侧立的人形；大，像正立的人形；首，像人头带发形；耳，像人的耳朵；目，像人的眼睛；自，像人的鼻子；口，像人口形；手，像人的手有五指；又，像人右手欲抓物形；爪，像人手下覆欲捉物形；心，像人的心脏；吕，像人的脊梁骨；足，像人的小腿带脚掌形；止，像人的脚趾；包，像人怀妊形；子，像初生小儿形等。

天文方面：日，像圆日形，中有一点，表示实体；月，像缺月形，因月多处于半圆状态；晶，像夜空众多小星形；云，像天上回卷的云气；气，像地上升起的云气；雨，像天上降雨之状；电，像闪电之状等。

地理方面：山，像山峰突起之状；丘，像丘陵毗连之状；泉，像水源出水之状；水，像水流之状；回，像回转的旋流；田，像阡陌分明的田地等。

鸟兽草木方面：鸟，像鸟有喙、头、翼、足形；燕，像燕子形；马，像马有尾及四足形；犬，像狗卷尾形；象，像大象形；虎，像大口兽形；鹿，像长角兽形；牛，像头角回抱的牛头；羊，像角向外拐的羊头；万，像长尾高举的蝎子；龟，像大壳爬行的龟；鱼，像头尾皆足的鱼；木，像长起的树；草，像地面的小草；禾，像穗下垂的谷子；来，像有芒刺的麦子；果，像树上结满果子等。

生活用具方面：丝，像束丝之形；衣，像向右抱裹的古衣形；裘，像毛皮衣形；皿，像饮食之器形；豆，高足豆形；鬲，像炊具；畐，像盛酒器；车，像有轮子的车子；册，像编起的竹简；户，像单扇门；门，像双开的户；舟，像小船；弓，像弯弓；戈，像斜开刃的兵器；帚，像笤帚；其，像簸箕等。

这是古人以人为核心，通过人的仰观俯察，而构织出的一个世界。更确切地说，是先民心灵中的世界。这一个个象形字，就像一幅幅的写意画，不求形真，但求神似。用最简单的点线，勾勒出了最生动的神情形态。这与中国传统的写意画之运笔、思维，应该都是一脉相承的。

3. 形声

形声字是由形与声两部分组成的文字，是在象形字的基础上产生的，在汉字中所占比重最大。形、声两部分的组合没有定准，或左形右声，如江、河；或上形下声，如窈、窕；或外形内声，如团、圆等。但声符在右者居多，所以有学者称作"右文"。无论声符居于何位，有一点则是相同的：表形的部分，都是与事物的类别相关的，大多属于部首字。如手部字：捉、握、接、招、掌等，"手"表示它们都与手有关，而足、屋、妾、召、尚等则表示读音。

不过，我们要特别注意的是，形声字表示声符的部分，往往是有意义的。宋王子韶提出"右文说"，就是关于形声字研究的。《梦溪笔谈》卷十四云：

> 王圣美治字学，演其义以为右文。古之字书皆从左文，凡字，其类在左，其义在右。如水类，其左皆从水。所谓右文者，如"戋"，小也。水之小者曰"浅"，金之小者曰"钱"，贝之小者曰"贱"，如此之类，皆以"戋"为义也。

这是说声符是有义的。清代学者段玉裁也曾提出"声与义同源"说，现在看来这是非常有道理的。往往声符相同的字，会形成一个意义相似的族群，如：

"包"本义是像未成形的胎儿在娘胎中的形状，《说文》："包，象人裹妊，巳在中，象子未成形也。"于此引申而有了包裹、鼓起的意思。加艹则为"苞"，指花未开放包裹着的花片。加衣则为"袍"，是古代包裹在人体外的长衣服。加手则为

"抱"，指用手臂抱物于怀，如包裹之状。加水旁则为"泡"，指水中鼓气的水泡。加食旁则为"饱"，吃足了食，肚子鼓起，故叫"饱"。加肉则为"胞"，指包裹胎儿的胎衣。

"卢"有黑的意思。汉扬雄《太玄·守》"卢首"，范望注："卢，黑也。"清张文虎《舒艺室随笔》卷三："齐谓黑为黸。案瀘（泸），黑水；櫨（栌），黑橘；玁，黑犬。"加鸟为鸕（鸬），鸬鹚似鸦而小，色黑。加马为"驢"（驴），驴似马而小，黑色。加土为"壚"（垆），指黑色坚硬而质粗不黏的土壤。

"乔"（喬）有高的意思。加木为"桥"，指高架于水上的桥梁。加马为"骄"，马高六尺为骄（"骄傲"即自高自大为骄，瞧不起别人为傲）。加人则为"侨"，踩高跷的人为侨人。加车为"轿"，指人高扛于肩的车舆。

"句"有弯曲的意思，加竹为"笱"，是竹制的呈曲形的捕鱼器。加金为"鉤"，用金属制成的挂物钩。加疒为"痀"，指曲背之病。加车为"軥"，指车轭两边下伸反曲夹贴马颈的部分。

焦循《易余籥录》卷四中有一段关于"襄"声字的论述：

> 有以"讓"为名者，皆以他物实之于此物中，如要肉入海参中则名"讓海参"。凡讓鸡、讓鸭、讓藕，无非以物实其中。或笑曰："讓"当与"瓤"通。谓以物入其中，如瓜之有瓤也。说者固以为戏言，而不知古声音假借之义正如此也。瓜之内何以称"瓤"？瓤，从襄者也。"瓤"从襄犹"醲"，《说文》："醲，酝也。""酝"与"緼"通。《穀梁传》"地緼于晋"，谓地入于晋也。《论语》"衣敝緼袍"，谓絮入于袍也。"酝"为包裹于内之义，而"醲"同之，此所以名瓤名醲也。《说文》："齈，作型中肠也。"《释名》云："中央曰齈"，皆以在中者为义。囊，裹物者也，从襄省声，即亦与讓同声。然则讓取包裹緼入之义明矣。夫讓，犹容也，容即包也。争则分，讓则合矣。故四马驾车两服在两骖之中，而《诗》曰"上襄"，水围于陵而《书》曰"怀山襄陵"，俱包裹之义也。不争则退逊，退逊则却，故讓有却义。能讓则附合者众，故"穰"之训众，"瀼"之训盛，众则盛矣。

由此可以看出，形声字中蕴藏大学问。故而这也成了一种重要的训诂方法。我们可以顺着这条路径，发现汉字音义中许多鲜为人知的秘密。例如，生活中常将已婚的年轻妇女称作"媳妇"。《红楼梦》第十九回写宝玉遇见茗烟与万儿私通，在宝玉的追问下，茗烟说了实话，于是宝玉说："等我明儿说了给你作媳妇，好不好？"世俗又有儿媳、孙媳、弟媳之称，这是为什么呢？如果从"声与义同源"的理论看，"息"有生的意思。《汉书·卜式传》言卜式牧羊，"岁余，羊肥息"。师古注："息，生也，言羊既肥又生多也。"加火为"熄"，《说文》："熄，畜火也。"畜火即火种，是生火用的，故段玉裁注云："熄，取滋息之意。"加女为"媳"，则指明女性在繁衍后代的过程中扮演着极其重要的角色。

不过形声兼义的问题，也要具体分析，不可一概而论，否则就是望文生义。明朝有本署名陶宗仪所作的《国风尊经》，书中"解'君子好逑'云：逑从求从辵，谓行而求之也；解'参差荇菜'云：荇从草从行，谓草生水中而东西行者也；解'左右芼之'云：芼从草从毛，言以菜加于食物之上，如毛之附丽于外。"（《四库全书总目·经部·国风尊经》）这就闹出了笑话。

4. 会意

会意字是由两个以上意符构成的字，所以《说文》说"比类合谊，以见指㧑"。每个字拆开，可以单独成文。与形声字不同，它的意义主要是从形态上获得的。如武、信二字。"武"是由"止"与"戈"两部分构成，"止"表示行走，"戈"是武器，其原义应该是征伐示威，故古以"武"指兵事。人言为"信"，鸡犬之鸣便无信可言，这也反映了古人对于信作为五常之一的认识。根据所会意符的不同，也有了表示自然与人类行为的种种区别。如表示自然的：

（明），从日从月，日月是天地间最大的发光体，故合而表示光明。

（旦），"一"表示地平线，太阳从地平线上升起，表示天亮。

杲，日升高至树顶，表示大亮。

杳，太阳下落到了树下，表示冥暗。

（莫），太阳下落进入草丛，表示天快黑了。

（昔），从水从日，表示发生大洪水的过去，故有从前的意思。

（昃），从日从斜着的人形，表示太阳已倾斜。

但更多的会意字是与人类行为有关的。如：

（即），像一个人跪坐在簋前就食的样子，所以"即"有就、近的意思。

（既），与"即"字正相反，像一个人吃完了饭掉转头准备离去的样子（口向外），所以有尽、完的意思。

（乡），像两个人相对而坐共就一簋的样子。本义是乡人共食，故用来指共同饮食的氏族聚落——乡。"乡"与"飨"本为一字。

（步），左右两脚一前一后，表示行走，故《说文》云："步，行也。"

（陟），阝表示丘阜，步是两个脚趾，两只脚由下而上行走，所以《说文》云："陟，登也。"

（降），与陟正相反，降是两只脚从山阜上向下走，故《说文》云："降，下也。"

（此），左边是一脚趾，右边是一个反人，表示其人所止之处，故"此"为近处之称。

（名），上面是夕，下面是口。夕时天色昏暗，辨不清人，所以要问名，要请人自报姓名。故《说文》云："名，自命也。从口从夕。夕者，冥也。冥不相见，故以口自名。"

（孟），下面像浴盆，浴盆中有"子"，取洗浴婴儿之意。婴儿落地，第一件事就是洗浴，故而孟有初始的意思。又引申有长的意思。

会意字与象形字一样，尽管我们不一定知道它的读音，但根据其形，往往可以辨识出其意义。比如"祭"字，下面是"示"，示往往与神事有关，上边是一手持肉之状，合起来则表示以肉事神。利用意符的合成来判断字的本义，是近代以来古文字学最常用的一种方法。又如"年"字，《说文》写作，云："谷熟也。从禾，千声。"在甲骨文中写作，上面是禾，下面是人。容庚《金文编》因此云："年，从禾从人，人亦声。《说文》非。"表示谷物成熟，人获禾归。故古代把五谷丰收叫作

"有年"。年节在古代带有庆祝丰收的意思。再如鲁国的"鲁"字，《说文》："鲁，钝词也，从白鲁声。"于省吾《甲骨文字释林》则据甲骨文作"魯"说："从鱼从口，口为器形，本象鱼在器皿之中。"又说：鲁训为嘉，美善之义。

5. 转注

关于转注的认识，古代争议较多。随着文字学研究的发展，转注研究的一些新成果，可使问题简单化。转注是指读音相近的字之间的意义联系。《说文》所谓"建类一首，同意相受"，"建类"就是同训的字群，"一首"就是同一语源，"同意相受"就是相互间的意义联系。如"考"和"老"，其本义都是年高的意思，同属一个韵部。这种情况的出现与方言有关。同一个字，在各地方言中就可能出现几种不同的读音。尽管语音有变化，但往往属于层转叠生的关系，是由一个读音变化而来的，因此要么声母相同或相近，要么韵母相同或相近。章太炎先生说：

> 古来语音不齐，因地而变，此方称老，彼方称考，此方造老，彼方造考，故有考老二文。造字之初，本各地同时并举，太史采集异文，各地兼收，欲通四方之语，故立转注一项。是可知转注一项，与方言有关①。

这对转注的解释是非常精辟的。但语音变化，以声母为纽而转者居多，所以有人认为《说文》所说的"建类一首"的"一首"，就指的是声母。这也不是没有道理的。

不过在《说文》中转注字并不同，它是本义相同的两个字间的互训，如"蕾，薳也""薳，蕾也""蓲，苗也""苗，蓲也"之类，它本身的意义并不太大，但引起我们注意的，是由语音变化而滋生的词族，这虽然大大超越了转注的范围，但对我们认识汉字却很有帮助。我们可以举三组典型的例子：

"秉"族。"秉"字从禾从又，是会意字，取手持禾意。由此一音变化，受意于

---

① 章太炎：《国学讲演录·小学略说》，12～13页，上海，华东师范大学出版社，1995。

此音的字，便都有了把握一类的意思。如斧柄之"柄"，字或写作"棅"。刀把子的"把"，其意是"握也"。音变为"扮"，《说文》："扮，握也。"音变为"杓"（biāo），《说文》："枓柄也。"音变为"枹"，《说文》："击鼓柄也。"音变为"荤"（fú），《说文》："刀握也。"音变为"柲"（bì），《说文》："欑也。"徐锴《系传》曰："欑即矛戟柄。"

"大"族。"大"字像人手足张开形，取意为大。音变为"太"，《说文解字注·水部》："太，后世凡言大而以为形容未尽则作太。"《广雅·释诂》："太，大也"；字或作"泰"，《广韵》："泰，大也"，孔颖达《尚书·泰誓》疏："泰者，大之极也。"音变为"岱"，《说文》："岱，太山也，从山代声。"《风俗通义·山泽》曰："岱者，长也"，长也是大义。音变为"诞"，《说文》："诞，词诞也"，指大话，《尔雅》及《毛传》皆言："诞，大也。"音变为"唐"，《说文》："唐，大言也。"《庄子·天下》释文："荒唐，谓广大无域畔者也。"音变为"荡"，《左传·襄公二十九年》："美哉，荡乎！"孔颖达疏："荡，宽大之意。"

"女"族。在古文字中，"女"字像屈膝安坐的女性。因为女性柔弱，因此"女"就有了柔弱的意思。《诗经·曹风·候人》毛传："女，民之弱者。"《豳风·七月》毛传："女桑，荑桑也。"孔颖达疏："女是人之弱者，故知女桑，柔桑，言柔弱之桑。"由"近取诸身"而向外衍生，音变而为"柔"，《说文》："柔，木曲直也。"因性柔软，故可曲可直。转而为"弱"，《说文》："弱，桡也，上象桡曲，彡象毛牦桡弱也。"段玉裁注："曲者多弱。"音变为"壤"，《说文》："壤，柔土也。"音变为"顿"，即软，《玉篇》："顿，柔也。软，俗文。"音变为"如"，《说文》："如，从随也。"从随与柔顺之意相通，故《释名》："女，如也。"音变为"若"，《尔雅·释言》："若，顺也。"古文字若像人跽足举手顺理发形。音变为"懦"，《左传·僖公二年》杜预注："懦，弱也。"音变为"嫩"，《广韵》："嫩，弱也。"音变为"泥"，《广韵》："泥，水和土也。"土和水性则软。音变为"肉"，指动物体的软组织。

这三组字每一组都是双声，虽然有些字非其本义，但因读音的关系，而接受了另外一重意义，因"同意相受"，它们形成了不同的词族。

6. 假借

假借与转注一样，都不是造字法，而是解释文字既定意义的一种方法。《说文》云"本无其字，依声相托"，就是指原本没有这个字，但为了表示这个意思，只好借同音字来表达。比如，"令"，本义是号令；长，古文字中像长发老者形（《说文》曰"久远也"）。由长幼之长，引申为长官之长；由发号令者谓之令，引申为令尹、县令之令。但原初造字并没造出长官之长、县令之令来，所以说"本无其字"。

根据《说文》所举的情况，这里所说的"假借字"与我们今天所说的"假借字"，意思并不完全相同。"六书"中的"假借字"，并不单纯是从读音上考虑的，而是指"引申义"。比如《说文》中所举：

朋，古文鳳，象形。鳳飞，群鸟从以万数，故以为朋党字。

来，周所受瑞麦来麰，一来二缝，象芒朿之形。天所来也，故为行来之来。

能，熊属，足似鹿。从肉，㠯声。能兽坚中，故称贤能，而强壮称能杰也。

𠧩（西），鸟在巢上，象形。日在𠧩方而鸟栖，故因以为东𠧩之𠧩（西）。

在实际应用中，所用的都是这些字的引申义。我们后来的假借字，则完全跳出了引申义的拘囿，纯为"依声相托"了。如"萬"本是蝎子的古名，而借为千万之"万"。"难"本是鸟名，而借作艰难之"难"。"求"，本是皮衣，即"裘"的本字，而借作了请求之"求"，久借不还，只好另造"裘"字。

总之，"六书"是对汉字内部规律的归纳。象形、形声、会意、指事，这四者与造字之法有关。转注、假借，则是两种对文字既定意义的解释方法。因此"六书"也可以说是古人对汉字意义的六种归类。

需要补充说明的是，汉字贯穿着"以人为本"的精神。《说文》云："大，天大、地大、人亦大，故大象人形。"为什么说"人亦大"呢？在古人的观念中，人是与天地并列的三才之一。从形体上说，天大、地大，但在精神上，人则代表了天地。故《礼记·礼运》篇曰："人者，天地之心也。"这便确立了人在世界中的位置，同时也形成了汉字以人为核心的世界模式。大莫过于天地，而在汉字中，"天"和"地"都是以人为本建造出来的。"天"字是一个正面站立的人——"大"上面加一笔"一"。

《说文》云："天，颠也。至高无上，从一大。""地"字是由"土"与表示女阴的"也"字构成的，《说文》云："也，女阴也，象形。"土地生长万物，它是伟大母性的体现，故而用女阴表示。古代的国家祭祀有两大中心，一是祖庙，二是社稷。《尚书·甘誓》曾言："用命赏于祖，弗用命戮于社。"而"祖"与"社"也是从人的意义衍生出来的。"祖"甲骨文作"且"，是一个巨大的男性阳具的形象；"社"甲骨文作"土"，是一个巨大的女性乳房的形象。这样，古代最大的事物——天、地、祖、社，便都成了人的化身。此外，"耳"、"目"、"口"、"自"（鼻）亦皆取诸人体，尽管各种动物的耳目口鼻都不相同，但绝不一一去绘摹其形，各造其字，而是统统由表示人"耳"、"目"、"口"、"自"的字来代替。《说文》言造字的原则是"近取诸身，远取诸物"，"取诸身"是以人为根本，"取诸物"则是人眼中的世界万物，它所体现出的是以人为核心的价值观。此与西方文化中所强调的"人文主义"似乎有很大的差别。"人本"关注的是人自身，是个性心灵对世界的领悟与体验。而"人文"则很容易外化为对人创造力的关注，并走向对创造物的关注。东方的中国，意识形态领域始终关注着人精神的提升。

思考题

1. 为什么古人把文字、音韵、训诂之学称为"小学"？

2. 什么是文字学？

3. 汉字有哪些基本要素？

4. 汉字对于中国文化的创造有何意义？

5. 汉字对于中华民族的形成有何意义？

6.《说文解字》是一部什么书？为什么叫"说文解字"？

7. 请举出四部清人研究《说文解字》的代表性著作。

8. "六书"的具体内容是什么？

9. 简述汉字的人本精神。

参考书目

（汉）许慎：《说文解字》，北京，中国书店，1989。

（清）段玉裁：《说文解字注》，上海，上海古籍出版社，1981。

丁福保：《说文解字诂林》，北京，中华书局，1988。

唐兰：《殷墟文字记》，北京，中华书局，1981。

于省吾：《甲骨文字释林》，北京，中华书局，1979。

于省吾：《甲骨文字诂林》，北京，中华书局，1996。

郭沫若：《两周金文辞大系图录考释》，上海，上海书店，1999。

周法高：《金文诂林》，香港，香港中文大学出版社，1974。

章太炎：《章氏丛书·文始》，扬州，江苏广陵古籍刻印社，1981。

张舜徽：《广文字蒙求》，北京，中华书局，1972。

王延林：《常用古文字字典》，上海，上海书画出版社，1997。

康殷：《文字源流浅说》，北京，国际文化出版公司，1992。

第二章　训诂学

　　"训诂学"是研究语言文字意义的一门学问。文字学关注的是字形，训诂学关注的是词义。训者，顺也，指顺其义理、语气而理解其文意；诂者，故也，指通古今之言而明其故。用孔颖达的话说："诂者，古也，古今异言，通之使人知也；训者，道也，道物之貌以告人也。"（《毛诗正义》）简单地说，训诂就是疏通文义，用语言来解释语言。地有南北，时有古今，东西南北语言不通，须求助于翻译；古今语言不通，则要求助于训诂。即如清儒陈澧《东塾读书记·小学》所云："有翻译则能使别国如乡邻，有训诂则能使古今如旦暮。"最早的一部训诂学著作是形成于战国末的《尔雅》。这部书重在诠释《诗》《书》词汇。根据词汇分类，构建起了以人为中心的世界结构秩序：《释诂》《释言》《释训》，解释已内化为人的基本能力的一部分的语言词汇；《释亲》《释宫》《释器》《释乐》，解释因人而构成的人际关系与人所创造的日用器具；《释天》《释地》《释丘》《释山》《释水》，解释人类活动的空间舞台；《释草》《释木》《释虫》《释鱼》《释鸟》《释兽》《释畜》，解释

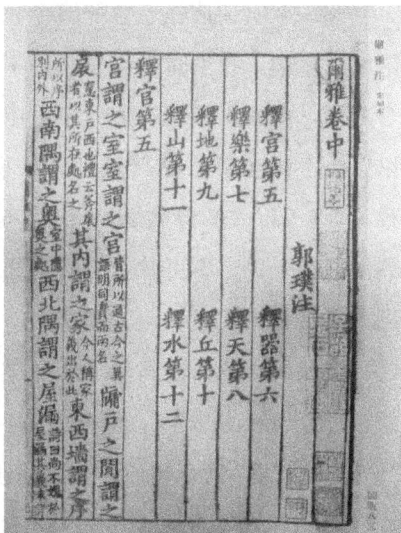

《尔雅》书影

人类物质生活需求的资料来源。这四部分秩序井然的结构形式，既反映了先秦儒家以人为本的哲学思想，同时也构成了最早的训诂学的基本内容，奠定了中国训诂学的基础。现在训诂学已发展为一门独立学科，走向了汉语语义学方向。我们这里所讲的主要是传统意义上的训诂学，是就文献的阅读与诠释而讲的，当然也涉及汉语语义的一些问题。

第一节　训诂学的意义

训诂学是一门具有综合性、实践性和技术性特点的学问。它要应用文字学与音韵学以及关于古典的相关知识，来解决文献的阅读、诠释问题。现代人阅读古代文献，多是借助前人的研究成果，如各种注本、译本以及各种读书札记之类，来理解文本，忽略了自己训诂基础的培养。虽然说业有专攻，训诂研究已成为语言学家的专业，但要知道，作为理论研究固然可以由语言学家专任，而作为阅读古代文献的基本知识与技能，则应该是每一个阅读者都把握的。否则，只能是人云亦云，很难有新的看法，甚至可能犯一些不应该出现的错误。

其一，明训诂在于它能够令我们正确地理解古籍的意义。在今人的阅读理解与语汇引用中，我们时常会发现因不明训诂而导致的错误。比如"不可救药"，这是一个成语，现在人多理解为"不可用药救治"。《汉语大词典》也说："病重到没有药可以医治，比喻事态已严重到无法挽救。"这个解释看来也是有根据的。《诗经·大雅·板》篇："多将熇熇（hè），不可救药。"孔颖达疏："多行惨酷毒害之恶，熇熇然使恶加于民，不可救止而药治之。"但是，这种语法形式，我们在古汉语中很难找到，显然是望文生训。其实这个"药"字就是"疗"的假借字。"药"繁体作"藥"，《说文》云："藥，治病草。从艸樂声。""疗"繁体作"療"，古亦作"癢"。《说文》云："癢，治也。从疒，樂声。療，或从寮。"可以看出"药"和"疗"，原本都是从"樂"得声的，读音相通，可以通假。《说文系传》引《诗》正作"不可救癢"。这在《左传》中也有证明，《左传·襄公二十六年》言："今楚多淫刑，其大夫逃于四方，而为之谋主，以害楚国，不可救癢。"杜预注："疗，治也。""不可救疗"就是不可救治。

不过像以上的情况，虽说理解不够准确，却还不算太离谱。但有些就可能与原义大相径庭了。如"学而优则仕"，现在多理解为"学习好的人就可以做官"，并把此与"读书做官论"等观。但《论语·子张》的原话是："仕而优则学，学而优则仕。"如果说"学而优则仕"是"学习优异即可做官"的话，那么"仕而优则学"该作何解释呢？显然是有问题的。像这类问题，只要略通训诂即可解决。《说文》：

"优，饶也。"《玉篇》："饶，余也。"故马融解释为"行有余力"。"仕"古与士、事通，犹今言工作、任职。这意思是说工作有余力则可以学习，学习有余力则可以工作。故邢昺解释："言人之仕官行己职，而优闲有余力，则以学先王之遗文也；若学而德业优长者，则当仕进以行君臣之义也。"又如"七月流火"，"火"本是天上的星宿名，"流"是向下沉的意思。据记载，周时大火星六月黄昏出现在正南方，七月则开始西沉，故云"七月流火"。这是天气开始变凉的标志，可是现在报纸上却多用"七月流火"来表示天气大热，把"火"理解成了火热。错误因相沿已久，也就被人认可了，但追其源，皆由于不明训诂所造成。如现在人写信，往往在最后书"某某匆匆"，其实这"匆匆"原本当作"勿勿"。《说文》云："勿，州里所建旗，象其柄有三游，杂帛，幅半异，所以趣民，故遽称勿勿。"这说明汉代时，人们称急忙曰"勿勿"。《颜氏家训·勉学》曰："世中书翰，多称勿勿。相承如此，不知所由。或有妄言：此忽忽之残缺耳。"说明南北朝时，还称"勿勿"，只是变成了书面语，口语中已经消失。也正是因口语中的消失，导致了书写错误而"勿勿"最终变成了"匆匆"。现在人每称边疆为"疆场"，如"血洒疆场"、"暴尸疆场"等，其实这"疆场"是"疆埸"之误。"埸"和"疆"是一个意思，都是指边界。《诗·小雅·信南山》："中田有庐，疆埸有瓜。"《毛传》："埸，畔也。"《左传·桓公十七年》："疆埸之事，慎守其一，而备其不虞。"孔颖达疏："疆埸，谓界畔也。"《三国志·吴志·士燮传》："处大乱之中，保全一郡，二十余年疆埸无事。"后来引申出边疆战场之意。如宋王安石《王凯赠节度使制》："将帅之臣，出乘疆埸，而有执敌捍患之材。"章炳麟《政闻社员大会破坏状》："或谓民知爱国，则自以效命疆埸为美谈。"如果写成"场"，意思就不通了，因场本指园圃或晒谷物之所。《史记·老子韩非列传》载韩非"为人口吃"；《三国志·魏志·邓艾传》载邓艾"口吃"。现在人们也称结巴为"口吃"，但今吃饭之"吃"与此口吃之"吃"是完全不同的两个字。《说文》："吃，言謇难也。"《玉篇》："吃，语难也。"汪重闿《训子二十纸》云："吃，口吃，音吉；喫，食也，音乞……勿以吃作喫。"也就是说"口吃"的"吃"应该读作"吉"。《广韵》《集韵》中"吃"都作"居乙切，音讫"。可是后人因嫌"喫"字太难写，于是就用"吃"代替"喫"，结果把"口吃"也读成了"口 chī"。至于"吃"的本意更不知所云了。洪迈《容斋五笔》卷八"承习用经语误"条曰："经传中事实多有转相祖述而用，初不考其训故者。如《邶·谷风》之诗为淫新昏弃旧室而作，其辞曰：'宴尔新昏，以我御穷。'宴，安也，言安爱尔之新昏，但以我御穷苦之时，至于富贵，则弃我。今人乃以初娶为宴尔，非惟于诗意不合，且又再娶事岂堪用也?"杭世骏《订讹类编》卷一"青云"条曰："《史记·伯夷列传》：非附青云之士，恶能施于后世哉。青云，言人品之高远，故以之比孔子。今作登科及高位用，误矣。"此即批评不明训诂而误用典之病。由此看来，明训诂不仅可以正确地理解语言文字的意义，而且可以维护汉语的纯洁。

其二，进一步说，明训诂可以自觉地发现古籍诠释中的问题，并提出新的见解。如被称为周族史诗的《诗经·大明》篇，写到武王伐商时有一段描写："殷商之旅，其会如林。矢于牧野，维予侯兴。上帝临女，无贰尔心。"此处"殷商之旅"，今人多认为指殷商的军队，认为此段是说：殷商军队盛多，军旗如林；武王则誓师于牧野，说：我大周将要兴起，上帝监视着你们，你们不要有二心。可是这样的话，前后语气、文理也很不通顺，既然前面说的是殷商的军队，怎么誓师的却是武王呢?显然是有问题。如果我们考虑到"殷"、"敦"可以通假的关系，问题就迎刃而解了。《战国策·齐策》说苏秦"家敦而富"，《史记·苏秦传》"敦"则作"殷"，是二字音近相通之证。敦有讨伐之意，金文习见。如《寡子卣》："以敦不吊（淑）"，《宗周钟》："王敦伐其至"，《常武》："铺敦淮濆"等皆是。《鲁颂·閟宫》第二章几乎全袭《大明》此章之义，而其正作"敦商之旅"。此句是指伐商之师，下言其众，言其誓师，则一脉相贯，文理畅达。如果不明训诂，这样的问题将永远得不到解决。

清代学者在这方面撰写过一批优秀的著作，他们的很多见解都可称得上是石破天惊。你可以不同意他们的观点，但不能不承认他们的启发性。如《尚书·康诰》："若保赤子，惟民其康乂。""赤子"一词古书中也常用，《孔传》只释为"孩儿"，未解"赤"字何义。孔颖达疏："子生赤色，故言赤子。"但《天香楼偶得》则说：

> "尺"字古通用"赤"，"尺牍"古作"赤牍"。《文献通考》"深赤者十寸之赤也"，是知"赤子"者谓始生小儿仅长一尺也。古人多以尺寸论长幼，如三尺之童、五尺之童。俗谚有云六尺之躯，亦曰七尺之躯。古谓成人曰丈夫。《礼记·曲礼》问天子之年，对曰：闻之始服衣若干尺矣。天子

至尊，不敢斥言身长几尺，故但言衣长几尺也。

《金石录·汉西岳石阙铭》："张勋为西岳华山作石阙，高二丈二赤。"《北齐冯翊王平等寺碑》："永平中造定光铜像一区，高二丈八赤。"看来《天香楼偶得》一书中所说确值得思考。又"学而时习之"，这是大家非常熟悉的古言，几乎我们看到的《论语》注本，都把这个"学"字，解作学习的"学"，然后辨析"学"和"习"的区别。而于邑《香草校书》卷五十二则说：

> 古"学"、"教"二字不别。小戴《学记》引《兑命》曰"学学半"，即"教学半"，此尽人所知者。就彼篇中"学"字当读为"教"字尚多。说见彼"君子如欲"条校。又《文王世子》记凡学世子、学干、学戈、学舞干戚，陆德明《释文》亦训"学"为"教"。孔颖达《正义》亦云："学谓教也。"又《仪礼·燕礼》郑康成注"亦学国子以舞"，陆释亦云："学，教也。"然则此"学"亦当为"教"。惟言教，故曰"而时习之"，"而"字方有意。盖习即学也，若即言学，则不必以而字作转语也。且下文云"有朋自远方来"，亦正言教，故从学者广。有远方朋来，若止学而已，则未言及近，何遽言远？层次不太悬乎？下章载曾子曰"传不习乎"，"传"亦教也。"习"即此"习"字。何晏《集解》云："言凡所传之事，得无素不讲习而传之。"案何义是矣，而一"素"字可商。盖既传人，自宜其素习，岂有素不习而可以传者？曾子之意正恐以教人者自以为素习而不复习，故曰"传不习乎"。明乎"传不习"之说，即可知"教而时习"之说。"传不习乎"与"教而时习之"，语有反正，义则一也。《为政》篇子张学干禄，彼"学"字似亦当读"教"。

一个字的破读，即让文义大变，开辟了一条意义阐释的新途。像这样的例子很多，我们不妨就以大家最熟悉的《论语》中的几则为例。"礼之用和为贵"，现在多读为"礼之用，和为贵"，解释为"礼的作用，以和谐为可贵"。俞樾《群经平议》卷三十则说：

古"以"、"用"二字通用。《周易·井·九三》"可用汲"，《史记·屈原传》引作"可以汲"；《尚书·吕刑》篇"报虐以威"，《论衡·谴告》篇作"报虐用威"；《诗经·板》篇曰"勿以为笑"，《荀子·大略》篇引作"勿用为笑"，并其证也。"礼之用和为贵"，与《礼记·儒行》篇曰"礼之以和为贵"文义正同，此"用"字止作"以"字解。当以六字为句，近解多以体用为言，失之矣。

"粪土之墙，不可圬也"，一般理解为粪土似的墙壁，周悦让《倦游庵椠记·经隐·论语》则说：

按：《博物志》："地以名山为辅佐，石为之骨，川为之脉，草木为之毛，土为之肉，三尺以上为粪，三尺以下为地。"则粪土乃掘未及三尺之土，今俗所谓熟土也。为耕粪种杂糅所及，故曰粪土。

"四体不勤，五谷不分"，现在人多解释为"四肢不劳动，五谷不认识"，而俞樾《群经平议》卷三十一则说：

分当读为粪，声近而误也。《礼记·王制》篇"百亩之分"，郑注曰："分或为粪。"《孟子·万章》篇作"百亩之粪"，是其证也。两"不"字并语词。"不勤"，勤也；"不分"，分也。《尔雅·释丘》曰："夷上洒下不湝。"郭注曰："不，发声。"《释鱼》曰："龟左倪不类，右倪不若。"邢疏："不，发声也。"古人多以"不"为发声之词。《诗·车攻》篇："徒御不惊，大庖不盈。"《毛传》曰："不惊，惊也；不盈，盈也。"《桑扈》篇："不戢不难，受福不那。"《传》曰："不戢，戢也；不难，难也。那，多也。不多，多也。"此类不可胜数。丈人盖自言唯四体是勤五谷是粪而已，焉知尔所谓夫子。若谓以"不勤"、"不分"责子路，则不情矣。此二句乃韵语，或丈人引古谚欤？

阅读古籍者如果具备了这样的本领，毫无疑问是能新意丛出的，同时也能对别人提出的新解作出判断。中国经学史，正是在这种不断出新的诠释中，丰富发展起来的。

其三，明训诂可以使我们对汉语言文字的意义作根本性的了解，丰富我们的精神世界与知识领域，体会中国文化的博大精深。汉语的许多词语都藏着历史，只有训诂，才能破解其秘，走进历史。一旦进入历史，就会感到打开了一扇新世界之门，甚至会感到精神所获得的提升。如韩愈《师说》："师者，所以传道授业解惑也。"我们现在也常说"毕业"、"肄业"、"学业"。为什么叫"授业"，"业"是什么意思，则很少有人知道。章太炎先生认为，业是古代师徒讲习用来誊写的木版。《尔雅》云："大版谓之业。"《管子》云："修业不息版。"修业就是修习版上所书的内容。以前人用竹简作书，一本书要用很多条竹简。如《仪礼·乡射》有六千字，《大射仪》有六千八百字，而每一根竹简只能写二十多个字。这样如果把《大射仪》与《乡射》的竹简平铺在地，就可能占地达一丈六尺。师徒十余人对面讲诵，这就不是一个房间所能容纳的了。因此讲授时绝不能带原书，必须移抄到版上，才便于携带，所以叫授业、肄业。所谓学业、毕业都是从这里来的。章氏对这个词的追本溯源，不仅使我们了解了"业"字本来的意思，还使我们了解了古代师徒讲习的一个方面。

又如"窈窕"。《诗经·关雎》云："窈窕淑女，君子好逑。"现在人称姑娘长得好看叫"窈窕"。"窈窕"二字皆从穴，这与美好貌是不搭边的，为什么会有美貌、漂亮的意思呢？《说文》："窈，深远也。""窕，深肆极也。""窈窕"本义为洞穴幽深。张舜徽先生《说文约注》卷十四所云："窈窕二字本义，皆言穴之幽深宽闲，故字从穴。"据考古学及人类学研究，人类的历史有几百万年之久，这几百万年间，人类几乎是在穴居中度过的，真正脱离穴居也只有几千年。黄土高原至今仍存有穴居洞处的风俗，即所谓"土窑洞"。其俗富有者窑洞深而宽，贫寒者窑洞则浅而窄。《毛传》以"幽闲"释"窈窕"，"幽"有深义，"闲"有宽义，所言正指洞穴之深宽。而当先民由山丘移居于平原、构制房屋之后，"窈窕"一词便引申出宫室幽深之义。古代贵族女子，每居于后室，即所谓深宫之中，故"窈窕淑女"便具有了后世所谓"大家闺秀"之义。《礼记·昏义》言："古者妇人先嫁三月……教以妇德、妇言、妇容、妇功。"处于"窈窕"深宫的少女，正当豆蔻年华，自然容貌姣好，体态嫩柔，再经过教育，有教养，便多了端庄闲雅之态、专贞贤淑之德，故此"窈窕"便引申出言女子美好之义。"窈窕"，音转为"要绍"、"夭绍"。如《西京赋》曰："要绍修态"，《诗经·陈风·月出》："舒夭绍兮"，曹植《感婚赋》："顾有怀兮妖娆。"又转而为"绰约"。《广雅·释诂》："窈窕，绰约，好也。"马王堆帛书《五行篇》引《诗》"窈窕淑女"作"茭芍"，"茭"字在宵部，"绰"字在药部，古音相近。"约"、"芍"皆从"勺"得音。王延寿《鲁灵光殿赋》曰"旋室便娟以窈窕"，张衡《南都赋》曰"要绍便娟"，司马相如《上林赋》则曰"便嬛绰约"，是窈窕、要绍、绰约意通之证。又作"淖约"，《庄子·逍遥游》："藐姑射之山，有神人居焉，肌肤若冰雪，淖约若处子。"或作"婥约"，《玉篇·女部》："婥约，好貌。"俗又写为"媌条"、"苗条"。《聊斋志异·董生》："十年不见，遂苗条如此！"我们从"窈窕"的寻根中，不仅可了解到古代女性的生活，也可看出其因音转而发生的变化，即其与诸多词汇之间的联系。

这里需要补充说明的是，现在人多以为训诂只对阅读秦汉以前的书有意义，其实不然。唐宋以后的文献阅读，同样存在训诂的问题。如果我们用现在人的观念去理解唐宋以降文献，也可能导致不该发生的错误。这里举几个例子说明。

我们先看下面这两首诗词。

王建《山中惜花》："忽看花渐稀，罪过酒醒时。寻觅风来处，惊张夜落时。"

杨万里《听蝉》："罪过渠侬商略秋，从朝至暮不曾休。莫嫌入夜还休去，自有寒蛩替说愁。"

如果把"罪过"解释为罪行或过失，是无论如何都难说通的。其实王建诗的"罪过"是幸亏的意思，是说幸亏酒醒得迟了，如果早点酒醒看到了花落的情形，那是会更伤心的。杨万里诗中的"罪过"是多谢的意思，多谢它能感觉到秋天的到来，故而从早到晚叫个不休。

又"劳动"：

白居易《病起》："病不出门无限时，今朝强出与谁期。经年不上江楼醉，劳动春风飏酒旗。"

又《答闲上人来问因何风疾》："一床方丈向阳开，劳动文殊问疾来。欲界凡夫何足道，四禅天始免风灾。"

显然要把"劳动"理解为劳作，是讲不通的。"劳动"其实就是"劳驾"、"多谢"的意思。前诗说：处病不出门，好不容易今天出来了。好长时间不饮酒，就劳驾春风扬旗，劝我一醉吧。后一诗是说感谢对方来问风疾的。

又"容易"：

欧阳炯《木兰花》："儿家夫婿心容易，身又不来书不寄。闲庭独立鸟关关，争忍抛奴深院里。"

邵雍《秋日饮后晚归》："水竹园林秋更好，忍把芳樽容易倒。重阳已过菊方开，情多不学年光老。"

这里的"容易"并不是简单、不费事，而是轻易、疏忽。

总之，训诂学是汉语言文字学中不可缺少的一门技术性学问，是开启古典之门的管钥。它要最大限度地运用文字学、音韵学以及各种古典知识，解决汉语语言文字的意义问题。从汉语语义角度言，训诂学可以通过浮动在词语表层的意义，进入历史深处，激活民族古老的记忆。从文献阅读言，训诂学可以使文本获得确解，并摆脱旧说的制约，从对文字新的诠释中，开发出新的意义领域。

因此可以说，不明训诂，不可以读经史。

第二节　训诂学的方法与实践

前面说过，训诂学是利用综合性的知识解决汉语语义问题的带有技术性的一门学问。既是技术，其所面对的就是"问题"，因而训诂的发生是以"问题"为前提的。问题包括两种类型，一种是已存在的问题，一种是未被发现的问题。训诂学就是要使你在别人认为有问题的地方，发现它本不存在问题；在别人认为没有问题的地方，发现它存在问题。比如《诗经·关雎》篇："参差荇菜，左右流之。窈窕淑女，寤寐求之。"这个"流"字，《毛传》注曰："求也。"但这"流"怎么能解作"求"呢？朱熹认为有问题，于是就改释为"顺水之流而取之"。元李冶及清毛奇龄、姚际恒、牟应震、方玉润及近人于省吾等，都以为释"流"为"求"，没有道理，"流"应该是指荇菜在水中随波漂流。而牟庭《诗切》则认为"流"是"摎"的借字。"《广雅》曰：'摎，捋也。'曹宪音'摎'为'流'。张衡《思玄赋》旧注：'摎，求也。'"牟庭的意见看来是对的，因为荇菜多生长于湖泊静水之中，流动缓慢的溪河中亦偶尔可见，但因其叶圆大，连成一片覆盖于水面，茎细而深，藏于水下，不易见其左右流动之态。这便是在有问题的地方看到它不存在问题的例子。《诗经·硕鼠》曾被选入中学与大学教材。诗的第一章有"硕鼠硕鼠，无食我黍"，第二章则为"无食我麦"，第三章为"无食我苗"。但文后注释：硕鼠就是大老鼠。但老鼠原本就不吃禾苗，为什么要说"无食我苗"呢？这是问题。要发现问题，就需要追问"为什么"，这也是发现问题的前提。要解决问题，则要全面调动自己知识系统的功能，这就可能要涉及语言学以外的种种知识。传统训诂学主要搜罗经史子集中的有关资料以作证明，现代训诂学则除传统文献之外，还取证于出土文献、甲骨文、金文，以及田野考察资料（如民俗学、人类学、民间传说、方言等方面的资料）。训诂学的"综合性"特点，就体现在所用知识的多样性上。这一点我们在后面的实际例子中再细作分析。

训诂学的目的约略有三：一是追求更佳解释，二是追求词义本源，三是追求矛盾解决。就第一点言，尽管前人已有成说，而且也说得通，但认为并不十分妥帖，由此而寻求新见，以求解释更加合理。这种情况在训诂中最为常见。如中学课本选有柳宗元的《捕蛇者说》，其中引到了《礼记·檀弓下》的"苛政猛于虎"，注释为"苛酷的统治比老虎还要凶"。《礼记》中"苛政"的"政"字，历来都不加注，这是将"苛政"理解成了"暴政"，以为无须加注。课本的注释显然也是如此。这样解释似乎也可，但王引之以为将"政"字读作"征"更确切。他在《经义述闻·礼记》中说："政读曰征，谓赋税及徭役也。诛求无已则曰苛征。《荀子·富国》篇：'厚刀布之敛以夺之财，重田野之税以夺之食，苛关市之征以难其事。'杨注：'苛，暴也；征亦税也。'是也。古'政'与'征'通。"就第二点言，词的表层意思本已清楚，但想进一步深刻理解，就必须知其"所以然"，故要考稽源流。如李伯元《南亭笔记》卷十一："翁叔平两番访鹤，吴清卿一味吹牛。"众所周知，"吹牛"就是说大话，或又称"吹牛皮"。但究其因，则鲜有人知。顾颉刚先生《史林杂识初编·吹牛、拍马》就对此作了专门考证，认为此语出自西北方言。西北大川不少，人渡河用牛皮筏子或羊皮筏子。筏子最小的也要五张羊皮，牛皮筏子大者要连接上百张牛皮，载重数千斤乃至数万斤。筏子要用一种特殊的方法才能充满气，气满了筏子才能浮而不沉。因此那里的人对他人夸口不耐烦时便说："请到黄河边上去吧！"意思是你到那里吹牛皮去吧。那里的人陆则乘马，以得骏马为荣耀。平时牵马相遇，常互相拍其马屁股夸赞"好马！好马!"有人为了讨好对方，即使对方马不好，也要拍其马屁股说："大人的好马!"于是就有了吹牛、拍马之说。知道了词义本源，回头再看，就会感到意趣盎然。就第三点言，矛盾的发现，会引起心中的不安，而矛盾的解决，本身又是获取新意的方式。像清儒王念孙的《读书杂志》，王引之的《经义述闻》，俞樾的《群经平议》《诸子平议》等，多半是对所发现矛盾问题的新解答。

训诂学的方法基本上有四种，即以形索义（形训）、因声求义（声训）、据文考义（义训）、援事解义。这四种方法的共同点，即均为面对问题或矛盾而采取的处理手段。

先看"以形索义"。闻一多《诗经新义》有"好"字一则，是解释"君子好逑"、"公侯好仇"的"好"字的。《关雎》言"君子好逑"，另有版本作"好仇"，《诗经·兔罝》篇有"公侯好仇"，这两个"好仇"应该意思相同。但《毛传》解"逑"为"匹"，认为"好逑"就是"好匹"，郑玄注释为"怨耦曰仇"，是都把"好"当作形容词。而《兔罝》篇又言"公侯干城"、"公侯腹心"，"腹心"、"干城"都是由两个意义相近的名词平列构成的，那么，"好仇"也应该是两个意义相近的名词。这是问题的提出。接着，他提出了一个新观点，在甲骨文中，辰巳午未的"巳"作"子"，与子孙的"子"同，又与已然之"已"同，那么，从子之"好"与从己之"妃"也应该相同。《大戴礼记·保傅》篇说"太子少长，知妃色"，《新书·保傅》篇"妃色"即作"好色"。由此证明，"好仇"意当同"妃仇"。《左传·桓公二年》云："嘉耦曰妃，怨耦曰仇"，知"妃仇"为古之成语。妃与匹、仇与俦，声义并同，因此"妃仇"就是"匹俦"，"君子好仇"就是君子匹俦。这就是用"以形索义"法所获得的新解。再如，晋国为什么称"晋"？我们也可以用"以形索义"的办法来解决。"晋"字，《说文》作"𣊏"，云："进也，日出万物进。从日，从㬜。"杨树达《积微居小学金石论丛》据金文作𣉜，则以为晋字上似二矢，下为插矢之器，像两矢插入器中之形，就是箭的古文。《仪礼·大射仪》郑注："古文箭作晋。"因箭前射，故《释名》云："箭，进也。"晋之命名当与其地产箭相关。《国语·晋语八》说：唐叔虞勇而善射，射杀了一头大雌犀，周王嘉奖他，把他封到了晋地。晋国原有地名叫做麑，麑的古文即似矢穿豕腹之形。夏人原来在晋南，他们的箭也享有盛誉，司马相如

《子虚赋》曰："左乌号之雕弓，右夏服之劲箭。"司马迁在《史记·货殖列传》中说"山西饶材、竹"，而竹正是古人做箭的材料。《释名》云："晋，进也。其土在北，有事于中国，则进而南也。"这个解释显然是错的。这一探索还可以从鲁、秦、豫等国的命名中得到证明。秦字从禾，是因为秦地宜于种禾，《说文》云："秦，伯益之后所封国，地宜禾。""鲁"字从鱼，因其近海，盛产鱼类水产。"豫"字从象，是因为河南原产大象。《说文》云："豫，象之大者。"古有商人服象之说，商人活动地正在豫。

"因声求义"，是根据读音寻求文字的意义，这在训诂上使用频率要远高于"以形索义"。因此在文字的实际运用中，本字本义逐渐减少，更多的是文字的引申义或假借义。以于鬯《香草校书》卷五十三解《论语》"及其老也，血气既衰，戒之在得"一则为例。《论语·季氏》篇云："孔子曰：君子有三戒：少之时，血气未定，戒之在色；及其壮也，血气方刚，戒之在斗；及其老也，血气既衰，戒之在得。"这是《论语》中的名言，一般认为，这是针对人少年贪色、青壮好斗、老年贪利的本性而发，所以旧解"得"字为"贪得"或"好聚敛"。于鬯则说：像贪得、好聚敛的毛病是人人都应该戒的，何必到老年才戒呢？而且这与血气有什么关系呢？因此他认为，"得"字应该读作"食"。"食、得古音同部，亦在假借之例。且得之则食，而食必有得。二字义本相成。故如《孟子·告子》篇云：'一箪食，一豆羹，得之则生，弗得则死。'若改为'食之则生，弗食则死'，亦可通也。"这里之所以要把吃饭与血气联系起来，是因为"盖过食伤血气，故既老之人所宜戒也。《内经·从容论》云：'夫年长则求之于府。'彼与下文年少壮并言，则年长者正谓年老也。王注云：'年之长者，甚于味则伤于府。'此老年当戒之明证矣。上文言少时戒色，及壮戒斗，与此及老戒食，皆言保身之道，故就血气之变为兹三戒也。"

"因声求义"，在形声字中最易见效。因在上古汉语中，音同义则通，而形声字之间的联系更为密切，故相互通假的频率也最高。一般说来，只要声符相同，字形如何关系不是太大。此以于省吾《泽螺居诗经新证·施于中逵》为例。《诗经·兔罝》篇曰："肃肃兔罝，施于中逵。"又说："施于中林。""兔罝"是捕兔子用的网，"肃肃"是网细密之貌。"中林"指的是树林中，"逵"，《毛传》认为是"九达之道"，即九辆车子可并行的大道。可这种大道古代是城中才有，兔网怎么会布在大道上呢？

故于省吾说:"兔罝万无设于城内'九达道'之理,即使在野外,也不会设在交通要冲,何况典籍中称逵者都指城内言之乎?"因此,他认为"逵"字实即"陆"(繁体作陸)之借字。他说:"《说文》逵为馗之重文,段注谓'坴亦声',是逵与陆音符同。故相通假。《易·渐》上九:'鸿渐于陆,其羽可为仪。'宋范谔昌改陆为逵以谐韵,虽然改得不对,但也说明了陆、逵字通。《说文》:'陆,高平地,从阜从坴,坴亦声。'《尔雅·释地》:'高平曰陆。'然则'施于中逵'即'施于中陆'。此诗之陆韵仇,犹《考盘》之陆韵轴,古韵同属幽部。三章称'肃肃兔罝,施于中林'。中林与中陆互文。《正月》言'瞻彼中林'、'瞻彼阪田';《易·渐》九三言'鸿渐于陆',六四言'鸿渐于木'。这里所引的中林、阪田、木等均指野外言之。此诗三章'施于中林'的中林是就野外言,则'施于中逵'的逵非指城内言之甚明。"像类似的情况,一般首先考虑的都是同声符的字,其次才是同音字。

"据文考义",是根据文章上下的意思来判断词义的。像"因声求义"往往要破字改读,而"据文考义"则可以就原文推敲。如朱东润主编的《中国历代文学作品选》上编第一册《冯谖客孟尝君》,于"于是约车治装,载券契而行"句注:"约车治装,约期准备车子,并置办行装。"认为"约"是"约定"的意思。但从语气体会,此有行动迅速之意在内,即马上就治装起身,并没有预先约定好日期,然后才做准备的意思。显然,释"约车"为"约期准备车子"是不妥的。"约"有具办的意思,与备马、备轿之"备"是一个意思,"约车"就是"备车",这是古人的习惯用语。如《战国策·秦策一》:"王召陈轸告之曰:吾能听子,言子欲何之?请为子约车。"高诱注曰:"约,具也。"《秦策二》曰:"张仪曰:王其为臣约车并币,臣请试之。"高诱注曰:"约,具也。"《齐策三》曰:"太子曰:谨受命。乃约车而暮去。"这是当天起身离去的,显然"约"也不是"约期"的意思。《史记·赵世家》:"于是为长安君约车百乘,质于齐。"《魏世家》:"遂约车而遣之。"皆是具车之义。汉字一字多义,形成了词语运用中的复杂现象,这就需要正确地作出判断,选择最佳义项来诠释文本。

"援事解义"是比较特殊的情况,因为典故藏于事物中,从文字表层上难以看出,只有将其事物揭开,才能获得理解。这种现象在汉唐以后,益发平常。如秦韬玉《采茶歌》:"天柱香芽露香发,烂研瑟瑟穿荻篾。太守怜才寄野人,山童碾破团圆月。"这里所说的"团圆月"，有人就认为指天上的月亮，可是月亮怎么会被碾破呢？于是强作解释：月光照在茶碾上，因山童碾茶，使月光破碎。这显然是望文生义。"团圆月"在这里指的是茶饼。这首诗写的是采茶、治茶、用茶的情况。天柱山是产茶的地方。茶叶采下来要经过加工，将新鲜的茶叶倒入甑中用蒸杀青，然后研烂，装获篮投入茶焙烘干，形成饼状。吃的时候再碾碎。因茶饼是圆的，因此古人每取"月"为喻。如卢仝《走笔谢孟谏议寄新茶》："开缄宛见谏议面，手阅月团三百片。"宋代王禹偁《恩赐龙凤茶》："香于九畹芳兰气，圆如三秋皓月轮。"像这类情况，如果不明本事，是很难解释清楚的。前面所提到的"胡乱"、"吹牛"、"拍马"，情况类似。

这四种训诂方法，并不能提前预设，而是要根据具体情况来掌握。从前面的举例中我们可以看到，在具体的论证手段中，一般要有这样几项：一、问题所在；二、提出主导性意见；三、取证。在取证中，则可以不限一隅，经史子集的语料皆可调用。如前面提到的于省吾关于"施于中逵"的解释，他的证据是：一、逵、陆声符相同；二、逵、陆在同一韵部；三、中林与中陆互文，皆指野外。又如于鬯对"戒之在得"的解释，他的证据是：一、食、得古音同部；二、取《孟子》文以说明得与食的关系；三、取《内经》文以证食与老衰当戒的关系。一般取证不少于三则，孤证则难成立。

前面所举的例子中，频繁地出现了《说文》《玉篇》《尔雅》《广雅》《左传注》《礼记注》《毛传》等古籍，这些都是训诂学的典范之作，是进行训诂不可缺少的基本文献。《尔雅》《方言》《广雅》等，是根据词义的性质分类编排的，属"义训"之书。如《尔雅》第一篇《释诂》云："初、哉、首、基、肇、祖、元、胎、俶、落、权舆，始也。"就是说，这十一个词，字虽不同，意思则是一样的。《说文》《玉篇》等，是根据字形部首编排的，乃"形训"之书。刘熙的《释名》，根据字的读音来诠释字义，为"声训"之书。如云："父，甫也，始生己也。""母，冒也，含生己也。""室，实也，人物实满其中也。""男，任也，典任事也。""女，如也，妇人外成如人也。"上面提到的几部辞书，清儒都有很好的注本，如郝懿行《尔雅义疏》、钱绎《方言笺疏》、王念孙《广雅疏证》、王先谦《释名疏证补》等，注文都能穷搜文献，遍讨证据，把大量的训诂材料罗列于注中，成为训诂学研究的新经典。

另外像《诗经》《礼记》《左传》《战国策》《吕氏春秋》《淮南子》等古籍的古注，也常被作为古训的根据。某字作某种解释，必须要有根据。有资格作根据的，除《说文》《尔雅》等此类专书外，就是这些古注。这些书可以当作权威性的字典、词典来用。唐以后的类书，如《艺文类聚》《初学记》等，则可以看作"援事解义"的书。这些书会聚了许多典故，是唐宋以降人作诗作文取典的渊薮，故四库馆臣说："此体一兴，而操觚者易于检寻，注书者利于剽窃。"

另外，贯穿其间的还有音韵学知识，这是训诂绝对不可或缺的。因为古音通假，离不了音韵。像陆法言《切韵》、陈彭年《广韵》、丁度《集韵》等，都是音韵学的名著。但音韵学有一定难度，我们可以利用今人的研究成果。比如唐作藩先生的《上古音手册》，就是一部可利用的非常方便的音韵学工具书。我们可以通过查找，来确认该字在上古的声母和韵部，以判断其是否可通假。

在训释古书中，除以上所言经史子集资料外，随着甲骨金文及出土文献在 20 世纪的不断发现，利用出土资料，解决文献训诂问题，已逐渐成为时髦。像于省吾先生《泽螺居诗经新证》《泽螺居楚辞新证》《双剑誃诸子新证》等，就是应用古文字资料解决古籍阅读问题的很好的训诂学著作。文字学家在这方面大多创获较多，有些见解堪称破千古之谜。如《诗经·大叔于田》与《小旻》中都提到"暴虎"。《毛传》一解作"空手以搏之"，一解作"徒搏"。《吕氏春秋·安死》篇高诱注："无兵搏虎。"裘锡圭先生则根据古文字中暴字从虎从戈的字形，认为暴字是用戈搏虎之义。于是说"暴虎可以使用兵仗，认为'空手''无兵'而搏虎才叫暴虎，是不正确的"。①

这里还要提到的是利用方言、民俗资料的问题。这是传统训诂学不大注意的一个方面，但这方面资料的利用，可以使已经死去的词汇变活。因为古汉语中的许多词汇，虽然在普通话中已经消失，但在方言中往往有所保存。如"朕"，先秦时人用以自称，后来成了皇帝的专利。对现在人来说就很陌生，而且感到何以称"朕"，不可理解。但据章太炎先生研究，"咱"就是"朕"的音变。这一下子就缩短了时间距离，非常容易理解了。《荀子·劝学》曰："有争气者，勿与辩也。"《韩诗外传》卷

---

① 裘锡圭：《说"玄衣朱襮"——兼释甲骨文"虣"字》，见裘锡圭：《古文字论集》，350～352页，北京，中华书局，1992。

四云："有诤气者，勿与论。"章诗同注曰："争气，意气用事。"王天海注为"以意气相争"。其实"争气"、"诤气"，就是山西万荣人的"争气"，是指那股执拗劲与争胜劲。万荣一人冬天睡觉，觉得被窝太冷。一气之下脱光衣服跑到院子里冻了半小时，然后钻进被窝，很得意地说："我看是你冷还是我冷！"了解了这一点，再读《荀子》，理解就会深透多了。

再如《邶风·新台》："新台有泚，河水弥弥。燕婉之求，籧篨不鲜。"是说姑娘本想嫁个如意郎，可结果却嫁了个丑八怪。关于籧篨，《毛传》释"不能俯者"，高诱注《淮南子》云"伛也"，《说文》云"粗竹席也"，解释者越多，人们越不明白是何物。但一与方言结合，便释然。"籧篨"就是晋南方言中的"圪篨"。古无舌上音，"籧篨"古当读为"圪篨"。在晋南临汾地区方言中，说人个子短粗叫"圪篨"，或形容之曰"一圪篨"。询问老人得知，当地把一种用芦苇或高粱秆儿编织成的大筐子似的盛草器叫圪篨。其四周像是席子围起来的，但底部是包着的。《尔雅》释文："籧，本或作篨。"《说文》："篨，食牛筐也。"正与此相证。圪篨一般高只有二三尺，而周长就有七八尺，看起来短而粗，用来形容人的个子短小而胖，那是再好不过了。《毛传》所谓"籧篨不能俯者"，像如此粗短之物，的确是绝对不能弯曲的。就在这同一篇诗中，又把卫宣公比成了"戚施"。《毛传》曰："戚施，不能仰者。"《尔雅·释训》云："戚施，面柔也。"《释文》引舍人云："戚施，令色诱人。"《韩诗薛君章句》说："戚施，蟾蜍，喻丑恶也。"这个词语很生僻。其实"戚施"就是山西方言中所说的"醜䶄"，读音如"求实"。山西人每骂人难看说："看那醜䶄"，而且也只有这一种用法。

再如《诗经·生民》，写周人先祖后稷诞生的神话。诗中说周女始祖姜嫄，因踩大人脚印而怀孕，后来就生下了后稷。她把后稷扔到小巷，见牛马都避着他走；又把他转扔到树林里，恰好遇上了伐木的人；又把他扔到渠中的冰上，没想到有鸟飞来用翅膀保护他，孩子哭叫起来，老远就可以听见。写到姜嫄生后稷时说："诞弥厥月，先生如达。不坼不副，无菑无害。"关于"达"字，《毛传》释为"生"，《郑笺》释为"羊子……生，如达之生，言易也。"这是说后稷生时像羊生子一样，很顺利。可问题是姜嫄为什么要把孩子扔掉呢？几千年来，人们始终对这一问题解释不清。一旦我们结合方言与民间传说，问题便马上消失了。在黄土高原的一些地方，如晋南，孩子的小名中经常出现"达"字。如孩子叫"建平"，他的小名就有可能被叫做"平达"；名字叫"国庆"，小名就有可能叫"庆达"。这个"达"到底是什么意思，老人们从来没有解释过，但有时也用"亲圪垯"、"亲蛋子"称呼自己的孩子。这里似乎透露了一点信息。"达"、"塔"、"蛋"乃是一声之转，这个"达"就是"蛋"之声转。"先生如达"就是说初生下时是一个蛋。诗篇在述到后稷出生时，没有提到哭声。直到辗转丢弃，经鸟覆翼之后，才说"后稷呱矣"。说明后稷是鸟从蛋中孵出来的。后稷出壳后才开始发出哭声。《魏书·高丽传》说：高丽先祖朱蒙初生时，为一卵，大如五升。弃之猪狗，猪狗不食，弃于道路，牛马避之。夫余王割剖之，不能破。后来其母以物裹之，置于暖处，遂孵出一男孩，即朱蒙。《博物志》中所载徐偃王出生故事，黎族中流传的其始祖母出生的故事，大略相似。此可作此《生民》诗的注脚。更有意思的是，在陕西流传的《姜嫄娘娘》的民间传说中，也说姜嫄生下的是个大肉球。这样，后稷的出生便有了全新的解释，而诗中的疑点也一下子全解决了。

总之，训诂是调动全部知识系统，对语义进行诠解的学问。只有明训诂，才能进入古代的堂奥，也才能从旧学中获取新知。由小学入经学，由经学通文史，这是一条传统的治学之路，也是值得我们今天借鉴的。

思考题

1. 什么是训诂学？

2. 训诂学有何意义？

3. 何谓因声求义、因形索义？

4. 《尔雅》《方言》《释名》《广雅》是什么性质的书？它们有哪些重要的注本？

5. 试注释《诗经》中的一篇诗歌，作为训诂实践。

参考书目

（清）郝懿行：《尔雅义疏》，上海，上海古籍出版社，1983。

（清）钱绎：《方言笺疏》，北京，中华书局，1991。

（清）王念孙：《广雅疏证》，南京，江苏古籍出版社，1984。

（清）王先谦：《释名疏证补》，上海，上海古籍出版社，1984。

（清）朱骏声：《说文通训定声》，北京，中华书局，1984。

（清）王引之：《经义述闻》（清经解本），上海，上海书店，1988。

（清）俞樾：《群经平议》（清经解本），上海，上海书店，1988。

（清）俞樾：《诸子平议》，北京，中华书局，1956。

章太炎：《章氏丛书·文始 新方言》，扬州，江苏广陵古籍刻印社，1981。

于省吾：《泽螺居诗经新证》，北京，中华书局，1982。

陆宗达、王宁：《训诂与训诂学》，太原，山西教育出版社，1994。

2 | 第二编

经 学

　　"经学"是以儒家经典为研究对象的学问。《说文》曰："经，织也。"原指织机上的纵线。纵线固定在织机上，决定着织物的长度和宽度。纬线则随着梭子来回运动，而成布帛。故而经有经常、准则、法度的意思。经过孔子之手编定的几部古书，在儒家看来也是具有这种意义的，于是被称作"经书"。所以《释名》曰："经，径也，常典也。"《文心雕龙·宗经》篇曰："经也者，恒久之至道，不刊之鸿论。"《四库全书总目》更称道曰："经禀圣裁，垂型万世，删定之旨，如日中天。"

　　但从先秦的一些资料来看，"经"这个名字可能在孔子之前就出现了。《管子》中就有了"四经"的说法。其所指是《诗》《书》《礼》《乐》四部古籍。在靠竹简书写记录的时代，古代的典籍是用二尺四寸长的竹简或木牍书写的，每一支简写二十四五个字。这是当时的大开本，以示重要。解释文字则写在八寸或六寸的小简上，相当于现在的小开本。大开本的是"经"，小开本的是"传"。《说文》曰："典，五帝之书也。从册在丌上，尊阁之也。庄都说：'典，大册也。'""大册"自然就是大开本了。因为大，不能用双手端着看，只能放在可搁物的平台上，所以是"从册在丌上"，这也就是"经典"了。孔子整理这些典籍，并用这些典籍教授学生，建立了完整的经典文化体系，也大大强化了经的概念，所以后儒把"经"的名字与孔子联系起来，也不是完全没有道理的。

《管子》提到四经，《荀子》反复提《诗》《书》《礼》《乐》《春秋》五经，《庄子》提到六经，比《荀子》多一部《易》。到汉代，《乐经》不传，所以官方立博士官只设立了五经博士。东汉提出了"七经"，五经之外增加了《孝经》《论语》。唐初提出了"九经"，即"三礼"(《周礼》《仪礼》《礼记》)、"春秋三传"(《左传》《公羊传》《穀梁传》)加《诗》《书》《易》。唐后期开成二年（837年）又出现了"十二经"，即于"九经"之上加《论语》《孝经》《尔雅》。宋儒又于"十二经"上加了《孟子》，变成了"十三经"。这十三部经书，量确实有点大，要通读全学，真有点难，也不便于掌握。于是南宋朱熹删繁就简，编成了"四书"。"四书"是《论语》《孟子》，再加《礼记》中的《大学》《中庸》两篇。"四书"加"五经"，便成了元明以来所称的"四书五经"。不过出于阅读和实际内容的考虑，"五经"中《周易》《尚书》《诗经》没有变化，"三礼"中则选择了《礼记》，因为《周礼》与《仪礼》都很难读，而《礼记》内容虽杂，却比较容易接受。《春秋》则附了"三传"。在《四库全书》的分类中，"四书五经"都归到了经部，这也就变成了一个新的"经典核心"。

经书是一个价值系统，它所承载的是中国人的道德精神与价值核心。就中国文化、学术而言，"经"是源，史学、子学、文学都是出自源的河流。"史"是实的，"子"是虚的，"文"是活的，而"经"则是浑然的包容这一切的博大精神。马一浮在《泰和会语》中就曾认为，"六艺该摄一切学术"，而且"六艺不唯统摄中土一切学术，亦可统摄现在西来一切学术"。"弘扬六艺之道，并不是狭义的保存国粹，单独的发挥自己民族精神而止，是要使此种文化普遍的及于全人类，革新全人类习气上之流失，而复其本然之善，全其性德之真。"这也是从道德精神的角度而言的。经书的变化，所体现的也并非学术观点的不同，而是历史对核心价值观的不断选择与完善。经书的研究，启动了中国学术的发展与中国文化的发展，而汗牛充栋的经学著作，也构成了中国学术与文化的中心。朱熹"四书"体系的建立，是一种凝练意识形态话语系统与标举中国文化核心价值观的重大举措，对元明以来经学及文化思想的影响极为深广。故以下重点讲"四书五经"。

第三章　五　经

　　"五经"的最终确立是在汉代。在先秦，这个系统还不稳定，如《荀子》言五经，有《乐》而无《易》；《庄子》称"六经"，则把《乐》与《易》都列了进来。《礼记·经解》云：

> 　　孔子曰：入其国，其教可知也。其为人也，温柔敦厚，《诗》教也（温谓颜色温润，柔谓情性和柔，诗依违讽谏，不指切事情，故云温柔敦厚是诗教也）；疏通知远，《书》教也（《书》录帝王言诰，举其大纲，事非繁密，是疏通；上知帝皇之世，是知远也）；广博易良，《乐》教也（乐以和通为体，无所不用，是广博；简易良善，使人从化，是易良）；絜静精微，《易》教也（《易》之于人，正则获吉，邪则获凶，不为淫滥，是絜静；穷理尽性，言入秋毫，是精微）；恭俭庄敬，《礼》教也（礼以恭逊，节俭齐庄，敬慎为本，若人能恭敬节俭，是礼之教也）；属辞比事，《春秋》教也（属，合也；比，近也。春秋聚合会同之辞，是属辞；比次褒贬之事，是比事也）。

　　这是对六经功能的诠释，《易》与《乐》均在其中。但《乐经》不传，六经到汉代只剩下了五经，所以汉武帝只立了五经博士（习惯上有时还称"六经"）。这五经便成了古代中国的治国大法、行为纲纪、一切立论的根据。如汉扬雄《法言·问神》云："天地之为万物郭，五经之为众说郛。"元王恽《醉经堂记》云："五经者，圣人之成法，生民之大命系焉。"

　　"五经"经典文化体系是中国传统文化的核心，这个体系的确立，对中华民族的生存和发展，起到了十分巨大的作用。世界四大文明古国，文化能够延续不断的唯有中国，其原因就是因为中国有这个经典文化系统。中华民族历尽劫难而不亡，也正是因为有这个经典文化体系，"能行中国之道者，则能为中国之主"。这里所说的"中国之道"，其实就是经典文化体系所体现出的道德精神与价值核心。中国传统文化的强大融合力便来自于经典文化体系。可以说，没有"五经"经典体系，就没有今天的中华民族！因此"五经"不仅创造了民族的历史和文化，也创造了一个民族永恒不灭的奇迹。

"五经"中，《易》是天地之大道，《书》是先王行事的记录，《诗》是先王之泽尚存的背景下的情怀表达，《礼》是人的行为规则，《春秋》是人间是非的价值判断。这五者构成了一个完整的思想体系与价值系统，确立了中国人特有的文化精神。因此，中国经学史不是单纯的学术史，而是中华民族文化精神与意识形态的演变史。

第一节　《易》《书》《诗》

在"十三经"序列中，被列到最前面的，是《易》《书》《诗》。古人认为这三部书时代最古，也最重要，因而研究的人也最多。这三部书在今天的学科分类上，包括了文、史、哲三个方面。《易》主言理，是人当遵循的；《书》主言事，是为政者当效法的；《诗》主言志，是人情感必然要表达的。这从不同的三个层面上，为传统的中国人规定了行为方向。

1.《易经》：天地之道

在经学史上，《易经》的研究著作是最多的，这反映了古人对这部书的重视。杨继盛《读易有感》说："眼底浮云片片飞，吉凶消长只几希。自从会得羲皇《易》，始觉前时大半非。"（《杨忠愍集》卷三）这是说《周易》使他顿悟人生。明朝丘濬在《大学衍义补》七十三卷中则云：

> 《易》者"五经"之本源，万世文字之所自出，义理之所由生者也。散见于"五经"者，皆学者人伦日用所当为之事，而其所以当为与不当为者，其理则具于《易》。

这个观点代表了传统士大夫对《易经》的认识。《易经》在先秦时单称一个"易"字，汉以后才有了"易经"、"周易"的名字。因为是周人的作品，故前加了"周"字。至于为什么叫"易"，前人则有不同的解释，如《易纬乾凿度》云："《易》一名而含三义，所谓易也，变易也，不易也。"其实没有那么复杂，《周易·系辞》说得很清楚，"生生之谓易"，即"变化无穷、生生不息"的意思。也即荀爽所说的"阴阳相易，转相生也"（李鼎祚《周易集解》卷十三引）。天地间无一物不在变化之中，而《周易》则是在展现这种变化所必须遵循的理则，故名之曰"易"。

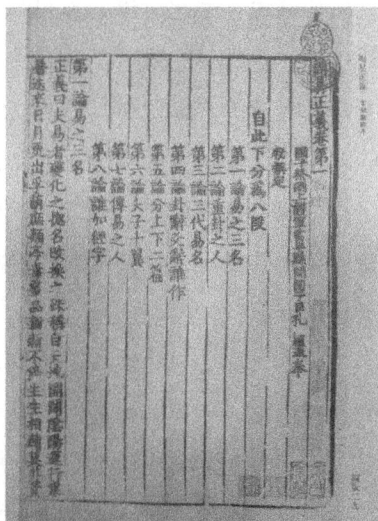

《周易》书影

关于《周易》的创作过程，《汉书·艺文志》云：

> 《易》曰："宓戏（伏羲）氏仰观象于天，俯观法于地，观鸟兽之文与地之宜，近取诸身，远取诸物，于是始作八卦，以通神明之德，以类万物之情。"至于殷周之际，纣在上位，逆天暴物，文王以诸侯顺命而行道，天人之占，可得而效，于是重《易》六爻，作上、下篇。孔氏为之《象》《象》《系辞》《文言》《序卦》之属十篇。故曰《易》道深矣，人更三圣，世历三古。

这就是说，《周易》的形成，经历了三位圣人之手，先是伏羲创造了八卦，接着是周文王演绎为六十四卦，作成《周易》的上、下篇。最后是孔子作了《易传》。这个传说虽未必可靠，却非常能反映古人对于《周易》的地位、价值意义的认定。

《周易》分经和传两部分。经的部分以八卦为基础。八卦即乾、坎、艮、震、巽、离、坤、兑。这八卦分别象征着八类事物，乾为天，坤为地，艮为山，兑为泽，坎为水，离为火，巽为风，震为雷，也可象征事物八种基本的性质，如乾象征刚健，坤象征柔顺，震象征活动，巽象征善入，坎象征险陷，离象征依附，艮象征静止，兑象征喜悦，由此引申，乾可以象征父，坤可以象征母，乾可以象征马，坤可以象征牛等。八卦相互重叠，就成为六十四卦。乾上坤下，就组成了"否"卦；坤上乾下，就组成了"泰"卦。八卦为经卦，六十四卦为别卦，每卦有六爻。据《系辞》的解释，爻就是效的意思，"爻也者，效天下之动者也"。解释经的部分叫传。传有十篇，即《彖传》上、下，《象传》上、下，《文言传》，《系辞传》上、下，《说卦传》，《序卦传》，《杂卦传》，也称"十翼"。现在所说的《易经》或《周易》，则包括了经传全部。

关于《周易》的性质，有两种意见，一种以为是推天道以明人事，给人以教诲的义理之书；一种认为是占卜之书。《易传》所特别强调的则是义理的一面。如《系辞》云："《易》与天地准，故能弥纶天地之道。"又云："夫《易》何为者也？夫《易》开物成务，冒天下之道。如斯而已者也。"（姚士粦《陆氏易解》辑陆绩言："开物谓庖牺引申八卦，重以为六十四，触长爻策，至于万一千五百二十，以当万物之数，故曰开物；圣人观象而制网罟耒耜之属，以成天下之务，故曰成务也。"宋胡瑗《周易口义》："言大易之道，其功宏博，能开通于万物之志，成就夫天下之务，覆冒夫天下之物也。"）又云："《易》有圣人之道四焉：以言者尚其辞，以动者尚其变，以制器者尚其象，以卜筮者尚其占。"《易传》中的这种认识，奠定了《周易》成为"五经"之首的基础。至于《周易》占卜的一面，则被认作是"推天道"的一种手段，目的在于"明人事"。故《四库全书总目·先天易贯》融会前人之说，结以精辟之论：

圣人准天道以明人事，乃作《易》以牖民。理无迹，寓以象，象无定，准以数，数至博而不可纪，求其端于卜筮。而吉凶悔吝，进退存亡，于是见之，用以垂训示戒。

《周易》的基本思想，可以说以修己治人为目的，以"阴阳"、"则天"、"通变"为理论，以应时处中为核心。"修己治人"的内容，遍布于《周易》一书。如：

《咸彖》："圣人感人心而天下和平。"

《观彖》："观天之神道而四时不忒，圣人以神道设教，而天下服矣。"

《颐彖》:"圣人养贤以及万民。"

《节彖》:"天地节而四时成,节以制度,不伤财,不害民。"

《师彖》:"地中有水,师。君子以容民畜众。"

《蹇彖》:"山上有水,蹇。君子以反身修德。"

《系辞上》:"圣人以此洗心,退藏于密,吉凶与民同患。"

所谓"天下和平"、"天下服"、"不伤财,不害民"等,无一不是与治天下相关。而所谓"反身修德"、"洗心"等,则是关系修己的。这就构成了《周易》的核心思想,也证明了《周易》的意义指向在人事而非天道,是在为人的自我修养与天下和平寻求永久性的解决方案。

为了达到这个目的,《周易》提出三个十分重要的理论。第一是"阴阳论"。《系辞上》云:"一阴一阳谓之道。"即宇宙间的一切事物都是由阴阳二元构成的,阴阳相需而生,这是天地间的法则,也就是所谓的"道"。世间万物,天地与人,皆运行于此道的支配之中。又云:"天尊地卑,乾坤定矣。卑高以陈,贵贱位矣。动静有常,刚柔断矣。"尊卑、刚柔、贵贱、动静等的对立与统一,便是阴阳的具象化。宇宙间阴阳二元的组成与尊卑的确定原则,推衍于人间,便给每个人以社会、家庭的定位,由此而确立了宇宙与人类社会的秩序。

第二是"则天论"。《系辞上》云:"是故天生神物,圣人则之;天地变化,圣人效之;天垂象,见吉凶,圣人象之。"这其实就是"天人合一"理论。用六十四卦象征天地万物、人世变化,即已表现出了天人合一、宇宙一体的思想。而所谓"夫人者与天地合其德,与日月合其明,与四时合其序,与鬼神合其吉凶",更明确地表述了这一思想。人与天地万物共生共存,天地万物是以道的原则而生成的,人法天地,便是对道的遵循。故《周易》中几乎每一卦都会涉及人对自然效法的意义。如乾代表天,天道运行,四时变化,是任何力量也无法阻挡的,表现出一种刚健强劲的态势。君子应该效法这种精神,自强不息。故《乾象》云:"天行健,君子以自强不息。"坤代表地,地呈现出一种柔顺的态势,绝不拒斥万物,而是包容、接纳一切,养育万物生长。君子应该效法这种精神,包容一切。故《坤象》云:"地势坤(顺),君子以厚德载物。"谦卦是由坤卦与艮卦叠成的,坤象征地,艮象征山。地在上,属外卦;山在下,属内卦。外卑下而内高大,表示谦虚。君子应该效法这一精神,功高不自居,谦以待人,取长补短。故《谦象》云："地中有山，谦。君子以裒（抔，引取）多益寡，称物平施。"由此，人类仿效天地，便构建起了人类社会的道德与秩序。如果违背了道的原则，那便是逆天违道，顺天则昌，逆天则亡。由此而确定了治世的法则。

第三是"变通论"。《系辞上》说"一阖一辟谓之变，往来不穷谓之通"，又说"化而裁之谓之变，推而行之谓之通"；《系辞下》也说"变通者，趣时者也"。简言之，"变"是指事物在空间中的变化，"通"是指事物在时间中的存在。这是关于事物运动变化的理论，由此而确定了自然与人类社会变化以及王朝更替的合理性。故《革象》云："天地革而四时成，汤武革命，顺乎天而应乎人，革之时，大矣哉。"

"变通论"是建立在"阴阳论"与"则天论"的基础上的。"阴阳"是事物的构成法则，"则天"是办事遵循的原则，"变通"则是事物的规律。阴阳相易，则是变化。变化存在着多种可能，圣人效法天地，顺应自然，并准此以制定人类社会的行为规则，便可以保证天地间秩序的正常化，以至于"推而行之"、"往来无穷"。事物只有变通，才能存在；只有变通，才能发展。事物到了极点必然要生变，只有变化才能"趣时"，才能长久。故《系辞下》云："穷则变，变则通，通则久。"要想长久，必须随时而动。故《系辞下》又云："尺蠖之屈，以求信（伸）也；龙蛇之蛰，以存身也。"在阴阳不断变化之中，宇宙获得了生生不息的永恒。这也是《周易》何以名"易"的一个原因。

《周易》思想的核心则是"时中"。凡事能把握好时机，掌握住火候，即所谓"时"；掌握好分寸，没有偏差，即所谓"中"。这样自然能把事物处理得当，不犯错误。所以孔子曰："五十以学《易》，可以无大过矣。"在《周易》中多次言及"中正"、"时中"之类的词语。如《讼象》："利见大人，尚中正也。"《观象》："中正以观天下。"《姤象》："刚过中正，天下大行也。"《蒙象》："蒙亨，以亨行时中也。"《益象》："天施地生，其益无方。凡益之道，与时偕行。"惠栋《易汉学》卷七有《易尚时中说》一篇，其云："易道深矣！一言以蔽之曰'时中'。孔子作《象传》言'时'者二十四卦，言'中'者三十五卦……子思作《中庸》，述孔子之意曰：'君子而时中。'孟子亦曰：'孔子圣之时。'知'时中'之意，其与易也，思过半矣。"这个认识是有道理的。翁方纲《答赵寅永书》之所以说"今日读《易》，惟应玩辞以求圣人教人寡过之旨"，其原因也在于此。

"时中"其实就是中庸之道的体现，故《中庸》云："君子之中庸也，君子而时中。"对《周易》这种思想最好的说明，就是出现于明朝赵撝谦《六书本义》的阴阳鱼太极图。太极图半黑半白，白代表阳，黑代表阴。白的一边有黑点，黑的一边有白点，代表着阴中有阳，阳中有阴。阴与阳相互矛盾，又相互制约，你中有我，我中有你，和谐共存。唯其不同，故能互动；唯其制约，故能和谐；唯其和谐，故有极强的运动感。它像一个高速旋转的物体，人能感受到它的气韵与生命的律动。如果失去"时中"，有一边不能随机运转，马上就会失去和谐，出现摩擦，影响到正常运转。如果双方背离，一方为另一方所代替，运动便会停止，"太极体"便不复存在。这一图式凝定着先哲对宇宙本质的认识和智慧，也启迪着我们对问题的处理方式和对未来人类发展的思考。

对于《周易》的价值，以前多关注其在哲学发生、古史资料、歌谣先河、科学启迪方面的意义，而我们今天更应该关注的是其对于构建中国文化、创造中国历史、作用于中国人思维的意义。如《周易》关于阴阳二元的理论，就对我们思考问题很有帮助。对一个问题，当我们抓住它的一面进行阐述时，就应该考虑到它还有另一面。看到它的外部，就应该想到它的内在；看到表层，就应该想到它的深层；看到现象，就应该思考它的本质；看到它的正面，就应该寻找它的反面。事物的阴阳法则是永恒的真理，只有同时兼顾阴阳两个方面，对事物的认识才能全面、深入。

关于《易》学，历代皆有名著，约分象数派与义理派。象数派主言预测，义理派主言事理。《四库全书总目·经部·易类一》有精要的概括，其云：

圣人觉世牖民，大抵因事以寓教。《诗》寓于风谣，《礼》寓于节文，《尚书》《春秋》寓于史，而《易》则寓于卜筮。故《易》之为书，推天道以明人事者也。《左传》所记诸占，盖犹太卜之遗法。汉儒言象数，去古未远也。一变而为京、焦（汉儒京房、焦延寿），入于机祥；再变而为陈、邵（宋人陈抟、邵雍），务穷造化。《易》遂不切于民用。王弼尽黜象数（王弼有《周易注》），说以老、庄。一变而胡瑗、程子（胡瑗门人述有《周易口义》，程颐有《易传》），始阐明儒理。再变而李光、杨万里（李光有《周易详说》，杨万里有《诚斋易传》），又参证史事，《易》遂日启其论端。此两派六宗，已互相攻驳。又《易》道广大，无所不包，旁及天文、地理、乐律、兵法、韵学、算术，以逮方外之炉火，皆可援《易》以为说。而好异者又援以入《易》，故《易》说愈繁。

直至今日，《周易》研究仍分两派，而《周易》向各种研究领域的渗透则更为突出。其中虽不乏玄虚之论，但也体现了《周易》阐释的无限性。

2.《尚书》：王者之范

乾隆帝《读尚书有会臠括为言》诗云：

> 心传允在辨危微，敷政平章慎万几。
> ……
> 千古帝王师法具，敛时锡极会而归。

"敛时锡极"用的是《尚书·洪范》篇的典故。① 这是说千古帝王的师法就具于《尚书》之中，只要依《尚书》而行，就会获得民众的拥戴。显然与《周易》不同，《尚书》不是让人顿悟人生，而是为帝王树立楷模。《说文·曰部》云："书，著也。从聿者声。"《说文序》又云："著于竹帛谓之书，书者，如也。"这是说，把事情如实地记录在竹帛上就叫"书"。之所以又称作《尚书》，尚者上也，言其为"上世帝王之遗书"（《春秋说题辞》）。其所记都是与上古帝王相关的政治大事，关涉国计民生，故《荀子·劝学》云："书者，政事之纪也。"《史记·自序》云："《书》记先王之事，故长于政。"这也就确定了《尚书》的政治性质。而刘知几亦云："《尚书》者，七经之冠冕，百氏之襟袖。凡学者必先精此书，次览群籍。"（《史通·断限》）其地位可想而知。

就《尚书》的内容来看，可以说是上古"中央政府"政治文件的汇编。全书分

---

① 《洪范》云："敛时五福，用敷锡厥庶民。惟时厥庶民于汝极。锡汝保极。"意思是集聚五福，赐给百姓，这样老百姓就会以你为中心，保护你的地位。敛是聚的意思；时，此；锡通益，有助益之意；极，准则、中心。

四部分，共 58 篇，①《虞书》5 篇，《夏书》4 篇，《商书》17 篇，《周书》32 篇。这些文件，约可分为六类，即典（档案）、谟（谋也，约如会议记录）、训（教诲）、诰（告谕）、誓（誓辞）、命（命令）。关于这部书的今古文真伪问题，清代以来争得很厉害。因为很复杂，我们暂且不去管它。即便是伪书，千百年来它也是作为帝王的教科书存在的，它参与了中国文化的营建工程，并起到了积极的作用。就这一点而言，真伪问题的争论是没有多大意义的。可以说，《尚书》主要是供帝王学习的一部书，或者说只有帝王学习才有意义。因为

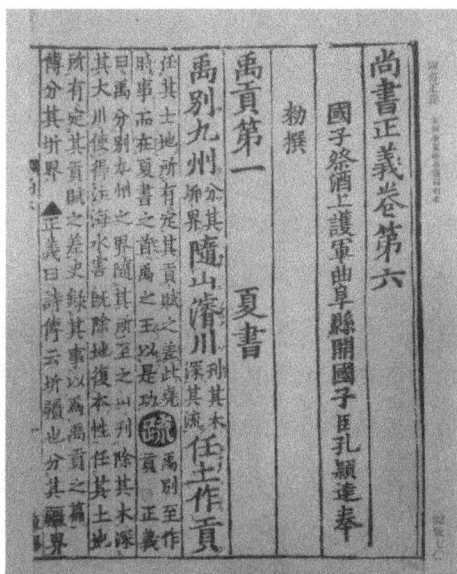

《尚书》书影

它讲的就是帝王治国的方法和思想。其中最重要的一篇是《洪范》，传说这是大禹治水时上天所赐予的洛书。夏传至商，商亡后箕子又传给了周武王。这个故事说明，这是三代统治经验的结晶，因而历代备受重视，曾出现过多部研究专著。"洪"是大的意思，"范"就是法，这是治国大法，也可以说是"国家文化学"。这个大法包括九个方面，所以又叫"洪范九畴"。其涉及物质材用、君王行为、行政事务、天文历法、君主权力、统治方法、占卜稽疑、休咎征兆、生命现象等方面。虽说其中有神秘的一面，也有强调君权的一面，但对于民生的关注，在今天还是有一定参考价值的。

　　近世研究《尚书》的人，多看重它的史料意义。其实对于中国历史而言，它的文化意义更为重大。子夏云："《书》之论事也，昭昭然若日月之代明，离离然若星辰之错行。"（《孔丛子·论书第二》）从这个绝高的评价中，我们不难看出它在中国文化史上的地位。它的文化意义，至少可从四个方面来认识。

　　第一，《尚书》确立了圣王系统与王道政治典范。《尚书》记事自尧始，历记舜、

---

　　①　《尚书》有今古文之异，这里所述是《古文尚书》的篇数。文中论述也以《古文尚书》为据。

禹、汤到文王、周公，这是一个政治统治合法性的天命传承系统，也是中国文化道统与治统统一的王道典范。尧最大的人文贡献是一个"仁"字。《尧典》虽未记载尧多少"仁"的行事，而却盛赞他"光被四表，格于上下"。又说他死后百姓"如丧考妣"，好像自己的父母死了，哭得非常伤心。从这中间也可以看出尧是一位爱民如子的圣王，在百姓中有绝高的威望。《大戴礼记·五帝德》说尧"其仁如天"，这个"仁"字，正是对他德行的概括。孔子曰："维天为大，维尧则之。"这也是指尧的"仁"。天以仁慈之心予万物以生命，而尧对民众犹如天施万物以仁一样，无所偏私，遍及群黎，所以有"其仁如天"之誉。舜的最大人文贡献是一个"孝"字。他虽然遇上了愚顽的父亲、凶狠的后娘，还有傲慢不恭的弟弟，却能用自己的孝行感动全家；待即任帝位之后，又能把天下治理得井井有条。禹的最大人文贡献是"勤俭"二字，他能"克勤于邦，克俭于家"（《大禹谟》），为了平治洪水，栉风沐雨十三年。成汤确立的形象是除暴安良。"有夏昏德，民坠涂炭"，他替天行道，推翻了夏政，"表正万邦，缵禹旧服"（《仲虺之诰》），开辟中国历史上用革命方式推翻暴政的先例。文王确立的形象是爱民如子。《周书·无逸》说他"徽柔懿恭，怀保小民，惠鲜鳏寡。自朝至于日中昃，不遑暇食，用咸和万民"。这些圣王，他们共同的特点是：为天下苍生，乐于奉献，勤于工作，以天下为己任，全不顾个人得失。在他们心目中没有"权力"二字，只有人民。这一个个高大的形象，站立在中国史册的开卷之页，给中国文化史一个光辉的开场，为万世君主树立了榜样。可以说，《尚书》这部书就是专为君王编订的，是王者的教材。

第二，《尚书》确立了以道德为核心的价值系统。上古圣王的言行中，无不高扬着一种道德精神，明确地体现出了以德为核心的价值观念系统。尧舜禅让，以德相传；汤武革命，因德而兴；桀纣暴虐，失德而亡。《周书·蔡仲之命》云："皇天无亲，唯德是辅。民心无常，唯惠之怀。"是否能得天下，关键在于德。老天爷是没有私心的，谁有德就辅佐谁。老百姓是没有恒定之心的，谁对他们好，他们就向着谁。要想保有天下，唯一的办法就是保持你的德行。故《商书·咸有一德》云："常厥德，保厥位。厥德匪常，九有以亡。"这个德就是要关心民生。《夏书·五子之歌》云："民唯邦本，本固邦宁。"只有让百姓安宁，国家才能巩固。《商书·盘庚上》云："汝克黜乃心，施实德于民，至于婚友，丕乃敢大言，汝有积德。"这是说只有老老实实地为民众办点好事，才算积德。《周书·多方》云："民之所欲，天必从之。"失德便是失去民心。

第三，《尚书》展示了圣王的忧患意识。忧患的核心不是自己的王位，而是万民安泰。如《夏书·五子之歌》云："予临兆民，懔乎若朽索之驭六马，为人上者，奈何不敬？"统治天下，就像是烂绳子驾奔驰的车马，要特别小心才是。《周书·康诰》："若保赤子，唯民其康乂。"要像保护婴儿一样地保护百姓。《周书·泰誓上》："天佑下民，作之君，作之师，惟其克相上帝，宠绥四方。"天是为天下百姓才设立君主的，君王的职责就是帮助上天来安定天下。百姓不安，便是违背了天意，便会受到惩罚。因而作为君王，只有小心翼翼，敬天保民，以天下为怀，才能长治久安。故《周书·梓材》云："欲至于万年，唯王子子孙孙永保民。"

第四，树立了天下观念和世界精神。《尧典》说尧王"光被四表，格于上下……百姓昭明，协和万邦。"这是说他的光芒照射天地四方，普天之下都可以受到他的恩惠。《大禹谟》言禹："奄有四海，为天下君。""朔南暨声教，讫于四海。"禹尽有四海宇内，成为天下的君主。从北方到南方，四海之内都遍及了天子的德教。在这里，天下观念甚至超越了国家观念。天下观念实际上是一种世界精神，是超越了民族国家利益、以天下为一体的一种大胸怀、大抱负。这是中华民族给予世界和平提供的一份宝贵的精神财富。

这里应该特别提出的是，《尚书》中所体现出的尧舜禹汤文武之道。这个道与《周易》的天道是完全一致的。以前许多人错误地认为，中国传统是"专制政治"，这其实是个错觉。中国古代并没有我们想象得那样专制，形式上是皇帝一人统治着整个国家，其实在皇帝之上还有一个大家必须遵守的权力，这就是"道"，即尧舜禹汤文武之道，也就是天道。能履行这个道，就是"有道明君"；失去了这个道，就是"无道昏君"。皇帝一旦失去了这个道，就可以人人得而诛之，这就叫"替天行道"，汤武革命正是被这个传统肯定下来的。

这样，一个敬天崇德尊道保民的政治思想核心，便由此而确立。在中国两千多年的历史上，尽管君王们很难做到这一点，但这毕竟为帝王树立了表率，确立了一个明确的个人奋斗目标，作为一种理想追求，无疑是引领社会向善的力量。

《尚书》从汉代开始，就出现了古文与今文两派。两派的《尚书》文本不同，今文是28篇，古文后来失传，晋时复出。今《十三经注疏》所收即复出的《古文尚书》。清儒阎若璩撰《古文尚书疏证》，定其为伪书。这一观点被学术界采纳，故《古文尚书》被废弃，很少有人再提及。但这里有两个问题需要考虑，第一，即便《古文尚书》是伪书，它也是中国文化的结晶，它居于经的位置长达一千多年，对于中国文化史、思想史的影响，是任何一部非经部著作都不能比拟的，对这一事实，我们绝不能忽略。第二，近期随着出土文献的增多，关于《古文尚书》的真伪又开始出现不同声音，说明这一问题尚无定案。

3. 《诗经》：无邪之思

《周易》讲"天道"，《尚书》讲"政事"，这些都是理性之物。而《诗经》唱出的则是"人情"，表达的是人间的真情。情感之物怎么会进入经典系统，并成为千百年来传统道德教育的教材呢？关键在于这情感是"先王之泽"的产物，它出于性情之正，发无邪之思，有着"正得失，动天地，感鬼神"的功能。

从性质上讲，《诗经》是一部周代诗歌的总集，一共305篇。全书分《风》《雅》《颂》三部分。《周南》《召南》《邶》《鄘》《卫》《王》《郑》《齐》《魏》《唐》《秦》《陈》《桧》《曹》《豳》十五国风，有诗160篇。《雅》分《大雅》《小雅》，有诗105篇。《颂》分《周》《鲁》《商》三颂，有诗40篇。《商颂》5

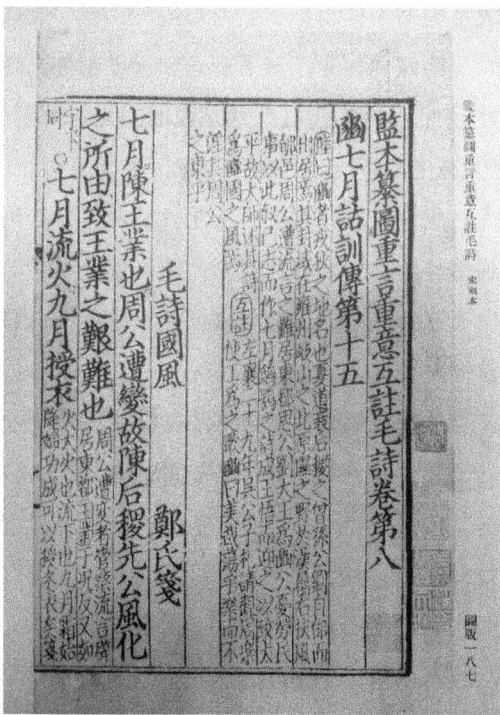

《诗经》书影

篇在最后，是附录的商代遗诗。这些诗产生在不同地区，大略涉及山东、河南、山西、陕西，以及湖北、安徽北部等地。其作者很复杂，有民间歌手，也有文人；有帝王和朝廷重臣，也有宦官、走卒和农夫、农妇。然而时间跨度如此之长，地域分布如此之广，在人类物质财富尚不发达、靠竹简艰难地记录语言的时代（以每支竹简 25 字计，《诗经》共 39224 字，需用竹简 1569 支。每支竹简长二尺四寸，将 1000 多支竹简相接，约得 1200 多米长。抄录一部《诗经》所耗财力、人力之大，可想而知），如果没有特殊的原因，有谁会为一部"纯文学"的诗歌集子，为简单的情感抒写，耗费如此人力、财力，进行一项对国计民生没有重大意义的工程？

因而可以说，《诗经》一开始就不是作为文学启动的。从《诗经》的产生而言，虽然它的每一篇其本质都是文学的，然而它的结集，它的权威性与神圣性的出现，它的广泛影响，却是与周代礼乐制度密切联系的。在这种制度中，诗承担着一定的任务，其中最主要的就是反馈政治信息的任务。据有关史料记载，周代有"采诗"、"献诗"两种制度。"采诗"主要是采集民间的诗歌。每年在固定的时间内，有专人到各地采集歌谣，并把采集到的诗歌集中上报到周王朝中央管理音乐的官员那里，经过王朝乐师的整理（乐谱和歌词大约都有修改），再献给天子，目的是"观民风，知得失，自考正"。"献诗"主要是贵族中的一种民主性行为。《雅》诗中有不少诗便为朝廷官员的"献诗"，即《国语·周语上》所说的："故者天子听政，使公卿至于列士献诗。"采诗和献诗可以说是当时开明政治的反映，目的是下情上达，保证政治的开明性与政策的合理性。另外，可施于礼仪。无论是采来还是献来的诗歌，最终都要谱成曲子配合着"周礼"的需要进行演唱或演奏。有一部分则施于礼仪，即在什么样的场合演奏什么样的诗，这是不能含糊。也正是为了礼乐的需要，周人才把诗歌编订成书，由周王朝颁布于各诸侯国，如古人所说的"礼乐征伐，自天子出"。

《诗经》的编辑可能进行过多次，最后一次据说由孔子整理编定。孔子编《诗》实际上承担着两项文化使命，一是"文化复兴"，二是"文化传承"。周代礼乐文明是继承夏商文明而来的一种先进的文明制度。这种文明的核心价值是道德，核心精神则是和谐。在这种文明的支配下，周代社会表现出一种盛世的气象。孔子曾赞叹周代的文明制度："郁郁乎文哉！"可是这个文化传统到了春秋时代，遇到了断裂的危机。危机主要来自两个方面，一个是来自内部的"礼崩乐坏"，另一个是来自外部的战乱侵扰，这两种力量，内外交加，使中华民族经过千余年发展才形成的文明成果面临危机。如何使中华优秀的文化传统得到延续，便成为孔子面临的时代课题。

而《诗经》是周代礼乐文明即中华传统文化最可靠的载体，因而孔子要通过删述《诗》《书》，建立起经典文化体系和文化传统。

相传是子夏所作的《诗序》，提出了一种非常高妙的理论："治世之音安以乐，其政和；乱世之音怨以怒，其政乖；亡国之音哀以思，其民困。"《诗经》中既有治世之音，也有衰世之音。古人把《诗经》分为正、变两部分，"正经"是盛世的产物，它体现的是盛世的气象，故而主旋律是"安以乐"。如《周颂》《大雅》的前十八篇、《小雅》的前十六篇，以及风诗的《周南》《召南》，就是"安以乐"的诗。"变经"则是"王道衰，礼义废，政教失"时代的产物，其中自然有"怨怒"，也有"哀思"。但这部分诗却能"发乎情，止乎礼义"。"发乎情，民之性也。止乎礼义，先王之泽也。"情是一种生命的表征，情动于中，必然发为声音，这是人性使然。但《诗经》的情都有节制，能"止乎礼义"，这便是"先王之泽"的作用。所谓"先王之泽"，即传统道德观念与价值判断。百姓由于受到先王的道德观念制约，尽管身遭衰世，有怨怒之情，却明白是非，懂得廉耻，违背礼义的事情绝对不干。比如，"人而无仪，不死何为"、"人而无礼，胡不遄死"（《相鼠》），"百尔君子，不知德行。不忮不求，何用不臧"（《雄雉》）等。故在言论与行为上，都能坚守礼义。这样，《诗经》便成了"王泽"的反映。王泽尽了，诗也就再不入选了。"王泽"就决定了一部《诗经》的品格。故孔子曰："《诗》三百，一言以蔽之，曰：思无邪。"（《为政》）"邪"为邪曲、邪正之邪，没有邪曲之思，便是出于性情之正，便能合于礼义规范。同时，读者若能以无邪之心去读《诗经》，便可获得教化。

简言之，《诗经》具有多重意义。第一，它是先民真情的宣泄，真实地表达了作者在现实政治及社会生活中的种种感受。如果是一份社会调查报告，还有可能作假，而感情无法作假。故而这是在上者获得下层信息的最可靠的途径，为政者可根据这些诗反映的情况，"知得失，自考正"，修正政策法规。第二，《诗经》是先王之泽的产物，其中有美刺善恶的是非评断，故而具有"经夫妇，成孝敬，厚人伦，美教化，移风俗"的教化意义。第三，因为它是周代礼乐文明制度的产物，它体现着"上以风化下，下以风刺上。主文而谲谏，言之者无罪，闻之者足以戒"的民主政治制度，因而可供后世为政者效法。第四，《诗经》所反映的是周王朝由盛而衰的过程，是这一个历史过程中先民喜怒哀乐情感的展现。此间有对盛世的颂歌，也有对衰世的怨愤，还有对战乱劫杀违背道义行为的谴责，以及对走向灭亡的哀伤。把这些诗放在一个平面上，就会领悟到："勤民恤功，昭事上帝，则受颂声，弘福如彼；若违而弗用，则被劫杀，大祸如此。吉凶之所由，忧娱之萌渐，昭昭在斯，足作后王之鉴，于是止矣。"（郑玄《诗谱序》）因而这无疑也是一部"史鉴"。也正因如此，它在中国历史上才起到纯文学绝对无法起到的作用，千百年来，不断地被阐释，生发着新的文化意义。

总之，《易》言天理，《书》言政事，《诗》言人情，三者构成"经"的核心，作为一种思想与精神，渗入不同阶层的思想意识与行为规则之中。

《诗经》在汉代分为今文与古文两派。汉代传《诗》的主要有四家，齐、韩、鲁三家是今文，《毛诗》属古文。汉以后今文三家《诗》说渐亡，《毛诗》独传。在《诗经》研究史上有几部里程碑式的著作，一是《毛诗传笺》，作者郑玄，阐扬毛亨传的兴喻意义，加大了《诗经》的教化功能与人伦道德内涵。二是孔颖达的《毛诗正义》，总结了魏晋至唐的《诗经》研究成果。欲知此前《诗经》研究情况，非此书不能。三是朱熹的《诗经集传》。朱熹废除《诗序》之说，改孔颖达之繁而为简，改兴喻为义理，在《诗经》学史上产生了很大影响。四是清儒的考据著作，如马瑞辰《毛诗传笺通释》、陈奂《诗毛氏传疏》、王先谦《诗三家义集疏》等，从文献考据的角度，对《诗经》文本做了卓越的文字训诂工作，解决了原初存在的不少疑难问题，为 20 世纪的《诗经》研究打下了很好的基础。

第二节 "三礼"与《春秋》

与《易》《书》《诗》不同，"三礼"与《春秋》是关于行为规则与行为评断的。故《庄子·天下》篇云："《礼》以道行，《春秋》以道名分。""三礼"指《周礼》《仪礼》《礼记》，这是关于周代礼制的三部书。《春秋》有编年史大纲的性质，解释《春秋》的有三部书，即《左传》《穀梁传》《公羊传》，被称作"春秋三传"。这六部书都被列入了"十三经"中。但如果纳入"五经"序列，数字显然就不止"五"了。于是章太炎先生说："六经须作六类经书解，非六部之经书也。"（《经学略说》）这并非没有道理。

1. "三礼"：王者之制

中国素称礼仪之邦。礼仪之邦的起点，便在周代。周代是一个礼乐文明制度兴盛的时代，记录这种制度的有三部书，就是《周礼》《仪礼》与《礼记》。这三部书作为礼乐文化的理论形态与礼制的渊薮，确立了两千年来中国社会以礼为核心的组织形态，对中国历史产生了极大影响。《说文》云："礼，履也。"《释名》云："礼，体也，得其事体也。"《礼记·乐记》云："礼也者，理之不可易者也。"合而言之，礼就是治身治家治国之主体，是要履而行之有道，是不可更易之理。故《左传·隐公十一年》云："礼，经国家，定社稷，序民人，利后嗣者也。"《孝经》云："安上治民，莫善于礼。"今传的这三部关于周朝礼治的书，最有条理的是《周礼》，最古奥的是《仪礼》，最杂乱的是《礼记》。

《周礼》又称《周官》，是一部关于周代政治制度的书。这部书成于何时，一直存在着分歧。或以为是周初周公制礼作乐的产物，或以为西周，或以为战国，甚至有人以为是汉代人的作品。但大多数学者承认它是一部先秦古籍，是唯一的一部系统记述周代政治、经济制度的典籍。虽有些地方与其他典籍记载有些出入，但大多为西周旧制还是可以肯定的。

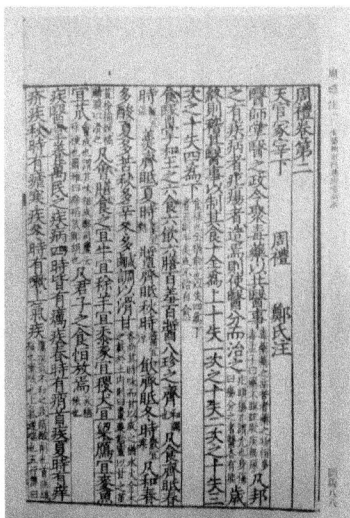

《周礼》书影

《周礼》全书分六个部分，分别由六官区分。六官即天官、地官、春官、夏官、秋官、冬官。这个划分显然是在天人合一的观念下产生的。天道为乾，乾德刚健，为执掌朝政者应当效法，因此天官主管国家政治大事，有些像六部之长的吏部，但权力要大，如同后世的宰相，其下属官有62种。地道柔顺，养育万物，是执掌民政的官员应当效法的，因此地官主管土地和人口，相当于后来的户部，属官78种。春天"阳光布德泽，万物生光辉"，给人间以仁爱、温暖，是执掌礼乐教化的官员应当效法的，因此春官主管祭祀和礼仪，相当于后来的礼部，属官69种。夏天万物齐茂，故古人言"夏整齐万物"，是执掌武事的官员应当效法的，因此夏官主管军政，相当于兵部，属官69种。秋天有肃杀之气，凋零草木，无有偏阿，是掌刑的官当效法的，因此秋官主管刑法，相当于刑部，属官 66 种。冬天为收藏的季节，藏以富家，是主百工之官应当效法的，因此冬官主管百工及土木建筑，相当于工部。因《冬官》已佚，详情难知，现在的《冬官》部分，是拿内容相近的另一篇古籍《考工记》代替的。除《冬官》外，每一官的开首都冠以"惟王建国，辨方正位，体国经野，设官分职，以为民极"数语，明确地表示了这部书的性质。从六部分司来看，似乎直接影响到了隋唐以降的吏、户、礼、兵、刑、工六部的职官设置。这个统治系统十分完备，每一项职守任务都很具体明确。现在人读这部书，似乎觉得有些繁琐，因为其中的制度离我们今天有些遥远了，不好理解。有些官职，如专毁坏恶鸣之鸟巢穴的砓蔟氏、专管禁止重大活动中大声喧哗的衔枚氏、专管射夭鸟（不祥之鸟）的庭氏、专管清除青蛙虾蟆之类的蝈氏、专管执鞭开道的狼条氏等，在今天看来很不必要，可是在《周礼》中却细分其职，不厌其烦。但在不厌其烦中，也披露了古代社会生活方方面面的信息。如司烜氏"掌以夫遂取明火于日"，反映了两千多年前发明用镜取火的技术；翦氏"掌除蠹物"、"以莽草熏之"，反映了以香草除蠹虫的技术；服不氏"掌养猛兽而扰之"，反映了驯兽技术等。

值得我们注意的是，《周礼》在官职职责的记述中，体现出对民生的极大关心。如《秋官》中，萍氏专管水禁和饮酒情况，因为怕饮酒过多出问题，比如掉到河里；禁暴氏是管理治安，对付地痞无赖欺压百姓的。《地官》中，媒氏是专管万民婚配的。在仲春之月，让没有婚配的男男女女集会在一起，让他们自由寻找对象。司氏专门管理市场，要求物品根据类别分区陈列，以便平议物价；禁止奢侈精巧之物的出售，以稳定一般物品的行情；招致商贾，保证货物流通；防止伪劣产品与欺诈行为，去除盗贼。草人掌管改良土壤，根据地质种植相宜的作物。赤色而坚硬的土用牛的骨汁或灰改良，赤色而不很坚硬的用羊的骨汁或灰，干涸的泽地用鹿的骨汁或灰，盐碱地用貆子的，沙地用狐狸的……这些分工，几乎都是为民生考虑的。这与《尚书》所反映的思想与文化精神是完全一致的，体现了中国原始政治文化的性质。

在对民生的关注中，我们特别留意到《周礼》中的生态保护意识。如《地官》中，有山虞、泽虞、迹人之类的职事。山虞掌管山林政令，泽虞掌管水泽政令，其中都提到了"以时入之"的问题，"以时"就是按季节。为什么进山林水泽还要考虑季节呢？就是怕乱取材物，破坏了生态，导致自然再生能力的下降。迹人是掌田猎政令的，其中明确提出了"禁麛卵者，与其毒矢射者"，禁止捕杀幼鹿和拾取鸟卵，这也是为了保护自然的再生能力。而不许用毒箭射禽兽，则是从心术上考虑的，因其"贼物之心"，而且这样杀伤太大。像《天官》中的兽人、獻（渔）人、鳖人，都是负责水产与猎物的，都提到了"以时"的问题。这体现了我们祖先的智慧。对今天来说，它应该仍有启发意义。

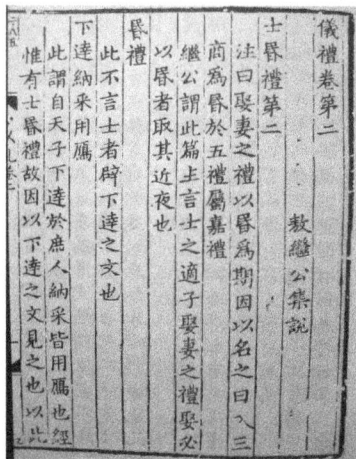

《仪礼》书影

《仪礼》与《周礼》不同，它不是讲行政制度，而是讲生活礼仪。从实际意义上讲，《仪礼》更符合"礼"的本义。《释名》云："仪，宜也，得其事宜也。"这是说"仪"是指具体行事中非常得当的行为表现。这种"得当的行为"非常重要，因为对于维护社会秩序及尊卑贵贱长幼之别意义重大，因此每个王朝建立，都制订一套礼仪。《仪礼》所记录的则是周代的礼仪。先秦时就叫作《礼》，汉代称作《礼经》或《士礼》。现存十七篇，内容涉及以下七个方面：

第一，关于成年礼，如《士冠礼》。古代贵族子弟到二十岁，要举行加冠礼，表示已经成人，成为本族的正式成员。后来把二十岁左右叫"弱冠"，就是指初加冠，体犹壮。

第二，关于婚礼，如《士昏礼》。指的是从纳采到婚后庙见的一系列礼仪。

第三，关于交往之礼，如《士相见礼》《聘礼》《觐礼》。《士相见礼》是士君子第一次相见的礼节仪式，《聘礼》是国际交往中的种种礼节仪式，《觐礼》是诸侯朝见天子的礼节。

第四，关于宴饮之礼，如《乡饮酒礼》《燕礼》《公食大夫礼》。《乡饮酒礼》是基层行政组织举办的以敬老为中心的宴会仪式，《燕礼》是君臣宴会的礼节仪式，《公食大夫礼》是国君举行的招待外国使臣的礼节仪式。

第五，关于射礼，如《乡射礼》《大射礼》。前者是基层举办的射箭比赛大会的礼节仪式，后者是国君主持下的大射比赛礼仪。

第六，关于丧礼，如《丧服》《士丧礼》《既夕礼》《士虞礼》。《丧服》是关于丧礼服饰的。《士丧礼》与《既夕礼》本当为一篇，因篇幅较长分成两篇，述士丧父母办丧事的全过程。《士虞礼》是父母埋葬后的安魂礼。

第七，关于祭祀之礼，如《特牲馈食礼》《少牢馈食礼》《有司彻》。《特牲馈食礼》记述士在家庙中举行祭祀的礼仪。《少牢馈食礼》与《有司彻》本为一篇，记述大夫在家庙中举行祭祀的礼仪。

《仪礼》记述的每一项仪式都很烦琐。如《士相见礼》记士之间第一次见面，记到了不同季节要拿的不同礼物；初次上门，客人要如何说，主人要如何答，客人要再如何谦虚，主人要再如何谦让，反复五个回合，然后才是"出迎于门外，再拜。宾答再拜。主人揖，入门右。宾奉挚，入门左。主人再拜受，宾再拜送挚，出"。实际操作起来，这确实有些麻烦，但却反映其间的慎重与严肃。

《仪礼》中所记载的烦琐礼节虽然在生活中早已无存，但这些礼的基本内容，在两千多年的历史上却部分地得到了延续和发展。如婚礼，《仪礼·士昏礼》提到了婚姻过程中的六种礼仪，即纳采、问名、纳吉、纳征、告期、亲迎。这一礼俗影响了后世，《唐律》《明律》中即有类似的规定。明沈周有诗云："红车绿幰及春明，六礼周时汝好行。铜镜试妆花髻拙，布衣随嫁竹箱轻。"（《送巽女归徐氏》）现在一些农村仍有"六礼"之俗。又如，士君子初次相见要有见面礼，在现在的习俗中也还普遍存在。像《丧服》中的五服制度，一直在延续，出了五服则不算亲属。乡饮酒礼作为基层的一种敬老活动，也一直延续到清代后期。

《仪礼》对重建现代礼仪具有一定的参考价值。如《士昏礼》云："女子许嫁，笄而醴之，称字。……祖庙未毁，教于公宫三月。祖庙已毁，则教于宗室。"郑玄注："教以妇德、妇言、妇容、妇功。宗室，大宗之家。"这是说古代贵族女子在出嫁前，要接受三个月的专门教育。教育的内容包括道德行为、语言辞令、举止仪容、绩织女功等，这对于女性素质的提高是很有意义的。女性的素质关系到对下一代的教育以及整个民族素质，因此周代的这种制度非常值得我们思考。又如《乡射礼》中，记述比赛运动，它除了有严格的比赛规则外，评价射手不是只看能否射中，还要看其是否合于礼乐。比赛的目的不是求胜，而是观道德。《礼记·射义》解释射礼云："故射者，进退周还必中礼。内志正，外体直，然后持弓矢审固。持弓矢审固，然后可以言中，此可以观德行矣。"又云："射者，仁之道也。射求正诸己，己正而后发，发而不中，则不怨胜己者，反求诸己而已矣。"这样的比赛，恐怕在世界其他地方都很难找到，而它的意义也是任何比赛都不能比拟的。

"三礼"中最为庞杂的是《礼记》。《说文》云："记，疏也。"段玉裁注："谓分疏而识之也。"《礼记》的取名虽说有对古礼"分疏而识"的意思，其实杂汇了先秦至汉的有关礼的文字。在西汉，流传的关于说礼的文字据说有两百多篇，内容十分庞杂。戴德、戴圣叔侄二人，都是研究礼学的专家，他们选编了不同的《礼记》本子，人称叔叔戴德编的为《大戴礼记》，侄儿戴圣编的为《小戴礼记》。东汉末大儒郑玄为《小戴礼记》作了注，一下子抬高了《小戴礼记》的地位。现在所说的《礼记》多是"小戴"的，共四十九篇。

《礼记》书影

《礼记》的内容，大约有以下几个方面：

第一，解释《仪礼》或与《仪礼》有关的文字，如《冠义》《昏义》《乡饮酒义》等。有些虽非直接解释《仪礼》的意义，但仍是围绕《仪礼》记述的，有点类似"外传"的性质，如《檀弓》《曾子问》《丧服小记》等，都是关于丧服丧事的。这类文章占到了十二篇，这可能与儒家重视丧礼有关。

第二，记述各种礼制与礼节的文字，如《王制》《礼器》《祭法》《曲礼》《内则》《少仪》《月令》等。《王制》像一篇完整的施政纲领，《月令》像是古代政令与农事活动的记录，《内则》言家庭礼节，《少仪》记相见、适丧、饮酒等种种礼节，可以补《仪礼》之不足。

第三，杂记孔子及其弟子言论的文字，如《坊记》《表记》《缁衣》《孔子闲居》等。这些可能是根据当时传闻记述的，也不排除假托的可能。

第四，专题论文，如《礼运》《学记》《经解》《乐记》《大学》《中庸》等。这些是一组理论性很强的文章，有些论述相当精彩。可以反映战国时儒家的理想与理论水平。

在这四组文章中，从礼的角度看，最应该注意的是第一组，它是《礼记》的主体部分。其中有些部分是从理论上阐释礼的，这对于我们认识礼的意义很有帮助。如关于冠礼，《冠义》释云：

> 凡人之所以为人者，礼义也。礼义之始，在于正容体，齐颜色，顺辞令。容体正，颜色齐，辞令顺，而后礼义备，以正君臣，亲父子，和长幼。君臣正，父子亲，长幼和，而后礼义立。故冠而后服备，服备而后容体正，颜色齐，辞令顺。故曰：冠者，礼之始也。

这就是说，冠礼的意义并不在于给一名成年男子加了一顶帽，重要的是它是"容体正"的说明，是礼的开端，是与君臣正、父子亲、长幼和的天下秩序相联系的。由这一意义引发，君子正冠，就不是小事了。所以孔子的弟子子路在卫国内乱时，被人打歪了帽子。在生死之机，还要坚持"君子死，冠不免"的原则，最终"结缨而死"。关于婚礼，《昏义》云：

> 礼之大体，而所以成男女之别，而立夫妇之义也。男女有别而后夫妇有义，夫妇有义而后父子有亲，父子有亲而后君臣有正。故曰：昏礼者，礼之本也。

这是说礼是从夫妇之义开始的，由夫妇而父子，而君臣，以次展开，人间的伦理便由此而建立起来，因此婚礼可以说是礼之大本。关于乡饮酒，《礼记·射义》云："乡饮酒者，所以明长幼之序也。"《乡饮酒义》则更明确地说：

> 乡饮酒之礼，六十者坐，五十者立侍以听政役，所以明尊长也。六十者三豆，七十者四豆，八十者五豆，九十者六豆，所以明养老也。民知尊长养老，而后乃能入孝弟。民入孝弟，出尊长养老，而后成教，成教而后国可安也。

这里所强调的则是纲常之外的又一种伦理次序。再如关于燕礼，《燕义》云："燕礼者，所以明君臣之义也。"关于祭祀，《祭法》云："夫圣王之制祭祀也：法施于民，则祀之；以死勤事，则祀之；以劳定国，则祀之；能御大菑，则祀之；能捍大患，则祀之。"关于丧礼，《三年问》云："凡生天地之间者，有血气之属，必有知；有知之属，莫不知爱其类……有血气之属者，莫知于人。故人于其亲也，至死不穷。"

由此可以看出，礼乃天地间不可更易之理，是与治国安民联系在一起的。从表面上看，礼只是行为规则，而其本质，则是与道德紧密相连的。《祭义》概括礼的精神：

> 天下之礼，致反始也，致鬼神也，致和用也，致义也，致让也。

郑玄对此作了意义上的阐释：

> 致反始，以厚其本也；致鬼神，以尊上也；致物用，以立民纪也；致义，则上下不悖逆矣；致让，以去争也。

礼的内在精神，在历史中不断流失，只有形式部分残存，即春秋时人所云："此仪也，非礼也。"修复礼的道德精神，使仪的外在形式与礼的内在精神统一起来，这正是孔子一生所追求的。

"三礼"与其他经书不一样，不只是理论上讲述道，或是由学者去开发其微言大义，而是直接关系到实践的，因此，"礼学"在历史上是一种实践之学。如何将"三礼"的内容落实于生活实践中，是历代研究"三礼"的学者多所考虑的问题。汉代王莽改制，以《周礼》为实践模式。王安石变法，著《周官新义》，以助新法推行。清儒对《周礼》用功最勤的是孙诒让，他的《周礼正义》搜辑古今诸儒解诂，最为繁富，其旨不在治经，而在治国。他在光绪二十七年（1901 年）起草的《变法条议》中，即声称"以《周礼》为纲，西法为目"。在今天来看，将传统礼仪与现代文明对接，仍然是一个时代课题。

2.《春秋》：礼定褒贬

礼在周代既作为制度与生活规则存在，也作为一种价值标准对社会上发生的种种行为进行评断。《春秋》其实就是以礼来评断历史的一部史书。《春秋》相传为孔子所作，孔子将自己对于历史的褒贬寓于行文之中，故孟子云："孔子成《春秋》，而乱臣贼子惧。"这一说法，后世的学者多有怀疑。但从文化史的角度来讲，不管此书是否孔子所作，书中不管是否真寓有褒贬，都已不十分重要，因为历史已经认定这是一部经过孔子亲裁而又寓有褒贬的圣典，并在这个意义上不断对其进行阐释，由此在历史上产生了极大的影响，以致在汉代出现了以《春秋》断事的现象（参见赵翼《廿二史札记·汉时以经义断事》）。

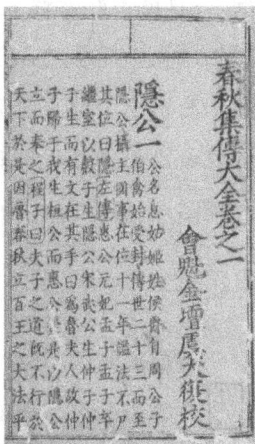

《春秋》书影

《春秋》是春秋二百四十年历史的大纲，是孔子修订的"近代史教材"。之所以名"春秋"，这是沿用鲁国史记的旧名。当时各国都有史记，晋国的叫《乘》，楚国的叫《梼杌》，鲁国的叫《春秋》。古代重大的活动，如祭祀、朝聘等多在春秋两季举行，故举春秋以代表一年四季。关于《春秋》的意义，说得最为透彻的是司马迁，他说："夫《春秋》，上明三王之道，下辨人事之纪，别嫌疑，明是非，定犹豫，善善恶恶，贤贤贱不肖，存亡国，继绝世，补敝起废，王道之大者也……拨乱世反之正，莫近于《春秋》。春秋文成数万，其指数千。万物之散聚皆在《春秋》。《春秋》之中，弑君三十六，亡国五十二，诸侯奔走不得保其社稷者不可胜数。察其所以，皆失其本已。故《易》曰：'失之毫厘，差以千里。'故曰：'臣弑君，子弑父，非一旦一夕之故也，其渐久矣。'故有国者不可以不知《春秋》，前有谗而弗见，后有贼而不知。为人臣者不可以不知《春秋》，守经事而不知其宜，遭变事而不知其权。为人君父而不通于《春秋》之义者，必蒙首恶之名。为人臣子而不通于《春秋》之义者，必陷篡弑之诛，死罪之名。其实皆以为善，为之不知其义，被之空言而不敢辞。夫不通礼义之旨，至于君不君，臣不臣，父不父，子不子。夫君不君则犯，臣不臣则诛，父不父则无道，子不子则不孝。此四行者，天下之大过也。以天下之大过予之，则受而弗敢辞。故《春秋》者，礼义之大宗也。"

《春秋》何以有如此大的意义，竟至于为君、为臣、为父、为子皆不可不读，而且被誉为"礼义之大宗"？如果说《春秋》像疑古学者所说的"断烂朝报"、"流水账

簿"，这就不好理解了。原因是《春秋》寄寓了孔子的忧世深心。虽然《诗》《书》
《易》《礼》都经过孔子的整理，但那都是整理文献，不可更其意。而《春秋》则是
孔子有感于"世衰道微，邪说暴行有作"（《孟子·滕文公下》）而著述的。他的目
的就是要正名分，别嫌疑，明是非，以礼为价值判断，给历史以褒贬判定。因而
《春秋》中也投入了孔子更多的心血。这一点司马迁在《孔子世家》有详细的说明：

> 子曰："弗乎弗乎！君子病没世而名不称焉。吾道不行矣，吾何以自见
> 于后世哉！"乃因史记作《春秋》，上至隐公，下讫哀公十四年，十二公。
> 据鲁，亲周，故殷，运之三代。约其文辞而指博。故吴楚之君自称王，而
> 《春秋》贬之曰"子"；践土之会实召周天子，而《春秋》讳之曰"天王狩
> 于河阳"：推此类以绳当世。贬损之义，后有王者举而开之。《春秋》之义
> 行，则天下乱臣贼子惧焉。孔子在位听讼，文辞有可与人共者，弗独有也。
> 至于为《春秋》，笔则笔，削则削，子夏之徒不能赞一辞。弟子受《春秋》，
> 孔子曰："后世知丘者以《春秋》，而罪丘者亦以《春秋》。"

从司马迁的举例中，即可看出《春秋》笔法的微妙之处。这种笔法，遍及全书。
如《春秋》中凡是臣杀君、子杀父，一律用"弑"字。"弑"是一个犯上作乱的专用
词，《左传·宣公十八年》云："凡自内虐其君曰弑"，表示这是一种非道义的行为。
大夫若专禄以周旋，虽无危国害主之实，皆书曰"叛"。又如鸣钟鼓以声其过曰
"伐"，寝钟鼓以入其境曰"侵"，掩其不备曰"袭"。褒贬之义皆寓于叙事之中。但
这种褒贬，显然又是以礼为价值标准的，所以司马迁云："《春秋》者，礼义之大宗
也。"简言之，《春秋》大义用六个字可概括：复礼、正名、尊王。所谓"复礼"，就
是要修复周代的礼制，君君、臣臣、父父、子子，各归复位，各修其职，不然则乱。
礼就是价值判断，所以《左氏春秋》每以"礼也"、"非礼"评断是非（如《桓公十
四年》："春会于曹，曹人致饩，礼也。"《僖公五年》："夏会于葵丘，寻盟且修好，
礼也。"《襄公九年》："毛伯卫来求金，非礼也。"《宣公八年》："襄仲卒而绎，非礼
也。"）；公、穀《春秋》，每以非礼定褒贬。所谓"正名"，就是正名分，反对无礼
的僭越行为。吴楚私称王，则复其位曰"子"，王死曰"崩"，诸侯死曰"薨"，互不

相乱。所谓"尊王",其实是要维护周王的尊严,维护一统。《春秋》每言"春王正月",《公羊传·隐公元年》云:"何言乎王正月?大一统也。""大"在这里是重视、尊重的意思。徐彦疏云:"王者受命,制正月以统天下,令万物无不一一皆奉之以为始,故言大一统也。"《汉书·王吉传》云:"《春秋》所以大一统者,六合同风,九州共贯也。"这反映了对周天子一统政局的维护。

对于《春秋》作出详细解释的是《公羊传》《穀梁传》和《左传》。《公羊传》传说是子夏的学生公羊高所著;《穀梁传》传说是穀梁赤所著,相传他也是子夏的学生;《左传》传为鲁君子左丘明作。《说文》:"专,纺专。"甲骨文专作,像手转动纺线,引申有转动相传的意思。《释名》云:"传,传也,以传示后人也。"古代把传经之书叫"传",取意正在此。《公羊传》主于微言,《穀梁传》主于大义,《左传》主于历史。据司马迁云:"鲁君子左丘明,惧弟子人人异端,各安其意,失其真,故因孔子史记,具论其语,成《左氏春秋》。"这样"春秋三传"便有了各自的特色。如《春秋·隐公元年》书:"郑伯克段于鄢。"《左传》完整地记述了这一事件的过程,最后说:"段不弟,故不言弟;如二君,故曰克;称郑伯,讥失教也;谓之郑志,不言出奔,难之也。"《公羊传》云:"克之者何?杀之也。杀之则曷为谓之克?大郑伯之恶也。曷为大郑伯之恶?母欲立之,己杀之,如勿与而已矣。段者?郑伯之弟也。何以不称弟?当国也。其地何?当国也。"《穀梁传》云:"克者何?能也。何能也?能杀也。何以不言杀?见段之有徒众也。段,郑伯弟也。何以知其为弟也?杀世子母弟目君,以其目君,知其为弟也。段,弟也,而弗谓弟,公子也,而弗谓公子,贬之也。段失子弟之道矣,贱段而甚郑伯也。何甚乎郑伯?甚郑伯之处心积虑,成于杀也。于鄢,远也,犹曰取之其母之怀中而杀之云尔,甚之也。然则为郑伯者宜奈何?缓追逸贼,亲亲之道也。"《左传》重点讲述的是这个事件本身,《公羊传》重点阐发"克"字中隐存的微妙之义,《穀梁传》则重点谴责郑庄公处心积虑陷害兄弟违背亲亲之道的行为。

再如《春秋·庄公二十三年》:"夏,公如齐观社。"《左传》云:"夏,公如齐观社,非礼也。曹刿谏曰:'不可。夫礼,所以整民也。故会以训上下之则,制财用之节;朝以正班爵之义,帅长幼之序;征伐以讨其不然。诸侯有王,王有巡守,以大习之。非是,君不举矣。君举必书。书而不法,后嗣何观?'"《公羊传》云:"何以书？讥。何讥尔？诸侯越竟观社，非礼也。"《穀梁传》云："常事曰视，非常曰观。观，无事之辞也。以是为尸女也。无事不出竟。"同样认为非礼，左氏举事以明，公羊举书以明，穀梁举行以明。

这样，三书从不同的角度给《春秋》以阐释，极大地丰富了《春秋》的经典内涵，由此而发展为"春秋学"，对中国文化产生了极大的影响。

思考题

1. "五经"指哪几部书？

2. 简谈"五经"对于中国历史的意义。

3. 《周易》是一部什么书？简述其基本内容、性质。

4. 《周易》思想对你有何启发？

5. 《尚书》是一部什么书？

6. 《尚书》的文化意义何在？

7. 尧舜禹汤文武周公之道，在历史上有何作用？

8. 《诗经》是一部什么书？它与周代礼乐制度有何关系？

9. 对于《诗序》所谈的诗关政治盛衰的理论，你是如何认识的？

10. "三礼"对于现代礼仪重建有无意义？

参考书目

（汉）何休：《春秋公羊传注疏》（十三经标点本），北京，北京大学出版社，1999。

（晋）范宁：《春秋穀梁传注疏》（十三经标点本），北京，北京大学出版社，1999。

（唐）孔颖达：《周易正义》（十三经标点本），北京，北京大学出版社，1999。

（唐）孔颖达：《毛诗正义》（十三经标点本），北京，北京大学出版社，1999。

（宋）朱熹：《周易本义》（宋元人注四书五经本），北京，中国书店，1985。

（宋）蔡沈：《书经集传》，上海，上海古籍出版社，1987。

（宋）朱熹：《诗经集传》，上海，上海古籍出版社，1987。

（元）陈澔：《礼记集说》（四书五经本），北京，中国书店，1994。

（清）孙星衍：《尚书今古文注疏》，北京，中华书局，1986。

高亨：《周易古经今注》，北京，中华书局，1984。

高亨：《周易大传今注》，济南，齐鲁书社，1979。

朱伯昆：《易学基础教程》，广州，广州出版社，1993。

杨筠如：《尚书核诂》，台北，学海出版社，1978。

陈梦家：《尚书通论》，北京，中华书局，1985。

程俊英、蒋见元：《诗经注析》，北京，中华书局，1991。

林尹：《周礼今注今译》，北京，书目文献出版社，1985。

李景林等：《仪礼译注》，长春，吉林文史出版社，1995。

杨伯峻：《春秋左传注》，北京，中华书局，1981。

第四章　四　书

　　"四书"指《大学》《中庸》《论语》《孟子》四部先秦典籍，这是南宋朱熹为重新建立意识形态话语系统而确立的新的经典体系。朱熹是一位非常有眼光的人，他对"四书"的选定即体现了他高远的见识。因为这是一个便于学习而且非常有利于心性修养的经典系统。朱熹自言："读书且从易晓易解处去读，如《大学》《中庸》《语》《孟》四书，道理粲然，人只是不去看。若理会得此四书，何书不可读？何理不可究？何事不可处？"（《朱子语类》卷十四）就"五经"而言，其所言在事、在理、在情、在礼，而《四书》则是圣贤发自心灵的声音。《元史·儒学传》记许谦云："学以圣人为准的，然必得圣人之心，而后可学圣人之事。圣贤之心具在'四书'。"因而明代大儒薛瑄就高度称赞"四书"的选编："周、程、张、朱，有大功于天下万世，不可胜言。于千余年俗学异端淆乱驳杂中，剔拨出'四书'来，表章发明，遂使圣学晦而复明，大道绝而复续，粲然各为全书，流布四海，而俗学异端之说，自不得以干正，其功大矣！"（《读书录》卷五）"四书"原本的次序是《大学》《论语》《孟子》《中庸》。后来刊刻本因《大学》《中庸》量小，篇页无多，并为一册，于是把《中庸》移到《论语》前。

朱熹

第一节　《大学》与《中庸》

　　《大学》《中庸》是从《礼记》中剔选出来的两篇论文。《礼记》收录很杂，像这两篇应当属于"七十子"后学的作品。这是《礼记》中最精彩的两篇，最能体现儒者的大怀抱与大气象。故汉代人拈出《中庸》，北宋人拈出《大学》，到朱熹则合编为"四书"，元代定为教材之后，便成学生必读之书。《大学》与《中庸》都是有关修身的，故清代康熙皇帝说："《大学》《中庸》，俱以'慎独'为训，是为圣贤第一要节。"（《圣祖仁皇帝庭训格言》）。《大学》讲外王，《中庸》讲内圣，其核心不外乎"修己治人"四字。

1. 《大学》：大学精神

《大学》的作者，自古无传，宋儒程子以为是"孔氏之遗书"。朱熹编于"四书"，并将它分为经、传两部分，以第一章为"经"，以为是"盖孔子之言，而曾子述之"；下面的十章则为"传"，是"曾子之意，而门人记之也"。并且认为"旧本颇有错简"，故"因程子所定，而更考经文，别为序次"。

所谓"大学"，主要是针对"小学"而言的。《大戴礼记·保傅》篇云："古者年八岁而出就外舍，学小艺焉，履小节焉；束发而就大学，学大艺焉，履大节焉。"《尚书大传》《白虎通·辟雍》《公羊传·僖公十五年》等，都有类似的记载，虽然各书所言入小学、大学的年龄不大一

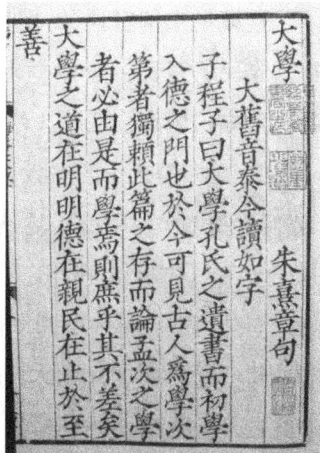

《大学》书影

致，但有一点是一致的，就是对于大学意义的理解。分别言及的大学（"学大艺"、"履大节"、"学经籍"、"业大道"等），自然所言的都是"大人之学"，是成人进入社会、展示人生的大道理、大学问。故《学记》云："九年知类通达，强立而不反，谓之大成。……夫然后足以化民易俗，近者说服而远者怀之，此大学之道也。"由此可见古之所谓大学的意义。《大学》正是一篇谈古代大学精神的经典之作。在这篇文章的开头，即以高远的识见、博大的胸襟，勾勒出了人生自我实现的目标和路线，即由内圣而走向外王的治平之路。其第一章云：

大学之道在明明德，在亲民，在止于至善。知止而后有定，定而后能静，

静而后能安，安而后能虑，虑而后能得。物有本末，事有终始。知所先后，则近道矣。古之欲明明德于天下者，先治其国；欲治其国者，先齐其家；欲齐其家者，先修其身；欲修其身者，先正其心；欲正其心者，先诚其意；欲诚其意者，先致其知。致知在格物。物格而后知至，知至而后意诚，意诚而后心正，心正而后身修，身修而后家齐，家齐而后国治，国治而后天下平。自天子以至于庶人，壹是皆以修身为本。其本乱而末治者，否矣。其所厚者薄，而其所薄者厚，未之有也。此谓知本，此谓知之至也。

这就是朱子所谓的"经"，前人有"三纲六证八目"之谓。所谓"三纲"，即明德、亲民、至善。所谓"六证"，即止、定、静、安、虑、得。所谓"八目"，即格物、致知、诚意、正心、修身、齐家、治国、平天下。

"三纲"是大学的宗旨，也是一个宏大的人生目标。所谓"明德"，就是"大德"、"光明之德"，"明明德"就是彰显自己"光明之德"，使之普照众生。所谓"亲民"，就是"新民"（亲、新通用），是指化民向善，在道德教化之中使百姓不断表现出新的道德风尚与精神面貌。所谓"止于至善"，是指达到至善至美的境地。什么是"至善"的境地呢？这就是"为人君，止于仁；为人臣，止于敬；为人子，止于孝；为人父，止于慈；与国人交，止于信"。

"三纲"的提出，是建立在"六经"所给予的道德价值与理论基础之上的，是以古之圣贤高大的群体形象为背景的。这个抽象的人生目标，正是从尧、舜、禹、汤、文、武、周公等圣贤鲜活的形象中概括归纳出来的。因此《大学》在解释"明明德"时，举了尧的"克明俊德"，又举了文王的"克明德"。在解释"亲民"（新民）时，列举了成汤"日日新，又日新"的追求，又举了周公"作新民"的教训。在解释"止于至善"时，则举了《诗经》与孔子之言。这个宏大的人生理想，渗透着"人皆可以为尧舜"的理念。无论什么人，都可以在自己的努力之下，实现这个人生理想，并将人生的境界体现于不同层次。在这个目标的设定中，物质利益追求与一切个人自私的打算，被彻底丢弃一旁，"立德万世"、"泽被万民"、"道德至上"等关键词，完全占据了心灵的空间。这作为一种精神，高扬着人类向善的极限，引领着人类走向健康发展的道路。由此我们看到了古代教育的崇高目标，看到了古代"大学精神"

的伟大与辉煌。

为了实现"三纲"的宏大目标，《大学》于内提出了"止、定、静、安、虑、得"六字心诀，于外提出了八个步骤。这六字心诀即所谓"六证"：知道要达到的境界（止），就能够志向坚定（定），志向坚定就能免去浮躁而内心沉静（静），内心沉静便能够面对现实而气定神安（安），然后才能够沉心思虑（虑），才能有所获得（得）。这是一个心理上的路线与阶梯，也是实现宏大目标的心理基础。

实现这"三纲"的八个步骤，其一是"格物"。关于"格"的解释分歧甚多，或训"至"，或训"来"，或训"感"。《一切经音义》卷二十二引《仓颉篇》云："格，度量也。"看来，"格物"就是度量、考究事物之理的意思，也就是面对事物本身而进行分析、推究。这是获取正确认识的基础。其二是"致知"，即获取真知，了解到万事万物本来之理。用朱熹取程颐的话说："盖人心之灵莫不有知，而天下之物莫不有理。唯于理有未穷，故其知有不尽也。是以《大学》始教，必使学者即凡天下之物，莫不因其已知之理而益穷之，以求至乎其极。至于用力之久，而一旦豁然贯通焉，则众物之表里精粗无不到，而吾心之全体大用无不明矣。"其三是"诚意"，即诚心诚意，对人对己，都没有半点欺诈。这是自修的开始。用《大学》的话说："所谓诚其意者：毋自欺也，如恶恶臭，如好好色。"在这里，《大学》提出"君子慎独"的概念。"慎独"就是在人所不知而己独知的情况之下，也要谨慎从事而无一丝苟且。就像有"十目所视，十手所指"一样，暗地苟且之事是无法掩盖的。只有诚实了，才能端正心思。其四是"正心"，就是要把心放正，戒除歪心眼，这是自修的第二步。用《大学》的话说："身有所忿，则不得其正。有所恐惧，则不得其正。有所好乐，则不得其正。有所忧患，则不得其正。"如心不端正，为邪念所困扰，其结果就会"心不在焉，视而不见，听而不闻，食而不知其味"。只有把心放正，才能进而端正自己的行为。其五是"修身"，即检点自己的行为，纠正感情用事的偏差，要求合于礼的规范，这是自修的完成。自己行为端正了，才有可能治理好一个家。其六是"齐家"，即治理好家庭，使一门之内和睦安宁，父慈子孝。只有家齐才能国治，即《大学》所云："其家不可教，而能教人者，无之。""一家仁，一国兴仁；一家让，一国兴让；一人贪戾，一国作乱……尧舜率天下以仁，而民从之。桀纣率天下以暴，而民从之。其所令反其所好，而民不从。是故君子，有诸己，而后求诸人。

无诸己，而后非诸人。"凡事要从自身、自家做起。其七是"治国"。这里的国是指封建之国，与现在意义上的国家不同。其八是"平天下"，即使天下平定安宁。这是儒家最高的人生目标，但这目标的实现还在自身。"上老老，而民兴孝；上长长，而民兴悌；上恤孤，而民不悖。"

这"八目"构成了一条人生自我实现的阶梯，只要认真地去履行，便可以获得成功。这里值得注意的有两点：

第一，《大学》的目标是培养以天下苍生为怀包括帝王在内的圣贤，是要剔除每个受教育者身上那种自私自利、目光短浅的小家子气与庸俗气，成就天下大材。即便是不能实施治国平天下的理想，也应该在自己从事的事业与自己所处的位置上做到"至善"。这种教育实际上是理想教育、道德教育，是培养人类精神家园的守护者，而不是教给人谋生的技术、谋财的手段。

第二，在这种教育系统中，最关键的一环是"修身"，故云："自天子以至于庶人，壹是皆以修身为本。"而修身最核心的问题是道德。所以在通篇文章中都在强调一个"德"字，如云："道得众则得国，失众则失国。是故君子先慎乎德。有德此有人，有人此有土，有土此有财，有财此有用。"世俗之人在理论上都知道"德"对于一个人立身的重要性，可是一旦有金钱诱惑，便把持不住。故《大学》又特别强调："德者本也，财者末也。"为政者如果看重"财"而轻视了"德"，那就会"争民施夺"，与民争利而施出劫夺的阴招。要明白，"财聚则民散，财散则民聚"。财富聚敛之日，也就是失去民心之时。当然金钱是每一个人都需要的，但君子爱财，取之有道。"生财有大道，生之者众，食之者寡，为之者疾，用之者舒，则财恒足矣。"同时，对于金钱有两种不同的态度，"仁者以财发身，不仁者以身发财"。"以财发身"，就是以财物成就自己的德行与事业，即所谓"散财得民"。"以身发财"，就是把自身作为工具，把钱作为目的。同时《大学》中提到的"君子慎其独"、"富润屋，德润身"等，都是关于道德修养的。道德为修身之本，修身为治平之本，这种逻辑关系是显而易见的。

宋真德秀《大学衍义序》云："为人君而不知《大学》，无以清出治之源；为人臣而不知《大学》，无以尽正君之法……此书所陈，实百圣传心之要典，而非孔氏之私言也……盖自秦汉以后尊信此书者，唯愈及翱，而亦不知为圣学之渊源、治道之根底也，况其他乎？……《大学》一书，君天下者之律令格例也，本之则必治，违之则必乱。"
这代表了古人对《大学》意义的认识。

2. 《中庸》：通向内圣

《中庸》相传为孔子之孙子思所作。七十子之后，在战国儒家学者中，最早产生较大影响的就是子思。关于子思的生平及著述，《史记·孔子世家》中仅曰："孔子生鲤，字伯鱼。伯鱼年五十，先孔子死。伯鱼生伋，字子思，年六十二。尝困于宋。子思作《中庸》。"孟子曾称鲁穆公尊礼子思，《汉书·艺文志》云其曾为鲁穆公师。钱穆先生据以考证，说他当约生于周敬王三十七年前后（前483年），卒于鲁穆公五年（前403年）。①《艺文志》著录《子思子》二十三篇。梁朝沈约曾见过此书，指出"《中庸》《表记》《防记》《缁衣》，皆取《子思子》"（《隋书·音乐志》引），而这几篇皆见于今本《礼记》，这为我们研究子思的思想提供了依据。更

《中庸》书影

值得庆幸的是，湖北省荆门市郭店一号楚墓竹简与上海博物馆所藏楚竹书的发现，为我们的研究提供了更可靠、更充足的资料。郭店楚简中有《缁衣》《五行》《鲁穆公问子思》，李学勤先生认为应属于《子思子》②。《子思子》同其他子书一样，不一定是子思一人的手笔，应当看作子思一派的著作。

在子思的著作中，对后世影响最大的莫过于《中庸》。在《汉书·艺文志·六艺略》中，礼类有《中庸说》两篇，说明汉代就有人将《中庸》从《子思》一书中提取出来，单独加以注释发挥了。《隋书·经籍志》中著录戴颙《中庸传》、梁武帝《中庸讲义》，到宋儒对此更是赞誉有加，认为"此篇乃孔门传授心法，子思恐其久而差也，故笔之于书，以授孟子"（朱熹《四书集注》引程氏说）。

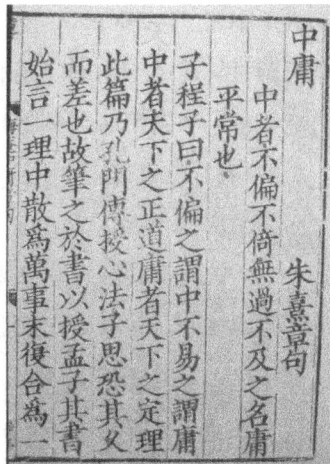

---

① 钱穆：《先秦诸子系年·子思生卒考》，199～202页，北京，商务印书馆，2001。

② 李学勤：《荆门郭店楚简中的〈子思子〉》，见《中国哲学》第20辑《郭店楚简研究》，75～80页，沈阳，辽宁教育出版社，1999。

"中庸"，据程子说："不偏之谓中，不易之谓庸。中者，天下之正道，庸者，天下之定理。"（朱熹《四书集注》引程氏说）就是说，中庸是不偏不倚、不可更易的中正平常之道。在儒家的理论中，"中庸"是一个非常重要的概念，也是一种极高的道德精神。所以，孔子一则曰："中庸之为德也，其至矣乎！"再则曰："君子中庸，小人反中庸。"三则曰："君子依乎中庸，遁世不见，知而不悔，唯圣者能之。"《中庸》则是一篇关于中庸问题的专门论述。《大学》多论德，《中庸》则谈道；《大学》讲"明德"、"新民"，《中庸》讲成己成物。因而《中庸》比《大学》要深奥难读。

《中庸》首章云：

> 天命之谓性，率性之谓道，修道之谓教。道也者，不可须臾离也，可离非道也。是故君子戒慎乎其所不睹，恐惧乎其所不闻。莫见乎隐，莫显乎微，故君子慎其独也。喜怒哀乐之未发，谓之中；发而皆中节，谓之和。中也者，天下之大本也；和也者，天下之达道也。致中和，天地位焉，万物育焉。

这一章是全书的总纲领，也是儒学的总纲领。尤其首三句，更为重要。中庸之道本之于天，原之于性。天是性的本源，性是道的根据，道是教的根本。人性表现而为行为，即道。这意味着道即含摄于人性之中。这是一个根本，也是一篇理论的逻辑起点。由于道与性的表里关系，道便成为人不可须臾离身之物。而道的本质则是"中和"，天下之根本是"中"，天下之达道是"和"，"中和"使天地间充满生机。而这"中和"就是"中庸"，就体而言是"中庸"，就用而言是"中和"。因此在此章中就提出了三个关键词：率性、修道、中和。"率性"言道之出于天而不可易，"修道"言道之备于己而不可离，"中和"言道之为用而不可忽。

以此为纲领，《中庸》重点谈到了三个问题。第一是"中庸"的问题。中庸之道极简单，极明了，却极难做到。原因是"知之者过之，愚者不及"、"贤者过之，不肖者不及"。论其浅近，则"造端乎夫妇"，这是最基本的，人人都能知、能行的，在日常生活中无处不在的。论其高远，则"察乎天地"，合天地并列，赞天地化育，博厚高明，无所不载，无所不覆，如四时错行，如日月代明，"万物并育而不相害，道并行而不相悖。小德川流，大德敦化"。但这个"中"字最难把握。舜能"执其两端用其中于民"，颜回"择乎中庸，得一善则拳拳服膺而弗失之"，因而成就了他们的圣贤地位。更多的人则是"遵道而行，半途而废"，不能坚持。这是为什么呢？很简单，就是因为外在的物质利益的诱惑和干扰，使人迷失于现实的迷雾之中，而不知道在何方了。

这里需要指出的是，现在很多人把中庸理解为调和、折中，没有立场，不讲原则，可以说是墙头草，随风倒。其实这是大错而特错的。《中庸》第十章云：

> 子路问强。子曰："南方之强与？北方之强与？抑而强与？宽柔以教，不报无道，南方之强也，君子居之。衽金革，死而不厌，北方之强也，而强者居之。故君子和而不流，强哉矫！中立而不倚，强哉矫！国有道，不变塞焉，强哉矫！国无道，至死不变，强哉矫！"

"强"是君子抵抗政治与社会的压力与诱惑而坚守中庸之道的一种表现形式，但强却有不同的表现。坚持和谐却不同流合污，不管国有道还是无道，自己都能坚守中道而不偏倚，这才是真正的强，也是对中庸的坚持。

第二是"修道"，即"道不可离"的问题。为什么要"修道"呢？因为在现实利益的诱惑之下，人最容易偏离道的方向而误入歧途。"道不远人"，是人的行为自己偏离了道。只有"修身以道"，才能保持身与道的联系。"君子之道本诸身"，行道也就像行远路、登高山一样，都要从自己脚下开始。这样自身保持与道的联系与合一，非常重要。"为政在人，取人以身，修身以道，修道以仁。"因此，"君子不可以不修身"，不可不提升自己的道德品质，坚持道德实践。"君子素其位而行，不愿乎其外"、"在上位，不陵下，在下位，不援上"、"正己而不求于人"、"施诸己而不愿，亦勿施于人"。在这里，《中庸》又特别提出了三德、九经的概念。"三德"即知、仁、勇，"知斯三者，则知所以修身"。"九经"即"修身也，尊贤也，亲亲也，敬大臣也，体群臣也，子庶民也，来百工也，柔远人也，怀诸侯也"。而其关键是修身，"修身则道立"。鬼神在冥冥之中监察着人的行为，因而必须诚心向道，不可欺诈。"诚者，天之道也；诚之者，人之道也。"诚心向道，则必学习，"博学之，审问之，慎思之，明辨之，笃行之"。

第三是"至诚尽性"的问题。道本于天，源于性。但现实社会中，在功名利禄权势尊位的诱惑下，许多人失去了本性，失去了天良，自然也失去了道。唯有真诚才能使人明白道理，唤醒本性。诚是什么？就是自己向外的真实呈现。人只有在自己的真实呈现中，才能完全显露本性。而这本性本是来自于天，由天所命的。在这种认识之下，人与天、人与万物、万物与天，在源头上都绾结一处。天之命、人之性、物之性皆备于我之性。故《中庸》云："唯天下至诚，为能尽其性；能尽其性，则能尽人之性；能尽人之性，则能尽物之性；能尽物之性，则可以赞天地之化育；可以赞天地之化育，则可以与天地参矣。"尽己之性，尽人之性，尽物之性，就可以与天地参合，达到道的最高境界。天地万物皆因诚而有，而这"诚"本身又是仁的呈现。诚者，成也，是天地仁慈而造就了万物。故《中庸》云："诚者自成也，而道自道也。诚者物之终始，不诚无物。是故君子诚之为贵。诚者非自成己而已也，所以成物也。成己，仁也；成物，知也。性之德也，合外内之道也，故时措之宜也。"这就是说，天地万物无非成于一个"诚"字。诚本于心，道本于理。诚是事物的开端，同时也是归宿，没有诚也就没有了事物。对人而言，诚不只是成就自己，还能成就事物。仁存于内则"成己"，智发于外则"成物"，而这"仁"与"智"都是源自本性的。故而"至诚尽性"就成了大道之行的前提。只有至诚尽性，才能体悟到天地之道的"博也，厚也，高也，明也，悠也，久也"。

《中庸》中提出的如命、性、道、诚诸命题，成了宋明以降儒学的重要命题。但《中庸》的目的并不是论证性与命、道、诚的关系问题，而在于成就圣人，确立君子内在精神修养的目标。于是"修道"便成了一个核心问题。故文章一再对君子的精神状态进行描绘。如说"君子之道费而隐"、"君子无入而不自得焉"、"君子居易以俟命"、"君子尊德性而道学问，致广达而尽精微，极高明而道中庸"等。同时又一再展现圣人的博大精神气象，如曰："大哉圣人之道！洋洋乎，发育万物，峻极于天。优优大哉！""仲尼祖述尧、舜，宪章文、武，上律天时，下袭水土。辟如天地之无不持载，无不覆帱，辟如四时之错行，如日月之代明。""唯天下至圣，为能聪明睿知，足以有临也……溥博渊泉，而时出之，溥博如天，渊泉如渊。"这实际上是展示了两个不同层次的精神境界，以作为人生修养追求的目标。要达到这个目标，道路只有一条，这就是"诚"，由诚而复性，而明道，而至于道。最终"成己"、"成物"，完成人生的自我实现。

在这个意义上讲，《中庸》与《大学》又是互为表里的，一个通向"内圣"，一个走向"外王"，共同构成中国古代教育的崇高理念与宏大精神。

第二节 《论语》与《孟子》

现在习惯上把《论语》《孟子》归到诸子之列，以为孔、孟不过是诸子中的两位而已。但在历史上，他们的影响是诸子绝对无法比拟的。《论语》在东汉时被列入"七经"，《孟子》在宋代被列入"十三经"。元延祐中恢复科举后，这两部书即被定为教科书，对中国读书人的思想和行为产生了极大影响。尽管说读《论语》《孟子》，很多人带有功利目的，但它一旦作为一种意识形态出现，功利二字就无法概括其意义了。宋游酢曰："读《论语》《孟子》而不知道，所谓虽多亦奚以为。"（《游廌山集》卷三）这反映了古人对这两部书意义的认识。自宋以来，学者们都认为要通"五经"，就须先读《论语》《孟子》，因为这两部书蕴含着孔、孟对"五经"的理解和体会，比"五经"容易读，而且孔、孟二圣鲜活的形象都隐存其中，可见圣贤气象。朱熹就曾引程子的话说："先读《论》《孟》，次及诸经，然后看史，其序不可乱。"（《朱子读书法》卷四）因此，八百年来，《论语》与《孟子》的影响，要远大于"五经"。

1. 《论语》：人格典范

《论语》可以说是孔子及与孔子有关的言行录。之所以叫"论语"，"论"有编次之意。据《汉书·艺文志》所云："《论语》者，孔子应答弟子时人及弟子相与言而接闻于夫子之语也。当时弟子各有所记，夫子既卒，门人相与辑而论纂，故谓之《论语》。"

孔子（前551—前479），姓孔名丘，字仲尼，春秋鲁国人。现在人对他的定位是儒家学派创始人，其实以一个学派创始人的地位来评价孔子，是远远不够的。因为这不能真正说明孔子存在的意义，更不能反映他的历史地位。孔子一生进行着三项

活动。一是政治的。他认为礼乐制度是由人类文明的积
累而形成的最美好的一种文明制度，春秋诸侯争霸而导
致"礼崩乐坏"，是对人类文明的摧残，因而他周游列
国，一心想复兴礼乐文明。二是文化的。他认为人类文
明的结晶尽载于"六经"，"六经"在则文化传，六经亡
则道义丧。因而他努力整理文化典籍，确立了以"六
经"为核心的经典体系与文化学统。三是教育的。他开
门收徒，有教无类，创立了中国历史上第一所私立学
校，改变了以往学在官府的教育模式，使得大批平民有
了受教育的机会。他接纳弟子三千余人，等于开办了一
座"孔子学院"，教出了身通"六艺"的七十余名高
才生。

孔子

孔子的政治活动失败了，然而他的后两项工作却获得了巨大的成功。他建立的
经典文化体系，作为中国传统文化的核心，创造了中华民族历尽劫难而不灭的历史。
没有孔子，就没有这个经典系统，也就没有中华民族的今天。其次他开办教育培养
出的大批人才，直接促成战国时代的文化繁荣，创造了中国文化史上最辉煌的一页。
战国诸子百家，有相当大一批人都是七十二子的弟子或再传、三传弟子。如墨家创
始人墨子，本"学儒者之业，受孔子之术"（《淮南子·要略》）。战国最早的法家代
表人物吴起，"尝学于孔子的弟子曾子"（《史记》本传）。法家最大的代表韩非，则
是大儒荀子的学生（《史记》本传）。道家一派的大师庄子，韩愈以为出自子夏一派
（《送王秀才序》），也有人认为出自颜回一脉（今有主此说者），这也并非没有可能。
总之，孔子在人才培养上获得的巨大成功，为中国传统文化的发展，作出了空前绝
后的贡献。

毫无疑问，孔子是中国历史上的第一号文化巨人。他的人格魅力和历史地位可
从四方面来认识。

第一，从孔子在时代文化中的角色看，他代表的是先进的文明制度。春秋时代
是一个文化大冲突、大融合的时代；一方面是横向上的各地域、各民族之间的文化
冲突，如夷夏之争、楚与中原诸夏之争，以及齐鲁异俗等。一方面是纵向上的先代

文化遗存与周文化的冲突，如宋襄公以人祭社、秦穆公以三良殉葬等。文化的冲突，实际上存在着文化的重新选择。孔子本是殷人之后，但他放弃了血缘的偏见，选择了最能代表先进文明的周文化。他说："周监于二代，郁郁乎文哉！吾从周。"周朝的礼乐文明制度是在夏商两代制度的基础上发展而来的，因此代表文明的进步。同时，孔子在这场文化冲突中，更起到了一个承前启后的作用。前代的文化收于孔子一手，后代的文化出于孔子一身。没有他，可能经过了数千年进化的文化传统就会断绝，所以孔子有"文王既没，文不在兹乎"的感叹。

第二，从当时社会对孔子的认识看，他的形象是崇高的、伟大的。在仪封人的眼里，孔子是时代的"木铎"（《论语·八佾》），有着号召人、导引人前进的时代意义，代表的是人类正确的发展方向。在达巷党人的眼里，"大哉孔子！博学而无所成名"（《子罕》）。在当时贵族孟僖子的眼里，孔子是必然要显达的圣人之后。（《左传·昭公七年》）这反映了时代人对孔子的评价与期待。虽然孔子也曾受到当时一些人的嘲笑，但嘲笑中留着几份同情和惋惜，对于其人格则都是充分肯定的。至于孔子的弟子，他们对于孔子的尊敬、崇拜以及评价，如"夫子圣者与"、"仰之弥高，钻之弥坚，瞻之在前，忽焉在后"、"仲尼，日月也"、"夫子之不可及也，犹天之不可阶而升也"等，就更可看出孔子在时人心目中的地位了。

第三，从孔子的社会文化观看，他是主张社会发展、变革的。这一点在《论语》中就有清楚地反映。如《论语·为政》云："子曰：殷因于夏礼，其损益可知也；周因于殷礼，其损益可知也。其或继周者，虽百世可知也。"殷礼是在夏礼基础上改定的，周礼又是在殷礼基础上改定的。这无疑是认可社会文化是在不断变革中进步的。《卫灵公》篇云："子曰：行夏之时，乘殷之辂，服周之冕，乐则韶舞。"这里所说的则是文化变革中择善而从的问题。夏历有利于农业生产，故而采用夏历。一直到今天，农村中通行的仍是夏历。殷代的大车、周朝的礼帽、舜时的乐舞，都是在同类比较中择善而从的。显然孔子是在人类创造的全部文化中，用开放的态势进行选择的。他反对的并不是社会进步，而是"天下无道"、战乱、篡杀、财富掠夺、奢侈等引导社会走向罪恶的行为和力量。

第四，从孔子思想的本质来看，看不到一丝恶的影响，而呈现出的是仁慈与善良。他强调的仁、义、礼、智、信、忠、恕、孝、悌、温、良、恭、俭、让等，无一不体现出他的道德精神与人格追求。他以"仁"为核心的人格追求与以"礼"为核心的治世理想，勾勒出的是一位圣人的救世苦心。

就《论语》一书，它记录了孔子日常生活中的言语、行为，以及对事物的处理方式和看法。在极为平常的记述中，展示了一位圣者的作风，确立了君子人格的典范。甚至可以说，《论语》展示的是以孔子为核心的一个圣贤群体的风范。即如薛瑄《读书录》所说："观孔门诸弟子之言，从容和毅，皆仿佛夫子之气象，乃圣教涵煦而然也。"（卷四）"《论语》一书，未有言人之恶者，熟读之可见圣贤之气象。"（卷八）在《论语》一书中，很少轰轰烈烈，也很少豪言壮语，全书都显得那样平实，但在平实之中却凸显了孔子及这个群体的圣贤气象，他们在具体的言行中，为人们树立了楷模。请看：

《论语》书影

日常的行为表现："夫子温、良、恭、俭、让以得之。"（《学而》）"子温而厉，威而不猛，恭而安。"（《述而》）"子绝四：毋意，毋必，毋固，毋我。"（《子罕》）

对待自己严格："吾日三省吾身。"（《学而》）"德之不修，学之不讲，闻义不能徙，不善不能改，是吾忧也。"（《述而》）

对待别人宽容："夫子之道，忠恕而已矣。"（《里仁》）

坦诚待人："吾无隐乎尔。吾无行而不与二三子者，是丘也。"（《述而》）

讲究信誉："人而无信，不知其可也！"（《为政》）

不时向贤善者学习："见贤思齐焉，见不贤而内自省也。"（《里仁》）"三人行，必有我师焉。择其善者而从之，其不善者而改之。"（《述而》）

反对骄傲自满："周公之才之美，使骄且吝，其余不足观也已。"（《泰伯》）"君子泰而不骄。"（《子路》）

少说多做，以身作则："君子欲讷于言而敏于行。"（《里仁》）"君子耻其言而过其行。"（《宪问》）"其身正，不令而行；其身不正，虽令不从。"（《子路》）

多做自我批评："不患人之不己知，患不知人也。"（《学而》）

欢迎别人批评："丘也幸，苟有过，人必知之。"（《述而》）

宅心仁厚："君子去仁，恶乎成名？君子无终食之间违仁，造次必于是，颠沛必于是。"（《里仁》）

与人和谐相处："君子无所争。"（《八佾》）"君子和而不同。"（《子路》）"君子矜而不争。"（《卫灵公》）

对待富贵的态度："富与贵，是人之所欲也，不以其道得之，不处也。贫与贱，是人之所恶也，不以其道得之，不去也。"（《里仁》）"不义而富且贵，于我如浮云。"（《述而》）"邦无道，富且贵，耻也。"（《泰伯》）

追求精神修养，淡泊名利："朝闻道，夕死可矣。"（《里仁》）"君子忧道不忧贫。"（《卫灵公》）

对待乡亲："恂恂如也（恭顺貌），似不能言者。"（《乡党》）

对待同事："与下大夫言，侃侃如也（和乐貌）。与上大夫言，訚訚如也（和悦而诤貌）。"（《乡党》）

拜托人办事："问人于他邦，再拜而送之。"（《乡党》）

对待乡里老人："乡人饮酒，杖者出，斯出矣。"（《乡党》）

对待朋友："朋友死，无所归，曰：'于我殡。'"（《乡党》）

对待灾难："厩焚。子退朝，曰：'伤人乎？'不问马。"（《乡党》）

对待不幸者："见齐衰，虽狎（亲近），必变。见冕者与瞽者，虽亵，必以貌（礼貌）。凶服者轼之。"（《乡党》）

教人行事的原则："己所不欲，勿施于人。"（《颜渊》）

事情、言语都极平常，但却平常到别人做不到的程度。平易、谦和、善良，有情有义，有同情心，是非分明，坚持原则，贵义贱利，忧道不忧贫，严于律己，宽以待人，以身作则，这就是孔子，这就是孔子及其弟子为我们树立的榜样。这是一种人格境界，也是道德精神的体现。《论语》中的任何理论，都是围绕着这个楷模展开的，而这个楷模的确立又是靠终身修己并不懈努力完成的。孔子有句名言："吾十有五而志于学，三十而立，四十而不惑，五十而知天命，六十而耳顺，七十而从心所欲，不逾矩。"（《为政》）这里所列人生阶段的标志，也是不断修己、提升自己人格境界的说明。十五岁有志于学问，这是修己的开始。"古之学者为己"，"为己"就是要用学问修身。"三十而立"，是修身的初步成效。"不学礼，无以立"。"而立"是因为把握了礼乐的基本精神和做人的基本准则，在行为上能够遵道而行，有所建树，即所谓"学立德成"。人生不断修养，境界积十年而有一进。"四十而不惑"，则是又进了一个层次。"惑"是由于智，学问日进，经明行修，对事物有了充分的理性判断，即所谓"知者不惑"。孟子说"我四十不动心"，说的也是不惑。"不惑"与"不动心"，都是在理性的支配之下的心理状态。在这种状态下，就可以在纷杂的事物中辨清方向，灵活地处理问题，即苏轼所说："四十不惑，可与权变。"累积的"知"，发生质的变化，则是对天命的彻底觉悟，便进入了"知天命"的境界。天生万物，各有其性，作为有别于万物的人，仁义礼智之性并受自天。"知天命"即是对于人的生命中所蕴藏的道德性的领悟。一旦领悟到生命中道德性的存在，就会在现实生活中排除种种足以使人乱性的物质诱惑和干扰，保证人本性的纯洁，并确认人性的发展方向，将人性与天道统一起来。《中庸》所说的"天命之谓性，率性之谓道"，正是基于这种认识而言的。这是一种新的人生境界，只有进入这个境界，才能真正理解天道。故孔子说："不知命，无以为君子。"（《韩诗外传》卷六）孔子之所以"知天命"与"学《易》"在同一个时间段内，正是因为他明白人性与天道的关系。他学《易》，一方面是要明白天道对人事的规定性意义，另一方面则要推天道以明人事，把握中庸，以"致中和"，使天地间多一份祥和。进而至于"耳顺"，这又是一个新的层次的境界。之所以"耳顺"，是因为对人生的各种问题都已做过思考，对人生的修养目标早已设定。各种外在的议论和压力，都早已预知在心，即如王弼所云"心识在耳在前也"，自然无法干扰自己的行为方向。"不惑"还要理性辨，而"耳顺"，则无须思考，进而则达到人生的最高境界："从心所欲，不逾矩。"所习之道已成己性，道与心融为一体，从心即从道，故而无论怎样随心所欲，都可以不越规矩。这是一个完美的人格境界。孔子的这个人生经验，可能我们每个人都会有体会，但要最终达到"不逾矩"，则非有克己复礼的硬功不可。孔子之所以能成为万世师表，其因也正在此。我们在《论语》中看有关于孔子"割不正不食"、"席不正不坐"之类的记述，在现在人看来，觉得不可理解。其实很简单，孔子一生行正道，而且为正天下努力不懈，生活中的任何一个细节，都能表现出他的正直不苟精神来。

总之，孔子用他的行为，树立了君子人格的典范。有人理解君子人格就是正直不阿，认为坚持自我、宁折不弯、说到做到，那就是君子。其实孔子并不赞成那样。

孔子认为君子要把握的是道义原则，而不是形式。在不违背道义原则的前提下，完全可以根据具体情况来处理问题。如面对殷纣王的暴政，"微子去之，箕子为之奴，比干谏而死"，三人虽用不同的方式表示了对纣无道行为的反抗，但孔子统称他们为"三仁"，因为他们都是为"忧乱宁民"而采取了不同行为。对于"言必行，行必果"的自我坚持，孔子认为是"硁硁然小人哉"。因为他们不辨是非黑白，在形式的坚持中丢失了对道义的把握。孟子说"大人者言不必信，行不必果，唯义所在"，也是这个意思。孔子"毋意，毋必，毋固，毋我"的四绝，也是对不知变通、没有原则的坚持的反对。

2.《孟子》：保民政治

与《论语》一样，《孟子》也是孟子与其弟子的言行录。不同的是，孟子参与了《孟子》七篇的写作与编辑。据《史记》记载，孟子名轲，邹人，受业子思之门人。曾游事齐宣王、梁惠王，因不能用，退而与其弟子万章之徒，序《诗》《书》，述仲尼之意，作《孟子》七篇。孟子的思想及其性格表现、为人原则，都保存在《孟子》一书中。

孟子是儒家学派的第二号人物，但他没有孔子幸运。孔子圣人的地位，在他的那个时代就已经基本确立了。而孟子，却一直有人对他非议。王充有《刺孟》，司马光有《疑孟》，郑厚《艺圃折中》中又骂孟子"贼心"，"挟仲尼以欺天下"，"诵仁义卖仁义"。明太祖朱元璋也曾骂孟子说："使此老在今日，宁得免耶?"（全祖望《鲒埼亭集·辨钱尚书争孟子事》引《典故辑遗》）。这主要是因为孟子没有孔子那样平易，那样容易被人接受。他的语言有感染力、煽动性，却没有孔子的实在。孟子与孔子有完全不同的性格，孔子非常谦和，对待人是温良恭俭让，

孟子

而孟子则是清高自傲，性格刚直。如他正准备去朝见齐王，齐王派人来告他，说自己感冒了，如果一定要见，他就勉强上朝。孟子马上便生气了，说：不幸得很，我也病了。第二天齐王派医生来给他看病，他却跑到朋友家吊丧去了。孟子要离开齐国，有个朋友替齐王挽留他，谏劝他，他却伏在靠几上睡起觉来，并说，你应该去

劝齐王学会对待贤人，不应该来劝我。孔子是"畏天命，畏大人"，孟子则是"说大人则藐之，勿视其巍巍然"，完全不把大人放在眼里。用他自己的话说，那是"浩然之气"所起的作用。这"浩然之气"是内中聚集的正义生出来的，配义与道而行，因而有了"至大至刚"的特性，使人有充满"天地之间"的感觉。这就是我们平时所说的"理直气壮"。认为自己是真理的拥有者，自然就气壮起来了。《论语》中洋溢的是"圣贤气象"，《孟子》中所体现的则是"大家气概"。唐韩愈《原道》云："博爱之谓仁，行而宜之之谓义，由是而之焉之谓道……尧以是传之舜，舜以是传之禹，禹以是传之汤，汤以是传之文、武、周公，文、武、周公传之孔子，孔子传之孟轲，轲之死不得其传焉。"这一论述确定了孟子在道统中的位置，也为《孟子》一书列入经典行列提供了依据。

孟子的思想主要体现于，在政治上他是"王道论"者，要求统治者对百姓施行仁政，关心民生；在哲学上他是"性善论"者，认为辞让、羞恶、是非、恻隐之心是人生来皆具的；在道德思想上他是"仁义论"者，认为"仁，人心也；义，人路也"，人应该守住这颗心，坚持这条路。有人把"性善"认作孟子思想的核心（如朱子曰："《孟子》七篇，皆不能外性善之一言。"薛瑄曰："性善为《孟子》之体要"），也有人把"仁义"认作孟子思想的核心（如张岱年先生），但《孟子》书中最闪亮的还是他的"民贵"思想。他最让世人震惊的一句话是："民为贵，社稷次之，君为轻。"本来"民本"思想是传自尧舜的传统政治思想，这在《尚书》中看得非常清楚。但是如此明确把"民"放到第一位，提出"民贵君轻"的理论，还是第一次。孟子无论谈王道，还是谈仁义、谈性善，其意义指向似乎都在一个"民"字。比如"王道"，怎样才能王天下呢？"保民而王，莫之能御也。"（《梁惠王上》）落脚点在"保民"。再看"仁义论"，国君仁义，则能"乐民之乐"、"忧民之忧"，施行"仁政"。仁政的目的，仍在"保民"。"性善论"其本质是哲学的，而其实际仍在于政治，推恩施仁，则可以保天下，终端仍在于民。"民"字在《孟子》中出现两百余次，可以看出其在孟子心中的分量。

在《论语》中，孔子是对着一般人说话的。《孟子》中，孟子多是对着国王说话的。他对那些国王谈得最多的就是怎么样爱护老百姓。他理想中的圣王文王就是爱民如子的最佳典范。他说："昔者文王之治岐也，耕者九一，仕者世禄，关市讥而不征，泽梁无禁，罪人不孥。老而无妻曰鳏，老而无夫曰寡，老而无子曰独，幼而无父曰孤。此四者天下之穷民而无告者。文王发政施仁，必先斯四者。《诗》云：'哿矣富人，哀此茕独。'"（《梁惠王下》）

又说："文王之民，无冻馁之老者。"（《尽心上》）"文王视民如伤，望道而未之见。"（《离娄下》）正是因为这样，所以文王有事，民乐为之。这就为王者树立了榜样。他认为为国者最急之务，就是老百姓的生活问题。"民事不可缓也"（《滕文公上》）。老百姓生活无着落，自然就会出现违法行为。"及陷乎罪，然后从而刑之，是网民也。"贤君在上，必然是"恭俭礼下，取于民有制"。

《孟子》书影

凡事应该听听老百姓的意见。如国君选拔贤人，国君左右的人以及朝中官员都说他好，这不行。如老百姓都说这人不错，这才值得考虑任用他。左右臣僚及官员们都说这人不好，这不可信，只有老百姓都说他不好，这才值得考虑免其职。国人都说这人可杀，那就得考虑把他杀掉。出征哪个国家，哪个国家的人欢迎你，你就可征伐。守卫国土，百姓愿意与你一同坚守，那就可以；百姓不愿守，想守也守不成。

长期以来，人们多以为孟子这些话都是站在统治者的立场考虑的，但认真分析一下，则并非如此。因为国君的命运与孟子并没有关系，孟子也不必去关心他们的死活，而天下苍生的命运，却是每一个有良知的知识分子所牵挂的。中国传统士大夫修齐治平的理想，并不是为了天子，而是为了天下，为了天下苍生，这也正是中国传统文化教育的伟大之所在。因此，推行仁义的孟子理当站在民众的立场上对统治者讲话，也正因如此，他对暴君就特别憎恶。他明确地表述君臣的对等关系："君之视臣如手足，则臣视君如腹心；君之视臣如犬马，则臣视君如国人；君之视臣如土芥，则臣视君如寇仇。"（《离娄下》）对于"寇仇"自然就不存在君臣之义的问题了。因此武王诛纣，理在必行。"贼仁者谓之贼，贼义者谓之残，残贼之人，谓之一夫，闻诛一夫纣矣，未闻弑君也。"（《梁惠王章句下》）他又说："暴其民甚，则身弑国亡；不甚，则身危国削。名之曰幽、厉，虽孝子慈孙，百世不能改也。"（《离娄上》）对助纣为虐之臣，也很不客气，如云："今之事君者曰：'我能为君辟土地，充府库。'今之所谓良臣，古之所谓民贼也。君不乡道，不志于仁，而求富之，是富桀也。'我能为君约与国，战必克。'今之所谓良臣，古之所谓民贼也。君不乡道，不志于仁，而求为之强战，是辅桀也。"（《告子下》）这应该说是对他的爱憎立场的说明。

司马迁在《孟子荀卿列传》开首曰："余读《孟子》书，至梁惠王问'何以利吾国'，未尝不废书而叹也。曰：嗟乎，利诚乱之始也！夫子罕言利者，常防其原也。故曰：'放于利而行，多怨。'自天子至于庶人，好利之弊，何以异哉！"司马迁是由《孟子》开篇一段话而引发的感叹。《孟子·梁惠王上》曰：

> 孟子见梁惠王。王曰："叟！不远千里而来，亦将有以利吾国乎？"
> 孟子对曰："王何必曰利？亦有仁义而已矣。王曰'何以利吾国？'大夫曰'何以利吾家？'士庶人曰'何以利吾身？'上下交征利而国危矣。万乘之国，弑其君者，必千乘之家；千乘之国，弑其君者，必百乘之家。万取千焉，千取百焉，不为不多矣。苟为后义而先利，不夺不餍。未有仁而遗其亲者也，未有义而后其君者也。王亦曰仁义而已矣，何必曰利？"

这里提出了两个相对立的概念，即"利"与"仁义"。"利"讲聚敛，对于天下国家来说，言"利"则必谋利，谋利则必争利。人与人之间都有不同的利益，如果各为其利而争，其结果只能是天下大乱。所以孟子说："上下交征利而国危矣。"司马迁说："利诚乱之始也！"争相夺利，国不亡则危。相反，仁义是要付出、要贡献的，在朋友之间出现利益冲突的时候，仁义之道讲的是礼让，因而天下国家，多一分仁义，就会多一分安乐。孟子之所以要把这一章放在全书之首，关键是他看到了争利为天下带来的灾难。春秋争霸，战国争雄，无非皆为了一个"利"字。但为这一个"利"字，却使天下处于水火，使人类文明之车，背离了人类愿望的方向。孟子的这个认识代表了中国古代先哲的普遍观点。中国人之所以一再强调"贵义贱利"的价值观，正是为天下万世考虑的。他们并不是不知道物质追求会给人类的物质生活带来便利，但考虑人类万世的生存，只能是扬仁义而抑利。

总之，孟子的"民贵"思想，继续并发展了《尚书》以来的民本思想，也代表了中国政治理论健康的发展方向。有人指责孟子有"民本"思想而无"民主"思想，这自然与这个时代倡导民主政治有关，但是否有点儿在苛求古人呢？

思考题

1.《大学》的基本精神是什么？何为三纲、六证、八目？

2.《中庸》的基本精神是什么？对于"至诚尽性"问题，你是如何理解的？

3. 孔子是怎样的一个人？他在中国文化史上的地位如何？

4.《论语》中展示了怎样的人格典范？

5. 你对《论语》中的"仁"是如何理解的？

6. 孟子的基本思想是怎样的？

7. 你对孟子的"性善论"是如何理解的？

8. 你对《孟子》"王何必曰利"一章是如何理解的？

参考书目

（宋）朱熹：《四书集注》，长沙，岳麓书社，1986。

（清）刘宝楠：《论语正义》，北京，中华书局，1990。

（清）焦循：《孟子正义》，北京，中华书局，1987。

江希张：《新注四书白话解说》，郑州，中州古籍出版社，1991。

杨伯峻：《论语译注》，北京，中华书局，1980。

杨伯峻：《孟子译注》，北京，中华书局，1960。

夏传才：《十三经讲座》，桂林，广西师范大学出版社，2006。

3 第三编
史 学

《说文》云："史，记事者也。从又持中。中，正也。"吴大澂以"中"为简册，"持中"即持简册之象。（《说文古籀补》）章太炎先生在《文始》卷七中对此有详细的解释，他说：

> 中本册之类。故《春官·天府》："凡官府乡州及都鄙之治中，受而藏之"。郑司农云："治中，谓其治职簿书之要。"《秋官·小司寇》："以三刺断庶民狱讼之中。""岁终，以群士计狱弊讼，登中于天府。"《记·礼器》曰："因名山，升中于天。"升中即登中，谒献民数政要之籍也。《尧典》："咨尔舜，天之历数在尔躬，允执其中。"谓握图籍也。《春秋国语》曰："左执殇官，左执鬼中。"韦解以中为录

籍。汉官亦有执中，犹主簿尔。史字从中，谓记簿书也。自大史、内史以至府史，皆史也……汉以来称书一帙曰一通，通亦中也，音转入阳则曰账。

这就是说，"中"和"账"是一声之转，古代所说的"中"，就是现在人所说的"账簿"。手持账簿，表示是执掌记事之职。就广义上言，"六经皆史"，即王阳明所云："以事言谓之史，以道言谓之经，事即道，道即事，《春秋》亦经，'五经'亦史。"（《传习录》上）因为在古人的观念中，"五经"具有记事与明道的双重意义，因而"经"中的道德精神，便成了史家秉承的血脉。故刘知几以"三史"继"五经"，说："经犹日也，史犹星也。"特别是《尚书》与《春秋》二经，"意指深奥，诰训成义（《尚书》）；微显阐幽，婉而成章（《春秋》）"，可以"师范亿载，规模万古"。（《史通·叙事》）《尚书》记言，《春秋》记事。记言则先王诰训，是堂堂正正的道德文字；记事则婉曲成章，寓是非评断于叙事之中。司马迁作《史记》，其立志非常明确，就是要效法《春秋》。（《太史公自序》）班固《汉书》也声称"综其行事，旁贯五经"。（《汉书叙传》）梁启超谈到史与道的关系时说：

> 中国史家向来都以史为一种表现道的工具……此种明道的观念，几千年来，无论或大或小，或清楚，或模糊，没有一家没有，所以值得我们注意。明道的观念，可以分为两种。一明治道，二明人道。明治道是借历史事实说明政治应该如何，讲出历代的兴衰成败的原因，令后人去学样。明人道，若从窄的解释，是对一个人的批评、褒贬。表彰好的令人学，指摘坏的令人戒。若从广的解释，是把史实罗列起来，看古人如何应付事物，如何成功，如何失败，指出如何才合理，如何便不合理……这点注重明道的精神是中国人的素质，我们不能放松的。①

在这个意义上说，中国史学是在"经典"的道德精神哺育下生成的一个以记事为主旨的价值判断系统。

---

① 梁启超：《中国历史研究法》，331页，北京，东方出版社，2005。

第五章　史学概说

就传统四部分类言，史部是最有分量的一部。在世界文化的大视野下看，中国的史官传统最为悠久，史学典籍最为丰富，它保存了人类最为系统也最有价值的活动资料。故梁启超说："试一翻四库之书，其汗牛充栋、浩如烟海者，非史学之书居十六七乎！上自太史公、班孟坚，下至毕秋帆、赵瓯北，以史名家者，不下数百。兹学之发达，二千年于兹矣！"① 黑格尔也曾道："中国'历史学家'的层出不穷，继续不断，实在是任何民族所比不上的。"② 同时值得关注的是中国史学中的那种道德坚持与价值判断，它像是中华民族行为的一个监督系统与导航系统，对历史的健康发展起到了积极的作用。

第一节　史家传统与精神

"史学"离不开史官，史官在中国历史上出现得特别早，据许慎《说文解字叙》、卫恒《字势》说，早在黄帝时就有了史官的建置，像传说中造字的仓颉、沮诵，就是黄帝的史官。《吕氏春秋·先识》篇说，夏末夏桀昏乱暴虐，太史令终古携带图法投奔于商。商末内史向挚见纣无道，载其图法出亡之周。这可看出，夏商时期的史官，手里都掌握着图书法典。《左传·昭公十五年》云："且昔而高祖孙伯黡，司晋之典籍，以为大政，故曰籍氏，及辛有之二子董之晋，于是乎有董史。"《史记·老庄申韩列传》说老子为周守藏室之史，《索隐》曰："按藏室史乃周藏书室之史也。"这也证明了"史"与文献典籍的关系。据《周礼》《礼记》记载，周代的史官有大

---

① 梁启超：《新史学·中国之旧史》，见《饮冰室合集》文集之九，2～3页，北京，中华书局，1989。

② ［德］黑格尔：《历史哲学》，161页，北京，生活·读书·新知三联书店，1956。

史、小史、内史、外史、左史、右史等不同名目。大史是史官之长，《周礼》言大史掌国之六典，即治典、教典、礼典、政典、刑典、事典。在甲骨文和金文中都出现过"大史"之职，他负责起草王朝的文书，策命诸侯卿大夫，记载国家大事，编著史册，管理图书典籍，掌管天文、历法、祭祀等，是一种兼管神职与人事，观察并记载社会动态与自然现象的职官。① 小史掌邦国之志，以及贵族世系、礼仪等事；内史掌册书王命，外史掌管宣布京畿以外地区的王令，左史记言，右史记事。总之，不管是什么史官，都是以掌管图籍、记言载事为主要职责的。各个史官的手里都有一笔图籍法典，而国家各类性质的图籍法典，也都掌握在史官的手里。因此刘师培在《古学出于史官论》中说："则史也者，掌一代之学者也；一代之学，即一国政教之本。"

就古代的政治体制而言，史官其实是政治体制中的一个执法系统和监督系统。《汉书·艺文志》云："古之王者，世有史官，君举必书，所以慎言行，昭法式也。左史记言，右史记事，事为《春秋》，言为《尚书》，帝王靡不同之。"因为要把君王的言行无论善恶都要记录下来，为君者就要特别注意自己的行止。如言行不慎，便有可能遗骂名于后世。故史官"君举必书"的一个目的，就是要使君"慎言行"。据《左传·庄公二十三年》记载，鲁庄公要到齐国观看祭社活动。这种活动在古代有男女聚会求爱和性放荡的性质，庄公的目的就是要去看美女。曹刿认为庄公的这一行为是"非礼"举动，于是谏阻庄公，其中就提到"君举必书"的史官职责，他说："君举必书，书而不法，后嗣何观！"由此可以看出，史官在政治体制中实起着政治监督作用，因此古籍每每谈到史之察过功能。如《大戴礼记·保傅》篇云："及太子既冠成人，免于保傅之严，则有司过之史。"《新序》卷一云：周舍事赵简子，在赵简子门前站立了三日三夜，赵简子问他有什么事，他的回答是："愿为谔谔之臣，墨笔操牍，随君之后，司君之过而书之。日有记也，月有效也，岁有得也。"意思就是要做他身边的史官。《诗经·邶风·静女》云："古者后夫人，必有女史彤管之法，史不记过，其罪杀之。"这里也特别提到了"司过"的问题。从这些记载可以知道，君王或后妃，其左右都有史官记其言行。《国语·晋语》中提到优施教骊姬夜半而泣向献公进谗言的事。按说这些隐秘之事，特别是骊姬与献公床第之言，外人何能知

---

① 张亚初、刘雨：《西周金文官制研究》，72页，北京，中华书局，1986。

呢？有人认为这是作者的想象之词，其实这正出自女史之手。左右史记言记行的制度演变为后来的起居注制度。汉安帝元初五年（118年），北海静王刘睦之子刘毅曾上书曰："古之帝王，左右置史，汉之旧典，世有注记。"（《后汉书·皇后纪上》）这说明汉代"注记"是继承了古代的左右史的功能，有人认为"注记"就是起居注，尽管在这个问题上还存在分歧，但汉代确实是建立起了起居注制度，故《隋书·经籍志》言汉武帝有《禁中起居注》。起居注主要记录皇帝的言行，善恶必录，这对皇帝的言行必然有一种监督、制约作用。西魏时，史官柳虬认为起居注之类秘史，"徒闻后世，无益当时"，曾给皇帝上书，要求把当代史官记载的史事公诸当世，"付之史阁，庶令是非明著，得失无隐；使闻善者日修，有过者知惧"。（《周书·柳虬传》）其实即使不公开，"有过者"同样是"知惧"的。宋钱颢《上神宗要务十事》说："臣闻：太祖一日朝罢，御便殿，俛首不言。内侍王继恩进曰：'陛下退朝，不同常日。不知其故？'帝曰：'尔谓帝王可容易行事耶？早来误指挥一事，史官必书之，此所以不乐也。'"这反映了史官制度给权力拥有者带来的畏惧，从而更充分地体现了其对权力的监督、制约意义。

当然，史官记载也必然会有权力干扰。如东魏时权臣高欢就威胁史官魏收："我后世功名在卿手，勿谓我不知。"但古代在制度上给史官秉笔直书予以了一定保证，使这一传统得以延续。如天子不杀史官、不观起居注等，虽无成文，但已约定俗成，予权力干扰史官以极大的限制。《贞观政要》卷七载："贞观十三年，褚遂良为谏议大夫，兼知起居注。太宗问曰：'卿比知起居书何等事，大抵于人君得观见否？朕欲见此注记者，将却观所为得失，以自警戒耳。'遂良曰：'今之起居，古之左右史，以记人君言行，善恶毕书，庶几人主不为非法，不闻帝王躬自观史。'太宗曰：'朕有不善，卿必记耶？'遂良曰：'臣闻守道不如守官，臣职当载，笔何不书之？'黄门侍郎刘洎进曰：'人君有过失，如日月之蚀，人皆见之。设令遂良不记，天下之人皆记之矣。'"又说："贞观十四年，太宗谓房玄龄曰：'朕每观前代史书，彰善瘅恶，足为将来规诫，不知自古当代国史，何因不令帝王亲见？'对曰：'国史既善恶必书，庶几人主不为非法，止应畏有忤旨，故不得见也。'"《新唐书·儒学·朱子奢传》载：唐太宗想看起居注，朱子奢说："陛下所举无过事，虽见无嫌。然以此开后世史官之祸，可惧也。史官全身畏死，则悠悠千载，尚有闻乎？"《新唐书·郑朗传》

载：文宗想看自己议事的记录，郑朗引朱子奢事说："史不隐善，不讳恶，自中主而下，或饰非护失，见之则史官无以自免，且不敢直笔。"《魏謩传》也曾言及文宗想看起居注，遭魏謩拒绝的事。不过皇帝总是想最大限度地使用自己的权力，而史官君举必书的制度又造成了皇帝的恐惧心理，史官制度与皇权之间便会发生冲突，特别到皇权膨胀的明清两代，这种冲突显得极为突出，因此明朝一度废除了专记皇帝言行的起居注官职，尽管有大臣一再上疏要求恢复这种古老的传统，但皇帝还是不情愿，故在万历时复而再废。清朝康熙时虽恢复了传统的起居注制度，可是对"起居注君王不必亲览"的规定又心生疑虑，只怕有劣迹传于后世，故而对掌起居注的史官不时威慑一番，令其心生畏忌，中间也曾发生了起居注馆被裁撤的事件。但在史官的监督功能受到皇权威胁的近世，野史与史学批评著作却开始大量产生了，无疑是对传统"史职"监督功能的一种补充。

　　史官抗权力干扰的能力，除了制度上的保证外，还有很重要的一点，这就是史官"据法守职"的传统。《说文》说"史"字上面的"中"字是中正的意思，这个解释虽然不合于"史"的构意，却反映了古人对史官"据法守职"的认识。饶炯《说文部首订》云："史者，记事之官。《礼记》云'动则左史书之，言则右史书之'是也。从又持中者，犹云持正也。盖史之所记，如其事而实书之，不参己见，亦无偏倚，故从又持中，为人记事之称。因其记事不虚伪，遂名其记事之书为史。"《吕氏春秋·先识》称史官为"守法之臣"，《韩诗外传》云："据法守职而不敢为非者，太史也。"（《太平御览》二三五引，今本异）这都反映了史官职责的神圣。

　　据法守职、秉笔直书，这是史家的一个传统，同时也是一种精神。据《左传》记载，鲁宣公二年，晋灵公因昏庸无道被人所杀。当时执政大臣赵盾正在逃亡途中，听说灵公被杀，马上返回。晋国太史董狐于是书曰："赵盾弑其君。"并把这记录公示于朝堂。赵盾感到冤屈。董狐说："子为正卿，亡不越境，反不讨贼，非子而谁！"赵盾无奈，只好接受这现实。鲁襄公二十五年，齐国权臣崔杼杀死了齐庄公。齐国的太史于史册上记了一笔："崔杼弑其君。"崔杼一怒之下，杀了太史，毁了记录。太史的弟弟继承其兄，仍书作"崔杼弑其君"。又被崔杼杀掉。这样连续杀了史官兄弟三人之后史官的又一个弟弟继续把"崔杼弑其君"书在史册上。崔杼无奈，只好作罢。另一位史官南史氏听说太史兄弟几人连续被杀，于是拿着竹简前来准备接力，听说已经记下，方才返回。晋董狐是冒着生命危险捍卫历史的真实，齐太史兄弟则为捍卫历史的真实付出了生命的代价。这中间一体现着历史的神圣不可玷污，二体现出了史家的精神。忠实历史是史家的灵魂和品格，一旦失去忠实，其笔下的历史便变得一文不值。因此史官的存在价值和意义就在于他们笔下的记载。正因为如此，他们才把历史的真实看得比自己的生命还重要，故晋国太史蔡墨曾说："一日失职，则死及之。"（《左传·昭公二十九年》）

春秋史官的这种精神，为后世史家继承。司马迁写《史记》，把刘邦的对头项羽列入《本纪》，还将刘邦当年贪好酒色、市井无赖的生活，活脱脱地展示出来。把汉武荒唐的求仙之举，也如实书之于册。这一行为不为常人所理解，故后汉王允称《史记》为"谤书"，并以武帝不杀司马迁为失策。但司马迁的行为却得到了史学家的高度赞扬。如班固父子尽管对司马迁有看法，但不得不承认《史记》"其文直，其事核，不虚美，不隐善，故谓之实录"（《汉书·司马迁传》），章怀太子《后汉书·蔡邕传》注曰："凡史官记事，善恶必书。谓迁所著《史记》，但是汉家不善之事，皆为谤也。非独指武帝之身，即高祖善家令之言，武帝筹缗榷酤之类是也。"班固虽对于司马迁博物洽闻而不能自免其身，略有微词，但他在《汉书》中，仍然坚持了史学家实事求是的传统精神，如对于武帝，曾借夏侯胜之口说："武帝虽有攘四夷、广土斥境之功，然多杀士众，竭民财力，奢泰亡度，天下虚耗，百姓流离物故者半。蝗虫大起，赤地数千里，或人民相食。畜积至今未复，亡德泽于民，不宜为立庙。"（《夏侯胜传》）《三国志·吴志·韦曜传》载，吴主孙皓即位，想为他的父亲孙和作"纪"，在古史中，只有皇帝才作"纪"，普通人只能立"传"。史学家韦昭坚持：孙和没有即帝位，应当立"传"，不应作"纪"，否则破坏史家规矩。如此者非一，最终招致杀身之祸。他虽然被杀，但史家的精神与传统却得到了保留。唐封演《封氏闻见记》卷十记载了这样一件事："著作郎孔至，二十传儒学，撰《百家类例》，品第海内族姓，以燕公张说为近代新门，不入百家之数。驸马张垍，燕公之子也，盛承宠眷。见至所撰，谓弟埱曰：'多事汉！天下族姓，何关尔事，而妄为升降？'埱素与至善，以兄言告之。时工部侍郎韦述谙练士族，举朝共推，每商榷姻亲，成就谘访。至书初成，以呈韦公。韦公以为可行也。及闻埱言，至惧，将追改之，以情告韦。韦曰：'孔至休矣！大丈夫奋笔，将为千载楷则。奈何以一言而自动摇？有死而已，胡不可也！'遂不复改。"不为权贵而改变原则，"大丈夫奋笔，将为千载楷则"，这可以说是史家的一种信念。

当然我们必须看到，政治强权很霸道，历史上毕竟是圣主少而庸君多。如遇暴君要想坚持史家秉笔直书的原则，那是非常之难的。故刘知几《史通·直书》篇云：

> 夫为于可为之时则从，为于不可为之时则凶。如董狐之书法不隐，赵盾之为法受屈，彼我无忤，行之不疑，然后能成其良直，擅名今古。至若齐史之书崔弑，马迁之述汉非，韦昭仗正于吴朝，崔浩犯讳于魏国，或身膏斧钺，取笑于当时；或书填坑窖，无闻后代。夫世事如此，而责史臣不能申其强项之风，励其匪躬之节，盖亦难矣！是以张俨发愤，私存《嘿记》之文；孙盛不平，窃撰辽东之本。以兹避祸，幸而获全。是以验世途之多隘，知实录之难遇耳。然则历考前史，征诸直词，虽古人糟粕，真伪相乱，而披沙拣金，有时获宝。

但是为了坚持史家传统与精神，不少史学家在各种压力之下，既要保证历史记载真实性的最少丧失，又要全身自保，为此而采取了多种手段，或曲笔达意，或示疑于后人，或转载权贵劣迹于他人之传。如《左传》"郑伯克段于鄢"，把段叔写成一个贪得无厌之徒，似乎他是玩火自焚，咎由自取。《诗经·郑风·大叔于田》篇，据《诗序》说是写段叔田猎的，但诗中却写出了一位英雄少年的风姿，显然是赞美的。《诗经》与《左传》记载出现了矛盾。今仔细寻绎，似《左传》记载可疑，可能是一桩冤假错案。《左传》云："大叔完聚，缮甲兵，具乘卒，将袭郑。夫人将启之。公闻其期，曰：可矣！命子封帅车二百乘以伐京。"这里连用了两个"将"字，一个"闻"字。"将"者未然之辞，既然事没有发生，何以知其袭郑？既然是"袭"，当然是秘密行事，庄公为何能得"闻"？这个疑案被细心的清代散文批评家们发现。金圣叹《天下才子必读书》于"具卒乘"下批曰："诗有两《叔于田》，则此篇自为田猎，未可知。"又于"夫人将启之"后批曰："此二'将'字，明明疑案，连坐姜氏。"又于"可矣"后批曰："祭仲不闻，子封不闻，偏是公闻。"林云铭《古文析义》则云："毋论袭郑不袭，有期无期，只消用两个'将'字，一个'闻'字，便把夫人一齐拖入浑水中，无可解救，此公之志也。夫以段之骄蹇无状，全无国体，潄臂之谋，不必深辩。乃夫人处深宫严密之地，且当庄公刻刻提防之际，安能与外邑订期，开国门作内应耶？"并于"可矣"下批曰："他人不闻而公独闻，其为疑案可知。"不难看出，庄公因与段及母有争位之隙，特设机关，立假案，置母、弟于死地。在伐段之前，庄公就屡次与臣下谓段曰："多行不义，必自毙，子姑待之"、"将自及"、"不义不昵，厚将崩"。显然庄公是有预谋的。所谓段之"不义"，也是他有意制造的。"京叛大叔段"，便是阴谋的完成。郑之史官，为避杀身之祸，故用这种巧妙的方式，似是而非之词，瞒过庄公，示疑于后人。而诗人则以自己的认识写大叔段，所以写得风姿飒爽，才力过人，并写到了他对"公"之忠诚，如云："禋裼暴虎，献于公所。"

正是由于史家的传统与道德精神，才使得中国历史在强大政治力量的干扰下，最大限度地保持了真实性，使得暴君、昏君、庸君、佞相、权臣等丑恶形象被载入史册。比如朱元璋，这是明朝的开国之君，在明朝皇帝心目中自然有至高无上的地位，对于他的那种暴戾行为，他的子孙不可能心甘情愿留之于史册。但是我们从《明史》及明朝人的记载中，却看到了惊人的一幕。洪武九年（1376 年）发生的"空印案"，有数以百计的官员被处死。洪武十三年（1380 年）胡惟庸一案，有几千人被处死。而党狱株连前后长达十四年，一时功臣宿将诛夷殆尽，共有四万余人被卷了进去，或被杀或被罚。为朱元璋长期担任文官工作的李善长，因侄儿娶了胡惟庸的姐姐，也受到了株连，遭人诬陷，被迫自杀，妻儿亲属七十余口，惨遭杀害。洪武二十六年（1393 年）发生的蓝玉一案，被株连处死的也有一两万人。朱元璋的残酷行为，造成了士大夫人人但求自保、不谋进取的恐惧心理。据明焦竑《玉堂丛话》，当时有位文士叫唐之淳，他在军中作文书工作，"尝草露布，帝读其文嘉之"。正好此时朱元璋写完了分封十王的册文草稿，想让他给润色一下，于是飞骑召唐入京。唐不明就里，吓得浑身哆嗦。到了京城，过其姑家门，与其姑大哭一场，并要其姑好好收敛他的尸体。到了东华门，门已闭，又被人用布裹起来，从墙上递了进去。这样折腾了几次，生望已消，到皇帝殿前，才知道是为了修改几篇册文。但无论如何，权力是不能掩盖历史的。官方的史官与民间的史学家，秉持史家不蔽美不隐恶的文化精神，总是会用各种方式来记载并保存历史的。

传统史官有一种宏大的志向。荀悦《前汉纪》卷一云：

　　　　昔在上圣，唯建皇极，经纬天地，观象立法，乃作书契，以通宇宙，扬于王庭，厥用大焉。先王以光演大业，肆于时夏，亦唯翼翼，以监厥后，永世作典。夫立典有五志焉：一曰达道义，二曰彰法式，三曰通古今，四曰著功勋，五曰表贤能。于是天人之际，事物之宜，粲然显著，罔不备矣。世济其轨，不殒其业。损益盈虚，与时消息。虽臧否不同，其揆一也。

　　正因如此，中国史籍对于人类的健康发展才具有了不可或缺的意义。刘知几曾用八个字概括史之意义，即"记事载言，劝善惩恶"（《史通·史官建置》）。"记事载言"是史的功能，"劝善惩恶"是史的功用。人是有记忆的灵物，对于自己的、种族的过去，有一种晓知、把握的欲望。而晓知历史，除了满足精神的需求之外，就是从历史中认识自己，把握并不断调整人类未来的方向。因而劝善惩恶也就成为历史记载留示后人的一个非常重要的功能，从历史中汲取经验与教训，则是后人阅读历史的一个重要目的。《诗经·大雅·荡》篇云："殷鉴不远，在夏后之世。"这是说夏的灭亡是殷的一面镜子，殷本可以从中汲取教训的。宋范祖禹《进〈唐鉴〉原表》云："臣窃以自昔下之戒上，臣之戒君，必以古验今，以前示后。禹益之于舜，则言其所无于佚于乐，傲虐之作，防于未然。周召之于成王，则相古先民，历年坠命，日陈于前，皆所以进哲德而养圣功也。"司马光编《资治通鉴》，从命名上就可以看出，他是把历史作为一面为政的镜子来对待的，故他在进表中说："每患迁、固以来，文字繁多，自布衣之士，读之不徧，况于人主日有万几，何暇周览？臣常不自揆，欲衍文削冗长，举撮机要，专取关国家兴衰、系生民休戚、善可为法、恶可为戒者，为编年一书，使先后有伦，精粗不杂。"元苏天爵采宋以前善政嘉言成《治世龟鉴》一书，林兴祖序称其书"诚前知之龟，不远之鉴，有志于治者，宜无一之可遗"。像宋王钦若、杨亿编《册府元龟》，赵善璙编《自警编》，朱熹编《通鉴纲目》，元张光祖编《言行龟鉴》等，这些书无不是要以历史为龟鉴，来确立人之行为规则的。"二十五史"，前朝之史，皆是来者之鉴。

　　史之所以有龟鉴的意义，很重要的一点，就是因为它是一个是非评价系统。英雄豪杰赖此垂芳千古，大奸大恶由此遗臭万年。孔子作《春秋》之所以乱臣贼子惧，就是因为《春秋》会使人恶名昭著，遗羞子孙。也正是这个评价系统，对于权力拥有者起到了有效的警戒与制约作用，使他们始终感觉到史家椽笔的存在，时刻保持清醒而不敢胆大妄为。同时这个评估体系也激励着无数志士仁人努力奋斗，以"立德、立功、立言"为目标，以求不朽。在历史的面前，任何人都会作出思考，都会考虑自己在其中的位置。一个有历史意识的人，决不会苟且自己的行为，而是认真地对待自己的人生，对待生与死。死是可怕的，可有的人在死的面前却跳着、笑着，理智地选择死亡。原因很简单，是历史唤起了他们捍卫自己名誉的自觉。屈原恐惧"修名之不立"，在出国求荣与守道自终二者之间，毫不犹豫地选择了死亡；文天祥在死亡面前高唱"人生自古谁无死，留取丹心照汗青"，同样想到的是自己在历史中的声誉。而对于一个丧失了历史意识的人，一个漠视历史存在的人，我们则很难想象他们怎样对待历史的。

当然我们不能否认，史官记述有为尊者讳的信念。虚美、隐恶也是正常的。但在大的事件的记述上，他们的价值判断一般是不会因私而废公论的。

第二节　史籍的传统分类

在最早的目录著作《七略》中，史籍是附于"六艺"中《春秋》之后的，还未能独立门户。到《隋书·经籍志》，则特标"史部"，分为正史、古史、杂史、霸史、起居注、旧事、职官、仪注、刑法、杂传、地理、谱系、簿录等十三类。《隋书》"史部"的设立与分类，为后人认识史籍确立了基础，后来的史志基本上是在这个基础上损益的。《四库全书总目》则在此基础上厘定为十五类。尽管对于十五类的划分，后人有种种不同的意见，但它基本上能概括史籍的内容，对后世影响也最大。下面分别阐述这十五类内容。

1. 正史类

正史之名，见于《隋书·经籍志》。这是唐人才有的概念。何以称"正史"？正有"主要"的意思。在先秦，史书以编年体为主，如《春秋》《左传》以及出自汲冢的《竹书纪年》《穆天子传》等都是编年体的。丁山考证甲骨文，认为殷朝就应该有编年史出现。这说明编年体是最先兴起的一种史书体裁。而司马迁创立的纪传体

《史记》出现之后，后人纷纷效法。这种史体内设五体，即记载帝王行事的"本纪"、纵横交错的"表"、记载典章制度的"书"、记载诸侯的"世家"、记载将相人物的"列传"，在全面记载历史的功能上明显优于编年体，并便于披阅，故成了史籍最主要的一种体裁。"二十五史"就是用这种体裁写成的。章学诚《史考释例》云："编年之书，出于《春秋》，本正史也。乃班马之学盛，而史志著录，皆不以编年为正史。"晁公武《郡斋读书志》说得很明确："人皆以纪传便于披阅，独行于世，号为正史。"今《四库全书总目》的《正史类》，也包括与正史相关的如《史记索隐》《新唐书纠谬》之类著作。

从历代王朝看，秦、汉、三国、晋、宋、齐、梁、陈、隋、唐、五代、宋、元、明、清，也不过十五个朝代，秦以前有《史记》，汉代分《汉书》《后汉书》，为何会有"二十五史"呢？这主要有两种情况，一种是政权分裂时代，有多个政权存在，如南北朝时，与南方宋、齐、梁、陈并存的，还有北方魏、齐、周几个政权。宋时与宋并立的有辽、金。每一个政权都有一部史书，或称作"史"，或称作"书"，这就多出了五部。第二种情况是重复的史书。如关于南北朝时期的除各个政权的专史外，还有分写南北的《南史》与《北史》，而《唐书》《五代史》则皆分有新旧两种，如此，合起来则为"二十五史"。这"二十五史"可以说是二十五种历朝英雄榜，中国历史上的风云人物，均罗列于上，也可以说是二十五宗狱讼案卷，帝王将相的是非功过，详著其中。

2. 编年史类

编年史是按年代编排的一种史籍体例，一年中发生的历史大事，按时间先后排列，可以补充纪传体史书的不足。先秦时史书以编年体为主，这种体例春秋时已成熟，《左传》就是一部典型的编年史。自从《史记》《汉书》出现后，作者相对减少，历朝或有或无，不能使时代相续。现在最著名的一部编年史就是司马光的《资治通鉴》，其后如朱熹《通鉴纲目》、金履祥《资治通鉴前编》、陈桱《通鉴续编》、乾隆《御批通鉴辑览》等，都是受其影响而撰。明袁黄所编的《纲鉴》与清吴乘权等编的《纲鉴易知录》，是较为通俗的编年通史，在以前流传甚广。《四库全书总目》中把与编年史有关的一些著作，如《通鉴地理通释》之类，也列入了编年史中。

3. 纪事本末类

纪事本末体史籍出现得比较晚，它是在编年体史籍的基础上出现的。司马光撰《资治通鉴》，虽说每年大事，一览无余。但往往一个重大的历史事件逶迤于数年之间，编年最大的缺陷就是割裂了事物的完整性，使一事而分编于数年之中。纪事本末体史籍则是为补救此弊而产生的，故以事件为中心，将割裂于编年之下的史料汇于一处。《四库全书总目》云："古之史策，编年而已。周以前无异轨也。司马迁作《史记》，遂有纪传一体，唐以前亦无异轨也。至宋袁枢以《通鉴》旧文，每事为篇，各排比其次第，而详叙其始终，命曰纪事本末，史遂又有此一体。"《通鉴纪事本末》提要云："自汉以来，不过纪传、编年两法，乘除互用。然纪传之法，或一事而复见数篇，宾主莫辨；编年之法，或一事而隔越数卷，首尾难稽。（袁）枢乃自出新意，因司马光《资治通鉴》，区别门目，以类排纂。每事各详起讫，自为标题。每篇各编年月，自为首尾……经纬明晰，节目详具。前后始末，一览了然，遂使纪传、编年贯通为一，实前古之所未有也。"其后继之者，如南宋章冲《春秋左氏传事类始末》、徐梦莘《三朝北盟会编》、明陈邦瞻《宋史纪事本末》《元史纪事本末》等，遂使其成为一种重要的史籍体裁。

4. 别史类

别史是指居正史之外而与正史非常接近的一个历史记述系统。宋陈振孙《直斋书录解题》始立别史一目，收录唐高峻《高氏小史》、宋吕祖谦《新唐书略》等。四库馆臣说："陈振孙《书录解题》创立别史一门，以处上不至正史、下不至于杂史者，义例独善，今特从之。盖编年不列于正史，故凡属编年，皆得类附。《史记》《汉书》以下，已列为正史矣。其歧出旁分者，《东观汉记》《东都事略》《大金国志》《契丹国志》之类，则先资草创；《逸周书》《路史》之类，则互取证明；《古史》《续后汉书》之类，则检校异同。其书皆足相辅，而其名则不可以并列。命曰别史，犹大宗之有别子云尔。"别史与正史区别比较容易，但与杂史往往难以区分。如黄虞稷《千顷堂书目·别史类》注云："非编年，非纪传，杂记历代或一代之事实者，曰别史。"这则与杂史无别了。张之洞《书目答问·别史类》注云："别史、杂史，颇难分析。今以官撰及原本正史重为整齐，关系一朝大政者入别史，私家纪录中多碎事者入杂史。"这个观点较为合理。

5. 杂史类

"杂"言其驳杂不纯。"杂史"初见于《隋书·经籍志》，当时所录确实很杂，连志怪之类如王嘉《拾遗记》《汲冢璅语》等也列于其中。四库所录则有较为严格的规定。馆臣批评《隋志》云："既系史名，事殊小说。著书有体，焉可无分？"于是另立标准云："今仍用旧文，立此一类。凡所著录，则务示别裁，大抵取其事系庙堂、语关军国，或但具一事之始末，非一代之全编；或但述一时之见闻，只一家之私记。要期遗文旧事，足以存掌故，资考证，备读史者之参稽云尔。若夫语神怪，供诙嘲，里巷琐言，稗官所述，则别有杂家、小说家存焉。"像《国语》《战国策》《贞观政要》等，即归于此类。《书目答问》又将杂史分为事实之属、掌故之属、琐记之属。

6. 诏令奏议类

诏令是帝王、皇太后或皇后等向下所发的命令、文告，包括册文、制、敕、诏、诰、策令、玺书、教、谕等。奏议是臣下上奏帝王的各类文字的统称，包括表、奏、疏、议、上书、封事等。这两类文字，都属于记言的，最初都分别归于帝纪与列传中，没有独立出来。《文献通考》中虽列有奏议一类，但居于集后。《千顷堂书目》中制诰也列于集部。一般奏议，都收入个人文集中。将诏令奏议别立门户，是《四库全书总目》的创造，理由是："夫涣号明堂，义无虚发，治乱得失，于是可稽。此政事之枢机，非仅文章类也。抑居词赋，于理为亵。《尚书》誓、诰，经有明征。今仍载史部，从古义也。"所列有《世宗宪皇帝朱批谕旨》《唐大诏令集》《两汉诏令》《包孝肃奏议》（包拯）《王端毅公奏议》（王恕）等之类。

7. 传记类

传记是记载人物事迹的文字。《四库全书总目》于《传记类二》跋语云："传记者，总名也。类而别之，则叙一人之始末者为传之属，叙一事之始终者为记之属。"《传记类序》云："纪事始者，称传记始黄帝，此道家野言也。究厥本源，则《晏子春秋》是即家传，《孔子三朝记》其记之权舆乎！裴松之注《三国志》、刘孝标注《世说新语》，所引至繁。盖魏、晋以来，作者弥夥，诸家著录，体例相同，其参错混淆，亦如一轨。今略为区别：一曰圣贤，如《孔孟年谱》之类；二曰名人，如《魏郑公谏录》之类；三曰总录，如《列女传》之类；四曰杂录，如《骖鸾录》之类。其杜大圭《碑传琬琰集》、苏天爵《名臣事略》诸书，虽无传记之名，亦各核其实，依类编入。至安禄山、黄巢、刘豫诸书，既不能遽削其名，亦未可薰莸同器，则从叛臣诸传，附载史末之例，自为一类，谓之曰别录。"从体裁上来说，正史就是传记体的。这里所录其实就是未能归入正史的传记。

8. 史钞类

"史钞"指摘抄一史或合抄众史的书籍。有专抄一史的，像《汉书钞》《晋书钞》之类；合抄众史的，像《正史削繁》《新旧唐书合钞》之类。它实际上就是史书的简编本，是为一般读者的方便而考虑的。《四库全书总目·史钞类序》说："帝魁以后书，凡三千二百四十篇，孔子删取百篇。此史钞之祖也。《宋志》始自立门，然《隋志·杂史类》中有《史要》十卷，注'汉桂阳太守卫飒撰，约《史记》要言，以类相从'。又有《三史略》二十卷，吴太子太傅张温撰。嗣后专钞一史者，有葛洪《汉书钞》三十卷、张缅《晋书钞》三十卷。合钞众史者，有阮孝绪《正史削繁》九十四卷。则其来已古矣。沿及宋代，又增四例：《通鉴总类》之类，则离析而编纂之；《十七史详节》之类，则简汰而刊削之；《史汉精语》之类，则采撷文句而存之；《两汉博闻》之类，则割裂词藻而次之。迨乎明季，弥衍余风，趋简易，利钞窃，史学荒矣。要其含咀英华，衍文除冗赘，即韩愈所称记事提要之义，不以末流芜滥，责及本始也。博取约存，亦资循览。"就其内容来讲，史钞并没有什么特色，不能成为一个独立的门类。再则，古人不只是有史钞类物，像读诸子百家，都有为方便起见而抄撮的简本，只是未能引起史家的注意而为之自立门户而已。

9. 载记类

"载记"是为地方割据时期曾立名号而非正统者所作的传记。虽非正统，但毕竟是历史存在，不可不记。阮孝绪作《七录》，将此类称作"伪史"，《隋志》改称"霸史"。四库馆臣《载记类叙》认为："曰'霸'曰'伪'，皆非其实也。"据《后汉书·班固传》，班固曾为西汉末武装起义军如平林、新市的特立《载记》。《东观汉记》同样也列有《载记》，将平林、下江诸起义军载入其中。《晋书》记十六国，亦云《载记》。四库馆臣据此，设立了"载记类"，认为"是实立乎中朝，以叙述列国之名"。较伪史、霸史之称更为合理。像《吴越春秋》《越绝书》《华阳国志》《十六国春秋》之类，即列入此中。中国地大物博，在数千年的历史上，出现过不少割据政权，为之设立一门，与书写中央政权更替的正史区分开来，也是可以的。

10. 时令类

"时令"就是月令，是古时按季节制定有关农事的政令。《礼记》中的《月令》一篇，《大戴礼记》中的《夏小正》，《诗经》中的《七月》，都是反映古代时政月令的。宋以前有关时令的书籍，都归入了子部农家类。但这些记载的内容，上自国家典制，下至民间风俗，不仅仅限于农事。因此宋《中兴馆阁书目》，另列了"时令"一类。宋陈振孙《直斋书录解题》也因之设立了《时令类》，所列著作是《夏小正传》《荆楚岁时记》《玉烛宝典》《秦中岁时记》等之类。但这类书存下来的不多。清代修《四库全书》，所收书只有两部，一是宋陈元靓的《岁时广记》，一是康熙钦定的《月令辑要》。《存目》中所列也只有十余部。故而遭到后人的非议，以为这是为康熙钦定的《月令辑要》特设的一类。如章太炎先生在《国学讲演录·史学略说》中就说："清帝钦定之书，无可归类，又不可不录，故别立此门也。"

11. 地理类

地理类书在中国出现得很早，《尚书》中的《禹贡》，就是关于地理的。先秦古籍《山海经》，后世认作是一部奇书，实是一部古老的地理学图书。《周礼》中有职方氏，他的职责是："掌天下之图，以掌天下之地，辨其邦国、都鄙、四夷、八蛮、七闽、九貉、五戎、六狄之人民，与其财用九谷、六畜之数要，周知其利害，乃辨九州之国，使同贯利。"可知在周朝就已十分重视各地山川风物。《汉书》中有《地理志》，开创了正史记述地理的体例。因为地理类图书是中央王朝了解四方物产风俗的依据，因而"隋大业中，普诏天下诸郡，条其风俗物产地图，上于尚书。故隋代有《诸郡物产土俗记》一百五十一卷，《区宇图志》一百二十九卷，《诸州图经集》一百卷"。（《隋书·经籍志》）由此而开创了帝王下诏撰修方志的历史。方志开始所载多是方域、山川、风俗、物产而已，其后则发展到了记载地方古迹、历史沿革等方面的内容。即如四库馆臣所言："《元和郡县志》颇涉古迹，盖用《山海经》例。《太平寰宇记》增以人物，又偶及艺文，于是为州县志书之滥觞。元明以后，体例相沿。列传侔乎家牒，艺文溢于总集。末大于本，而舆图反若附录。其间假借夸饰，以侈风土者，抑又甚焉。王士祯称《汉中府志》载木牛流马法，《武功县志》载织锦璇玑图，此文士爱博之谈，非古法也。然踵事增华，势难遽返。"《四库全书总目》将地理类分为十个部分，即"首宫殿疏，尊宸居也；次总志，大一统也；次都会郡县，辨方域也；次河防，次边防，崇实用也；次山川，次古迹，次杂记，次游记，备考核也；次外纪，广见闻也"。现在看来，这一部分图书中保留的古史资料相当丰富，是应该特别引起我们注意的。

12. 职官类

"职官"即官职。这一类所收的是关于历代官吏制度的书。这方面最早的书是《周礼》，又叫《周官》，因属"三礼"之一，被列在了经部。此外传下来的只有《唐六典》，"其书以三师、三公、三省、九寺、五监、十二卫，列其职司官佐，叙其品秩，以拟《周礼》"（《四库全书总目》）。《隋书·经籍志》职官类虽列有二十七部书，《新唐书·经籍志》也列有二十六部，但多不传。而历代关于官职制度的规定，主要都保存在正史的《职官志》中。即如馆臣所说："盖建官为百度之纲，其名品职掌，史志必撮举大凡，足备参考。故本书繁重，反为人所倦观。且唯议政庙堂，乃稽旧典。其间如元丰变法，事不数逢。故著述之家，或通是学而无所用，习者少则传者亦稀焉。"因此《书目答问》就把这一类归并政书类。四库中所录"大抵唐宋以来一曹一司之旧事，与儆戒训诰之词"分为官制、官箴二子目，目的是"亦足以稽考掌故，激劝官方"。

13. 政书类

政书类所收是与政治相关的历朝典章制度的书。《七录》（阮孝绪作）、《隋书·

经籍志》及《唐志》《宋志》等称作"旧事"，《直斋书录解题》改易为"典故"，但收录都比较杂。如"《隋志》载《汉武故事》，滥及稗官。《唐志》载《魏文贞故事》，横牵家传"。四库馆臣据钱溥《秘阁书目》有"政书"一类，故改称为"政书"，并对所收内容做了规范。即如所云："总核遗文，唯以国政朝章六官所职者，入于斯类，以符《周官》故府之遗。"其中细目，一为通制之属，如《通典》《文献通考》《明会典》等；二为仪制之属，如《汉官旧仪》《大唐开元礼》《大金集礼》等；三为邦计之属，如《救荒活民书》《荒政丛书》《捕蝗考》等；四为军政之属，如《历代兵制》《马政纪》等；五为法令之属，如《唐律疏义》《大清律例》等；六为考工之属，如《营造法式》《钦定武英殿聚珍版程式》等。

14. 目录类

"目录"即图书目录。这一类所收是关于目录学方面的著作。中国目录学发展很早，刘向《别录》、刘歆《七略》即这方面最早的著作。后汉郑玄《三礼目录》，则是关于专书的目录。到宋代因印刷术的发展，藏书家及图书收藏的增多，出现了王尧臣等《崇文总目》、晁公武《郡斋读书志》、尤袤《遂初堂书目》、陈振孙《直斋书录解题》、王应麟《汉艺文志考证》等一批目录专著。其后则日益增多。这类著作对于文献学研究非常重要。《四库全书总目》分为细目，一为经籍之属，如《千顷堂书目》《经义考》等；二为金石之属，如《金石录》《隶释》等。《书目答问》去了目录类，而将此类著作归到了"谱录类"中。《四库总目》则把"谱录"归于子部。

15. 史评类

"史评"即对于历史的评论，这里可分为两种情况。一种是评论历史人物与事件的，这类情况出现得很早，像《左传》，于一事之后，每以"君子曰"来表达对事物是非的认识，这可说是最早的史评。《史记》每传之后也有"太史公曰"，以定是非。此后史家每叙一人一传，后便要加论、赞，以正面表达自己的观点，作历史的评断。后世史家也多有此类专著，如李焘《六朝通鉴博议》、吕中《宋大事记讲义》、钱时《两汉笔记》、无名氏《历代名贤确论》等。一种是对于史籍及史臣评断的评论，如班固评司马先黄老、后六经、退处士、进奸雄之类。其后专著则有刘知几《史通》、倪思《班马异同》、李心传《旧闻证误》、王应麟《通鉴答问》、朱明镐《史纠》、章学诚《文史通义》等。对于历史人物与事件的评论，是历史的评价、监督与导引；对史籍的评论，则是对史学家的监督与评价，也可以说是对监督者的监督。这样可以有效地保证历史记载的真实性。

总之，这十五类是中国全部典籍中最实在的一部分，它从不同的角度展示了中国人的传统生活及生存状态。

思考题

1. 史官体制在中国政治制度中起着怎样的作用？
2. 史官对中国历史发展有何意义？
3. 中国历史记载的真实性是靠什么保证的？
4. 中国史官据法守职的精神有哪些体现？
5.《四库全书》中的史籍是如何分类的？

参考书目

（清）永瑢等：《四库全书总目提要》，石家庄，河北人民出版社，2000。

（清）永瑢等：《四库全书简明目录》，上海，古典文学出版社，1957。

（清）浦起龙：《史通通释》，上海，上海古籍出版社，1978。

张舜徽：《四库提要叙讲疏》，昆明，云南人民出版社，2005。

第六章　史学的三个系统及其要籍

传统史籍的十五类区分，内容广博。现在我们可删繁就简，将其要者归为三个系统。一是国史系统，主记王朝兴替与制度变迁。二是地理方志系统，主记历史表象的空间舞台。三是笔记野史系统，代表民间叙事与私家述说，是与国史不同的一个价值判断系统。

第一节　国史系统及其要籍

"国史"主要包括两个方面的内容：一是史录，即王朝兴衰更替的记录；二是典志，即典章制度的变迁。这一部分史籍，资料来源主要是官方档案，撰述者多身居史官，或多由官方组织，因此也代表了官方意识形态。

1. 史录

史录，主记王朝兴衰更替。在先秦时，史书主要有两种体裁，一是编年史，二是国别史。编年史以《竹书纪年》《左传》为代表。《竹书纪年》凡十三篇，叙述夏、商、周及春秋、战国的历史，下限是魏襄王二十年（前299年）。此书是西晋时在魏墓中发现的，后来得而复失。大多数学者认为今传本《竹书纪年》为后人伪作。《左传》记春秋近三百余年历史。国别史以《国语》《战国策》为代表，分国记述历史。《国语》记事起自周穆王，终于鲁悼公，以记述言论为主，内容可与《左传》相互参证，故有《春秋外传》之称。《战国策》记战国列国事，共三十三篇。这两部书都有虚夸的成分，《国语》像是资料的分国汇编，《战国策》像是当时纵横家的演说记录。虽然很有名，对历史研究者而言，则只可作为参考，不宜视为信史。

汉以后史著主要有三种体裁，即纪传体、编年体、纪事本末体。"纪传体"的创立者是司马迁。其所以叫"纪传体"，是因为其书以记帝王行事的"纪"与记将相群臣行事的"传"为主体。归于"正史"的"二十五史"即属纪传体。其中为世人推崇的是"前四史"，即《史记》《汉书》《后汉书》《三国志》，而尤以《史记》《汉书》地位最高。"编年体"史籍，最具代表性的是《资治通鉴》。"纪事本末体"则以袁枢《通鉴纪事本末》为最著名。以下重点介绍这几部代表性著作。

（1）司马迁《史记》

《史记》是司马迁（前145—前90）的私家撰述，但司马迁身居太史令之职，所据多官方档案。同时司马迁是史官世家，故他的著作也最能体现传统史家的精神。《史记》是中国第一部纪传体通史。所记起自传说中的黄帝时代，迄于汉武帝元狩元年（前122年）。上下三千余年的历史变迁、王朝更替，皆备于其中。

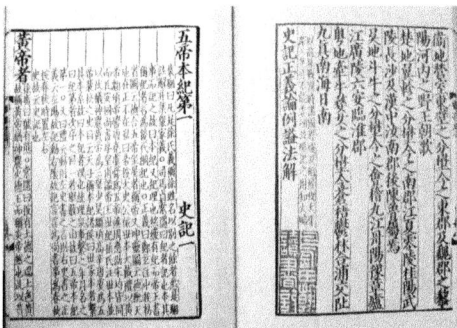

《史记》书影

《史记》有五种体例，一是"本纪"。主记帝王的历史，共十二篇。张守节《史记正义》云："本者，系其本系，故曰本；纪者，理也，统理众事，系之年月，名之曰纪。"这个解释影响很大，其实并不准确。"本"是根本的意思，"纪"是纲纪的意思。因这一部分所记的是帝王史、皇家史，是一代之根本与纲纪所在，对诸侯国而言，王室就是"本"，对天下而言，则又是纲纪，故称"本纪"，如《夏本纪》《周本纪》《高祖本纪》等。到《汉书》则去掉了"本"，只剩了一个"纪"字。大概是因诸侯消失，不必强调"本"的意义了。

二是"表"。司马贞《史记索隐》引应劭云："表者，录其事而见之。"张守节《史记正义》云："表者，明也，明言事仪。"其实意思都差不多，即让事情简单明了。具体表现形式就是表格。《史记》中有十表，分三种，即"世表"、"年表"、"月表"，皆按时间顺序排列人事，反映历史变迁。这一部分内容可读性很差，但对于历史研究却很重要，它是对"本纪"的补充，是《史记》其他部分无法表现而又不可缺少的内容。这些用文字叙述起来很麻烦，但用表格则可一目了然。如《三世表》《十二诸侯年表》《六国表》等，都是把复杂的问题，用表格的方式来处理，也可与其他部分相互阐发。

三是"书"。"书"是著的意思，即许慎所说的"著之竹帛谓之书"，这一部分重在著录典章制度。到《汉书》则改称为"志"。《史通·书志》云："夫刑法、礼乐、风土、山川，求诸文籍，出于'三礼'。及班、马著史，别裁书志，考其所记，多效《礼经》，且纪传之外，有所不尽，只事片文，于斯备录。语其通博，信作者之渊海也。"《史记》中有八书：《礼书》《乐书》记述礼乐制度，《律书》记述音律、法律，《历书》记述历法演变，《天官书》记天文星象，《封禅书》记历代封禅祭祀，《河渠书》记河流水道与水利工程，《平准书》记汉经济发展。这八书是研究先秦汉初制度及文化古史的重要资料，极大地拓宽了后世治史的视野，其创建之功大大超过了其内容本身。

四是"世家"，即"世代相袭之家"的意思。这是专为诸侯设立的，共三十篇，记载了春秋以来各诸侯的历史变迁，以及世袭的勋臣家族史。如《晋世家》《楚世家》《鲁世家》等，就是记诸侯国历史的。像《萧相国世家》《曹相国世家》等，则是记勋臣家室的。其中最为后人所关注的是《孔子世家》与《陈涉世家》。此二人既非诸侯，也非勋臣，所以被列入世家者，一是因前者为文化巨人，"孔子布衣，传十余世，学者宗之。自天子王侯，中国言六艺者折中于夫子，可谓至圣矣"。一因后者首起抗秦，"陈胜虽已死，其所置遣侯王将相竟亡秦，由涉首事也。高祖时为陈涉置守冢三十家砀，至今血食"。这反映了司马迁的历史观及其卓识。

五是"列传"，即人物传记，共七十篇，记述了从周初到汉武帝时数百位在历史上产生过影响的人物。这是《史记》分量最重、最神采飞扬的一部分。其中有专传，如《李将军列传》等；有合传，如《廉颇蔺相如列传》等；有类传，如《刺客列传》等。司马迁"不虚美，不隐恶"的精神，为后世史家树立了榜样，而其创立的纪传体，也成为史家典范。故郑樵《通志总序》云："百代而下，史官不能易其法，学者不能舍其书。六经之后，唯有此作。"

（2）班固《汉书》

班固（32—92）所著《汉书》是第一部纪传体断代史。因主记西汉历史，故又称《前汉书》。这部书撰始于班固之父班彪，班固是在他父亲《史记后传》的基础上继续进行的，书稿未竟而死于狱中，由他的妹妹班昭与同郡马续最终完成。时间前后长达三四十年，文稿达八十多万字。《汉书》在体例上继承了《史记》的纪传体而略有改动。改"本纪"为"纪"，改"列传"为"传"，改"书"为"志"，并"世家"入"传"。全书分十二纪、八表、十志、七十传。八表中较特殊的是：《异姓诸侯王表》，列自舜禹始；《百官公卿表》，记录了秦汉官僚制度及官僚的变迁；《古今人物表》，将太昊以来两千余历史人物分品按时列入表中。这些都超越了断代史的范围，保存了一笔先秦史料。其内容最丰富也最具有学术价值的是"十志"。"十志"是在《史记》"八书"的基础上形成的，分别是：《律历志》（关于

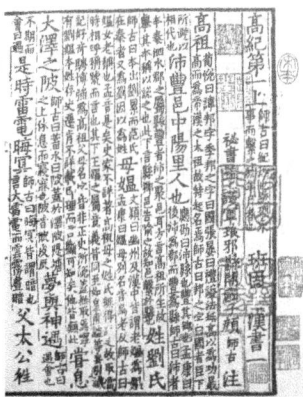

《汉书》书影

历法与度量衡制度的）、《礼乐志》（关于礼乐制度的）、《刑法志》（关于法律制度的）、《食货志》（关于土地、货币等经济制度的）、《郊祀志》（关于君王祭祀的）、《天文志》（关于天象观测的）、《五行志》（关于五行运行与灾异的）、《地理志》（关于地理区划与山川物产风俗人口的）、《沟洫志》（关于水利的）、《艺文志》（关于文献图书的）等。其中《刑法志》《五行志》《地理志》《艺文志》四志为新创，而这四志在文化史上都有绝高的价值。如《五行志》记录了先秦以来的许多异常现象，像成帝河平元年（前28年）三月乙未，"日出黄有黑气，大如钱，居日中央"，被认为是世界上最早的关于太阳黑子的记载；像成帝永始元年（前16年）春，"北海出大鱼，长六丈，高一丈，四枚。哀帝建平三年，东莱平度出大鱼，长八丈，高丈一尺，七枚，皆死"，被认为是鲸鱼集体自杀的最早记载；像成帝建始元年（前32年）四月辛丑夜，"西北有如火光，壬寅晨，大风从西北起，云气赤黄，四塞天下。终日夜，下著地者，黄土尘也"，被认为是沙尘暴的最早记载。像成帝河平二年（前27年）正月，"沛郡铁官铸铁，铁不下，隆隆如雷声，又如鼓音。工十三人惊走。音止，还视地，地陷数尺，炉分为十，一炉销铁散如流星，皆上去"，被认为是煤炭冶炼爆炸的记录。这些对于研究科学技术史都是很有价值的资料。如《艺文志》，其对各种学派渊源的探讨，已成为今天研究汉以前学术史最为重要的文献，有不少学者为之注疏、考证。如《地理志》，以疆域、政区为纲，记述了103个郡国所辖的1587个县的建置，以及郡县的户口、山川、物产和名胜情况。像其中记高奴县"有洧水可燃"，即

最早关于石油的记载。

《史记》与《汉书》，从体裁与性质两个方面确定了正史的编纂体例。属通史者，如李延寿《南史》《北史》，薛居正《旧五代史》，欧阳修《新五代史》等。属断代史者，如范晔《后汉书》、陈寿《三国志》以及其后的新旧《唐书》《宋史》《明史》《清史稿》等。

　　（3）司马光《资治通鉴》

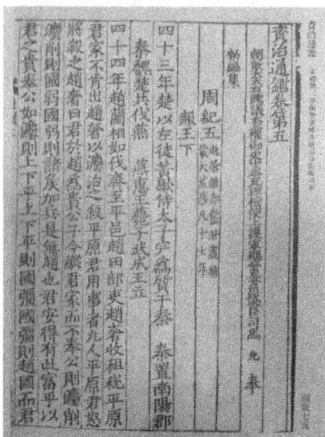

《资治通鉴》书影

《资治通鉴》是司马光（1019—1086）倾尽心血撰成的一部编年体通史。这部书上起周威烈王二十三年（前 403 年），下迄五代后周世宗显德六年（959 年），记载了 1362 年的历史。内以朝代划割，分为《周纪》《秦纪》《汉纪》等十六个部分，总计 294 卷。司马光撰《通鉴》的目的十分明确，就是要"鉴前世之兴衰，考当今之得失"（《进资治通鉴表》）、"穷探治乱之迹，上助圣明之鉴"（《谢赐资治通鉴序表》）。历代正史，卷帙浩繁，如从《史记》到《五代史》，多达 1500 卷。一卷四丈，就长达六千丈，折合成米，则可达 19800 米，将近 20 公里长。这样长的书卷，人主自然"不能遍览"，故而要特意把"关国家盛衰，系民生休戚，善可为法，恶可为戒者"编为一书。（司马光《进资治通鉴表》）"资治通鉴"一名是宋英宗所赐。书未成先有名，实际上也是一个作文题目。因为目的明确，因而在书中司马光很注意阐发自己的政治见解，用史学家的眼光观照历史是非得失，以期影响皇帝。全书史论 186 篇，84 篇转引历代史学家之论，102 篇为司马光所作。司马光于治平二年（1065 年）受诏，到元丰七年（1084 年）十二月戊辰书成奏上，历时十九年。此书所采文献，正史之外，杂史多达二百二十二种。有人曾在洛阳见到《资治通鉴》的草稿，竟多达两屋子。据司马光自己说："臣既无他事，得以研精极虑，穷竭所有，日力不足，继之以夜，遍阅旧史，旁采小说，简牍盈积，浩如烟海，抉摘幽隐，校计毫厘。"（《进资治通鉴表》）用力之勤，可想而知。据范祖禹《司马温公布衾铭》说：司马光曾以圆木为警枕，"少睡则枕转而觉，乃起读书。"为了撰成此书，司马光先组织人采撷异闻，按年月日编出了《资治通鉴丛目》,《丛目》编成后又编《长编》,《长编》的原则是宁繁勿略。然后在《长编》的基础上删削而成《资治通鉴》。

《资治通鉴》是编年史中的杰作,故仿作、补作者甚多。刘恕撰《通鉴外纪》,以补《资治通鉴》未记载的上半段历史。清人徐乾学撰《资治通鉴后编》184卷,续记宋、元历史。毕沅等人又撰《续资治通鉴》220卷,记宋、元更详。后人编有《正续资治通鉴》,即合司马光、毕沅两书而成。夏燮撰《明通鉴》,今人戴逸等编《清通鉴》。这几部书建构起了一部系统的中国编年史。

(4) 袁枢《通鉴纪事本末》

袁枢(1131—1205),字机仲,建安人,孝宗初试礼部,词赋第一,历官至工部侍郎,以右文殿修撰知江陵府。曾与朱熹、吕祖谦、杨万里等有交往。《通鉴纪事本末》是他在《资治通鉴》基础上的一个新创造。全书42卷,只是《通鉴》的七分之一,而《通鉴》精华概于其中了。袁枢主要考虑到《资治通鉴》一是篇幅大,二是事为年隔,不能首尾一贯,故而创建了以事件为中心记述历史的"纪事本末体",他将从周威烈王到下迄五代后周1300多年间发生的历史事件,归纳为239个专题,将原先分散的叙述集中起来,使事件的来龙去脉,一览可知。像战国两百多年的纷

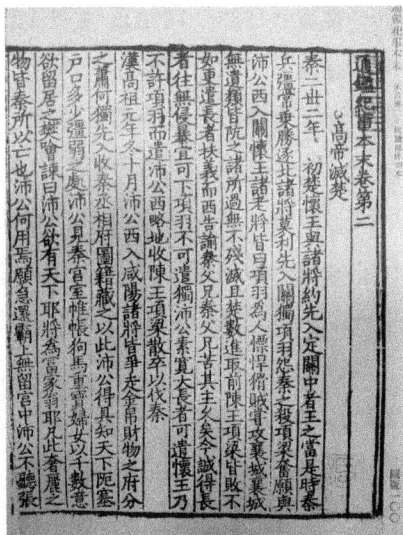

《通鉴纪事本末》书影

乱,只用了《三家分晋》《秦并六国》两个专题。像安史之乱,在《资治通鉴》中被分割于九卷之中,而此则用《安史之乱》概括。在袁枢的组织专题中,明显地体现出了他的用心。如《祖逖北伐》《赵魏乱中原》《元魏寇宋》《宋文图恢复》《宋明帝北伐》等,这类题目多达八十五个,占到了全书的三分之一,显然这是有感于南宋时期的社会形势而设立的专题。故朱熹《跋通鉴纪事本末》称"其部居门目,始终离合之间,又皆曲有微意"。宋孝宗读后也感叹道:"治道尽在是矣!"(《宋史·袁枢传》)

与《资治通鉴》的情形大略相似,继袁书出后,上接下续者很多。基本上能成

为系统的主要有，明陈邦瞻撰《宋史纪事本末》《元史纪事本末》，清李有棠撰《辽史纪事本末》《金史纪事本末》，清谷应泰撰《明史纪事本末》，民国时黄鸿寿撰《清史纪事本末》。马骕的《绎史》则补上古至秦一段历史。

以上介绍的几部书，在史学史上地位很高，但对一般人来说，因其量大，多难通读。如《汉书》只记两百余年的历史，字数就多达八十余万。《资治通鉴》与《通鉴纪事本末》也都卷帙浩繁，多达数百卷。从方便阅读的角度考虑，明袁黄（袁了凡）《纲鉴》与清吴乘权等《纲鉴易知录》，则是较好的历史读本。

（5）袁黄《纲鉴》

袁黄（1533—1606），初名表，后改名黄，字庆远，又字坤仪、仪甫。初号学海，后改为了凡，人称了凡先生。江苏吴江人，一说浙江嘉善人。朱鹤龄《愚庵小集》卷十五《赠尚宝少卿袁公传》曰：“公自言生平得力静坐，然其学流入禅玄，好为三教合一之说。其以‘两行’名集，亦取老氏有无双行之旨。故与管公东溟深契。而说书义解，多与先儒抵牾。然其砭讹发覆，则俗学所未有也。语云通天地人之谓儒，公虽未为醇儒也，独不得谓之通儒乎。”袁氏著述甚丰，《纲鉴》则是流传最广的一部。清张宜明编通俗读物《三字鉴》，其中说：“袁了凡，作《纲鉴》，详简宜，可观看。”其书又称《历史大方纲鉴补》，共39卷，是参考先儒如司马光《资治通鉴》、刘恕《通鉴外纪》、金履祥《通鉴前编》、朱熹《通鉴纲目》等编辑而成的一部通俗历史书。书上起盘古开天地，下迄元亡，简述历代治乱兴废、制度沿革、土地

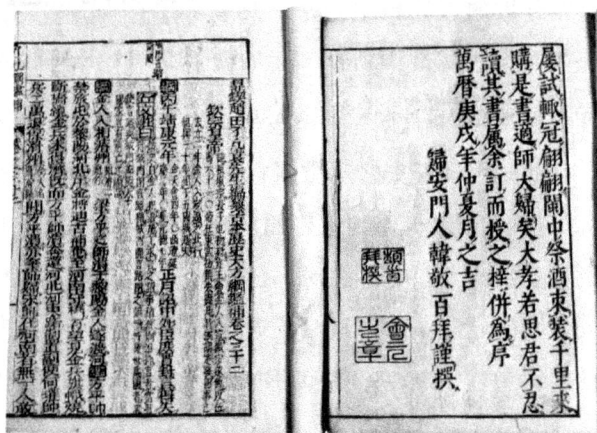

《纲鉴》书影

分并等，"无补于民彝世教者"，一概不录，目的是"不使小德细行得溷正史"。记载
的时间比《资治通鉴》长好几倍，而字
数却仅为《资治通鉴》的九分之一，这
对读者来说自然非常便利。袁氏说："作
史其文贵约而该。约则览易遍，该则事
弗遗。今删繁芜，补阙略，一事必究其
巅末，一人必详其出处。"这是他的一个
原则。书名为"纲鉴"，纲挈大义，鉴悉
事由。同时辑有历代上百家的相关评论
文字，对于研究者也有一定参考价值。

（6）吴乘权等《纲鉴易知录》

《纲鉴易知录》书影

《纲鉴易知录》与《纲鉴补》是同一类的书，作者是吴乘权、周之炯、周之灿三
人。吴乘权字楚材，浙江山阴人，《古文观止》的选编者，名气最大，故一般只提他
一人。《纲鉴易知录》上起盘古，下迄明末，数千年历史，仅编得107卷。吴氏等总
结了先前纲目之类著作的经验，以简明易读为主旨，力删繁冗，直叙史实，故为一
般读者所欢迎。

2. 典志

"典"本指典册，因早期典册所记多为训诰规章之
类，是人们行为所当依循的规则，因此"典"引申后含
礼、法的意思。《周礼》中有治典、教典、礼典、政典、
刑典、事典等六典，即指六个方面的制度法规。"志"是
记的意思。"典志"即指记载历代典章制度的史籍。像
《周礼》《礼记》中的《明堂位》、《史记》的八书、《汉
书》的十志等，都是这方面重要的早期著作。《四库全书
总目》将这方面的专门著作归于"政书"、"职官"两类。
像"十通"（《通典》《通志》《文献通考》《续通典》《续
通志》《续文献通考》《清朝通典》《清朝通志》《清朝文

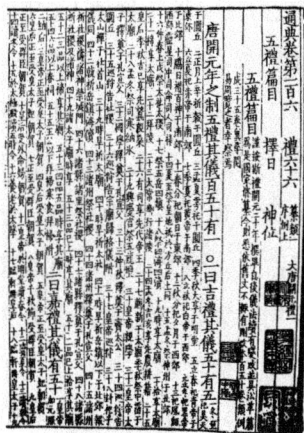

《通典》书影

献通考》《清朝续文献通考》）、"会典"（如《唐六典》《元典章》《明会典》《清会典》等）、"会要"（如《春秋会要》《秦会要》《西汉会要》《东汉会要》等）等，均属典志性质，历代政治、经济、军事、文化等制度方面的资料皆存于其中。其中《通典》《通志》和《文献通考》成就最高，世称"三通"，是史学研究者必备的工具书。

（1）杜佑《通典》

《通典》是我国第一部系统记载历代典章制度的通史（上起上古，下迄唐代中期）。作者杜佑（735—812），字君卿，唐京兆万年（今陕西西安）人。20岁左右步入仕途，曾做过地方长官与中央政府高级官员，后任德宗、顺宗、宪宗三朝宰相，78岁因病退休，不久去世。《通典》全书200卷，分为食货、选举、职官、礼、乐、兵、刑、州郡、边防九典。每典之下又分若干子目，如"食货典"下分田制、乡党、赋税、历代盛衰户口、钱币、漕运盐铁等十余类。全书约1580余目，正文多达170万字，注文约20万字，内容十分广博，被誉为中国第一部典章制度的百科全书，是研究中国历史不可多得的工具书。此书开始写作于唐代宗大历元年（766年）左右，德宗贞元十七年（801年）完成，历经整整三十五年的时间，可以说倾注了作者大半生的心血。杜佑撰此书的目的，用他自己的话说，是要"实采群言，征诸人事，将施有政"（《通典自序》）。"历代众贤著论，多陈粢失之弊，或阙匡拯之方"，而"往昔是非，可为来今龟镜"（《旧唐书》本传），故他要通过对历代典章制度的系统研究，来寻求"匡拯之方"。他在自序中说："夫理道之先在乎行教化，教化之本在乎足衣食。《易》称聚人曰财。《洪范》八政，一曰食，二曰货。《管子》曰：'仓廪实，知礼节；衣食足，知荣辱。'夫子曰：'既富而教。'斯之谓矣。夫行教化在乎设职官，设职官在乎审官才，审官才在乎精选举。制礼以端其俗，立乐以和其心，此皆先哲王致治之大方也。故职官设然后兴礼乐焉，教化隳然后用刑罚焉，列州郡俾分领焉，置边防遏戎狄焉。是以食货为之首，选举次之，职官又次之，礼又次之，乐又次之，刑又次之，州郡又次之，边防末之。或览之者，庶知篇第之旨也。"可见其志向之大，用心之苦。有人批评《通典》二百卷中《礼典》就占去了一百卷，以为全局失衡之感，其实这也正是杜佑深心之所在，即所谓"制礼以端其俗"者。

（2）郑樵《通志》

《通志》是继杜佑《通典》之后的又一部典制通史。郑樵（1104—1162）是一位通才，他从十六岁开始，即谢绝人事，闭门读书，"欲读古人之书，欲通百家之学，欲讨六艺之文，而为羽翼"（《夹漈遗稿》卷二《献皇帝书》）。他无心仕进，深居夹漈山读书、讲学三十年，人称夹漈先生。著作多达八十余种。他对历史上的通才如司马迁等很推崇，而对于像班固那样只研究一代而不知会通者，则瞧不起，故称班固为"浮华之士也，全无学术"（《通志总序》）。《四库全书总目》将《通志》列入"别史"，因为其书中"帝纪"与"列传"占了很大的比例，相当于一部从上古到唐的通史。但是，这所谓"纪传"的部分，都是抄自前代史书的，而其中的"二十略"，才是他的创作，即如郑

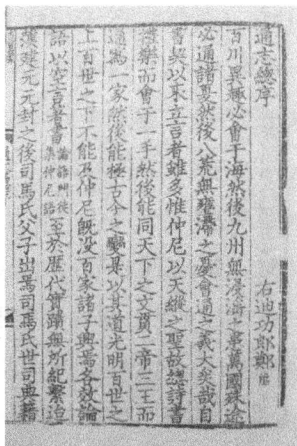

《通志》书影

樵自己所说："总天下之大学术，而条其纲目，名之曰略，凡二十略。百代之宪章，学者之能事，尽于此矣！"（《通志总序》）这二十略是：《氏族略》《六书略》《七音略》《天文略》《地理略》《都邑略》《礼略》《谥略》《器服略》《乐略》《职官略》《选举略》《刑法略》《食货略》《艺文略》《校雠略》《图谱略》《金石略》《灾祥略》《昆虫草木略》等，涉及学术史、制度史、社会史、文化史、生物学、语言学等多个方面。郑樵称："其五略汉唐诸儒所得而闻，其十五略汉唐诸儒所不得而闻也。"如《氏族略》，将姓氏来源区分为三十二类，如以国为氏、以邑为氏、以乡为氏、以地为氏，等等，并具体对一千多个姓氏的由来作了分析，提出了研究中国姓氏沿革的基本原理。像《都邑略》记载了上古至隋历代王朝、诸侯、四夷之国建都的地理位置及其选择原因、迁徙情况等。总之，此书拓展了书志的范围，丰富了历史研究课题，是研究历史不可不读的书。

（3）马端临《文献通考》

《文献通考》是马端临（1254—1323）用二十年的工夫完成的一部典制通史。马端临，字贵舆，号竹洲，乐平人。父廷鸾为右丞相，以荫补承事郎。元初起为柯山书院山长，终台州州学教授，乡里远近师之。马端临博览群书，贯通古今，因其父曾居史官之职，故家中藏书甚多，这为马端临的学术生涯准备了充足的条件。他著有《大学集注》《多识录》等，而最负盛名之作则是《文献通考》。这部书赅博过于

杜佑《通典》，全书 348 卷，共二十四门：《田赋考》《钱币考》《户口考》《职役考》《征榷考》《市籴考》《土贡考》《国用考》《选举考》《学校考》《职官考》《郊社考》《宗庙考》《王礼考》《乐考》《兵考》《刑考》《经籍考》《帝系考》《封建考》《象纬考》《物异考》《舆地考》《四裔考》。自《经籍》至《物异》等五门为《通典》所无。书的内容起自上古，下迄南宋宁宗嘉定年间，可说是《通典》的扩大与续作。从命名上看，"通典"是对旧制的系统整理，而"通考"则介入了自己的思想与看法。马氏在自序中说："凡叙事，则本之经史，而参之以历代会要，以及百家传记之

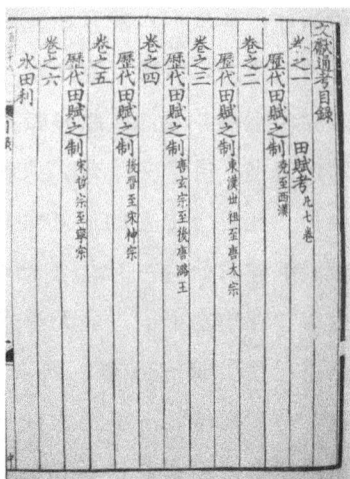

《文献通考》书影

书，信而有证者从之，乖异传疑者不录，所谓'文'也。凡论事，则先取当时臣僚之奏疏，次及近代诸儒之评论，以至名流之燕谈，稗官之纪录，凡一话一言，可以订典故之得失、证史传之是非者，则采而录之，所谓'献'也。其载诸史传之纪录而可疑，稽诸先儒之论辨而未当者，研精覃思，悠然有得，则窃著己意，附其后焉。"这就是他取名为《文献通考》的原因。他的目的是要"有志于经邦稽古者，或有考焉"。四库馆臣谓其"虽稍逊《通典》之简严，而详赡实为过之，非郑樵《通志》所及也"。清儒阮元提倡读"二通"，即《资治通鉴》与《文献通考》。读了《通鉴》则知朝代更替，读了《通考》则知历代制度。曾国藩也特别看重《文献通考》。他在《经史百家杂钞》中，把《文献通考》的二十四个门类的二十四篇序全部收录，还要他的儿子熟读《文献通考·序》，其书之重要可想而知。

这三部书的影响，表现在其续书上。通典系统有乾隆三十二年（1767 年）官修的《续通典》与《清朝通典》。《续通典》记载唐肃宗至明末的典制，《清朝通典》记载清初至乾隆中期的典制。三书并称"三通典"。通志系统有乾隆时官修的《续通志》与《清朝通志》。《续通志》记载唐初至明末的典制，《清朝通志》记载清初至乾隆末年的典制。三书并称"三通志"。通考系统有乾隆官修《续文献通考》与《清朝文献通考》，还有刘锦藻编的《清朝续文献通考》。《续文献通考》记载南宋宁宗嘉定年间至明神宗万历初年典制，《清朝文献通考》记载清初至乾隆五十年（1785 年）的

典制，《清朝续文献通考》记载乾隆五十一年（1786 年）至宣统三年（1911 年）的典制。四书合称"四通考"。

（4）秦蕙田《五礼通考》

典志之书除"三通"最为世重之外，曾国藩还特别提到过秦蕙田的《五礼通考》。他在给其弟国荃的一封信中说："学问之道，能读经史者为根底，如'两通'（杜氏《通典》、马氏《通考》）、'两衍义'及'本朝两通'（徐乾学《读礼通考》、秦蕙田《五礼通考》）皆萃六经诸史之精，该内圣外王之要。若能熟此六书，或熟其一二，即为有本有末之学。"① 又曾说此书"举天下古今幽明万事，而一经之以礼"②。"秦树澧氏遂修《五礼通考》，自天文、地理、军政、官制，都萃其中。旁综九流，细破无内。国藩私独宗之。惜其食货稍缺，尝欲集盐漕赋税、国

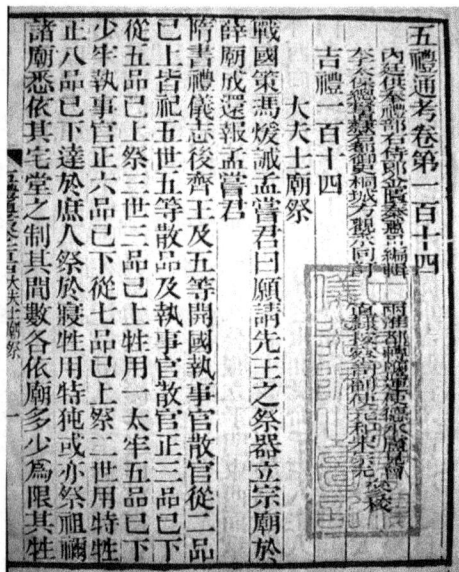

《五礼通考》书影

用之经，别为一编，传于秦书之次。"③ 秦蕙田，字树峰，金匮人。乾隆丙辰进士，官至刑部尚书。谥文恭。此书依《周礼》吉、凶、宾、军、嘉立为五纲，将历代典章制度一一收入。《四库全书总目》云："是书因徐乾学《读礼通考》惟详'丧葬'一门，而《周官·大宗伯》所列五礼之目，古经散亡，鲜能寻端竟委，乃因徐氏体例，网罗众说，以成一书。凡为类七十有五，以乐律附于吉礼宗庙制度之后；以天文推步、句股割圆，立'观象授时'一题统之；以古今州国都邑山川地名，立'体国经野'一题统之；并载入《嘉礼》……其他考证经史，原原本本，具有经纬，非剽窃恒钉，挂一漏万者可比。"此书《四库全书总目》列入经部，实属典章类著作，因为它远远超出了《周礼》的范围。

---

① （清）曾国藩：《曾国藩全集·家书》，393 页，长沙，岳麓书社，1985。
② （清）曾国藩：《曾国藩全集·诗文》，250 页，长沙，岳麓书社，1986。
③ （清）曾国藩：《曾国藩全集·诗文》，256 页，长沙，岳麓书社，1986。

3. 史评

史评是关于史学理论与批评的著作。这部分著作既对史著起着监督作用，同时也体现着史学的发展水平，它最能体现史家的眼光与见识，以及对史学的理论思考。在《四库全书总目》的史评类中，大约包括了三个方面的内容，一是历史批评与评论，二是史籍考订，三是史学理论研究。关于历史批评与评论的著作，数量甚多，立说甚杂。故四库馆臣于《史评类叙》中云："至于品骘旧闻，抨弹往迹，则才绪史略，即可成文，此是彼非，互滋簧鼓，故其书动至汗牛。"关于史学理论与史籍的著作，馆臣则云："其中考辨史体，如刘知几、倪思诸书，非博览精思不能成帙，故作者差稀。"唐刘知几有《史通》，是史学理论的；宋倪思有《班马异同》，是属考据。其实这两种书，性质完全不同，见解高下也相悬殊，四库馆臣取以并论，实为不当。这里主要讲的是史学理论研究。在这方面最值得推举的有两部书，即刘知几的《史通》与章学诚的《文史通义》。

（1）刘知几《史通》

刘知几所撰《史通》，是中国史学史上一部划时代的理论性著作。梁启超在《过去之中国史学界》一文中言："自左丘、司马迁、班固、荀悦、杜佑、司马光、袁枢诸人，然后中国始有史；自有刘知几、郑樵、章学诚，然后中国始有史学矣！"刘知几（661—721），字子玄，唐彭城人。高宗永隆元年（680年）举进士，历任著作佐郎、左史、著作郎、秘书少监、太子左庶子、左散骑常侍等职，兼修国史。在史官之任近三十年，参与撰修了《唐书》《武后实录》《氏族志》《姓族系录》《睿宗实录》《则天实录》《中宗实录》等多项工作，因而史学造诣极深。中宗景龙二年（708年）辞职，撰《史通》内外49篇20卷。其内篇对于史籍编纂的体裁、体例，史料的鉴别、采摘，史书的原则以及文字表述

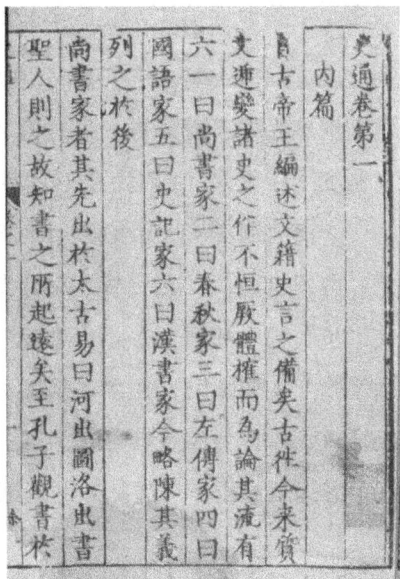

《史通》书影

等，作了系统论述；外篇则论述史官建置、史籍源流并杂评史家得失。最值得注意的是他提出的"六家二体"说。他在《史通·六家》中云："古往今来，质文递变，诸史之作，不恒厥体。权而为论，其流有六：一曰《尚书》家，二曰《春秋》家，三曰《左传》家，四曰《国语》家，五曰《史记》家，六曰《汉书》家。"这六家时有先后，体裁各别。《尚书》是记言，《春秋》是记事，《左传》是编年，《国语》是国别，《史记》是通史，《汉书》是断代。他又指出："《尚书》等四家，其体久废，所可祖述者，唯左氏及《汉书》二家而已。"所谓二体，是指编年体与纪传体，编年备于《左传》，纪传创自《史记》，故云："既而丘明传《春秋》，子长著《史记》，载笔之体，于斯备矣……盖荀悦、张璠，丘明之党也；班固、华峤，子长之流也。"（《二体》）"六家二体"是刘知几对以往史籍的总结。"六家"是对以往史籍不同性质的概括，"二体"则确定了以后国史编纂的基本体裁。故《史通·通释举要》言："六家二体"这四个字，"千古史局不能越"。同时他又把史籍分为"正史"与"杂史"两种：编年体史籍与纪传体史籍皆为"正史"；"杂史"则有十种："一曰偏记，二曰小录，三曰逸事，四曰琐言，五曰郡书，六曰家史，七曰别传，八曰杂记，九曰地理书，十曰都邑簿。"（《杂述》）杂史"得失纷糅，善恶相兼"，去取自须慎重。四库馆臣称："子玄于史学最深，又领史职几三十年，更历书局亦最久。其贯穿今古，洞悉利病，实非后人之所及。"

（2）章学诚《文史通义》

章学诚（1738—1801），字实斋，会稽（今浙江绍兴）人。乾隆四十三年（1778年）进士，官国子监典籍。著有《文史通义》《校雠通义》《札迻》《乙卯丙辰札记》《实斋文钞》等。《文史通义》是他的一部力作，他曾自称《文史通义》要"为千古史学辟其榛芜"（《与汪龙庄书》），并自信能"为后世开山"。习惯上多将《文史通义》与刘知几的《史通》并论，但章学诚并不以为然，并说他与刘知几"截然两途，不相入也"（《家书二》），足见他的自负。但今观其说，确可认定，《文史通义》一书代表了中国古代史学理论的高峰。

《文史通义》最可注意者有三：一是"六经皆史"论。汉宋以来，"六经"皆被作为经典来对待，明王阳明首次提出了"五经皆史"的观点，但对此没有作过多阐释。章学诚接受了王氏的这一观点，并把它作为一个重要的命题提了出来。他认为：

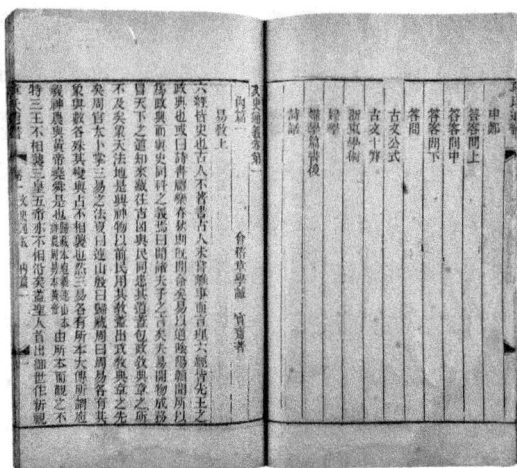

《文史通义》书影

"古人未尝离事而言理，'六经'皆先王之政典也。"（《易教上》）"六经"并不是空言大道，大道便寓于先王的行事及政典之中。"古之所谓经，乃三代盛时典章法度见于政教行事之实，而非圣人有意作为文字以传后世也。"（《经解上》）"事有实据而理无定形，故夫子之述'六经'，皆取先王典章，未尝离事而著理。"（《经解中》）"夫子明教于万世，夫子未尝自为说也。表章六籍，存周公之旧典。"（《原道中》）旧典存下来，道也就存下来了。这里表面上是对经的地位的否定，实是对史的地位的提升，因为他把史放到了与经同等的位置。"三代学术，知有史而不知有经，切人事也。""史学之本于《春秋》，知《春秋》之将以经世。"（《浙东学术》）这其实就是说，"经史一体"，并无二致。

二是"史意"论。"史意"是与"史法"相对立的一个概念。史法指历史编纂方法，如体裁、体例、结构、形式之类。"史意"则是指历史著述中的思想性，史家的历史见解、理论、价值取向都包含其中。章学诚在一封家书中就曾说他与刘知几的不同在于"刘言史法，吾言史意；刘议馆局纂修，吾议一家著述"（《家书二》）。这是说刘知几注重外在的方法而忽略了史学内在的意义。所以，他在《史德》篇中强调："史所贵者义也，而所具者事也，所凭者文也。"在《言公上》中又说："作史贵知其意，非同于掌故，仅求事文之末也。夫子曰：'我欲托之空言，不如见诸行事之深切著明也。'此则史氏之宗旨也。"仅仅罗列史实，那是没有意义的，一定要体现自己的价值取向。这才是"史氏之宗旨"。"史之大原，本乎《春秋》；《春秋》之义，昭乎笔削。笔削之义，不仅事具始末，文成规矩已也。以夫子'义则窃取'之旨观之，固将纲纪天人，推明大道。"（《答客问上》）从这里可以看出，他的"史意"论与他的"六经皆史"论是相通的。"六经皆史"强调的是经的史学意义，而"史意"论强调的是史如同经的"推明大道"意义。

三是"圆神方智"论。与刘知几之分正史、杂史不同，章学诚"以圆神、方智定史学之两大宗门"（《与邵二云论修宋史书》）。他在《书教下》篇云："《易》曰：'蓍之德圆而神，卦之德方以智。'间尝窃取其义，以概古今之载籍。撰述欲其圆而神，记注欲其方以智也。夫智以藏往，神以知来，记注欲往事之不忘，撰述欲来者之兴起。故记注藏往似智，而撰述知来拟神也。藏往欲其赅备无遗，故体有一定，而其德为方；知来欲其抉择去取，故例不拘常，而其德为圆。""圆神"者为"撰述"之作，此类著作蕴含作者的思想与见识，对未来有启发意义，也当是他所说的"推明大道"者，所以说是"知来"。"方智"者为"记注"之作，是按照一定的规则记录或汇辑的史料长编之类，有备不忘的意义，所以说是"藏往"。这实际上是把研究学问分成了两个不同的层次。能成一家之言，有高深的学术见解，对事物有规律性的把握，这便是"圆神"之作，是撰述。虽无"独断之学"，但有渊博之知，有收集之勤，有考核之功，这便是"方智"之作，是记注。"记注"是"撰述"的基础。因此章氏又说："圆神方智，自有载籍以还，二者不偏废也。"（《书教下》）

此外，章氏关于"史德"的理论，关于"方志"的理论，皆为史学界所重，但主要成就其史学地位的则在以上三论。

第二节　地理方志与笔记野史

地理方志系统包括两部分内容，一是记载历代地理的"地志"，二是记载各地事物的"方志"。域地山川是人类生存的空间舞台，历史就发生在这个舞台上，因而历史地理方面的著作，历史研究者历来十分关注。《淮南子·泰族训》言："俯视地理，以制度量，察陵陆、水泽、肥墝、高下之宜，立事生财，以除饥寒之患。"周代有职方氏"掌天下之图"，其任务之一是掌握各地"人民与其财用九谷六畜之数"。李吉甫《元和郡县图志》序云："自黄帝之方制万国，夏禹之分别九州。辨方经野，因人纬俗，其揆一矣。"王存等《进元丰九域志表》云："先王建国，所以周知九州封域与其人民之数者，诏地事则有图，诏观事则有志，比生齿则有籍。"可知地理志类著作不只是记载地理沿革、郡县设置，记载各地民情、物产也是其一项基本任务。"方志"则是专为记载各地情况而设的，所保存的民俗生活资料更为丰富。在古代人看来，这都是治理天下必不可少的工作。这部分史籍是今天研究古代社会史、民俗史不可缺少的资料。

1. 地志

地理志方面的著作，著名者有以下几种：

（1）《山海经》

《山海经》是一部最早的以记山川物产为主的地理著作。全书18卷，分《山经》《海经》《大荒经》三部分。《山经》分南、西、北、东、中五经；《海经》分海外南、西、北、东四经与海内南、西、北、东四经；《大荒经》亦如此。《山经》地理价值最高，记载了当时王朝所在地及东西南北四方的山川、动物、植物、矿产、民俗、神话等。《海经》与《大荒经》则记述了当时各地原始群体及风俗、历史、神话等。此书传说出自夏禹时，现在人都不大相信。但从具体情况分析，这个传说应该是有根据的。《中山经》中所记的山川应该是当时王朝所在地即中心地区的山川，而其第一座山就是山西永济的薄山，这与传说中禹都安邑（在永济）是完全吻合的。不过此书是在历史中不断增益的，形成现在的样子，可能晚到了战国，有个别地方还可能出自汉朝人之手。《山经》中所记载的山川水道大多是比较正确的。如汾河流域，记到了汾水发源的管涔山、晋水发源的悬瓮山等。有人认为四千年前出现这样的著作不可思议。其实按情而推，并不困难。这应当是当时王国的史官，相当于《周礼》中的职方氏，根据四方来访的使臣的口述记录下来的地理资料。又有人因

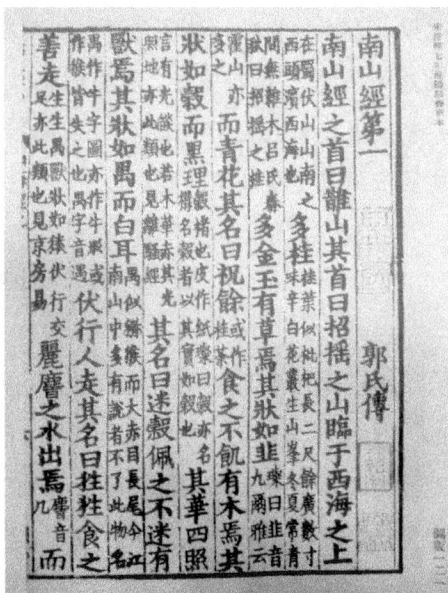

《山海经》书影

书中记载了大量神话传说，故而认为这是神话著作，记的事情都靠不住。但从近些年来的研究成果看，凡是对《山海经》经过认真研究的学者，都认为此书的资料价值非常之高。特别是对于人类学及上古历史、地理、民俗、民族、宗教文化的研究，有着十分重要的意义。

（2）郦道元《水经注》

《水经注》是北魏地理学家郦道元（？—527）的力著，是一部全面系统的水文地理著作。《水经》是汉代人的著述，此书是郦道元为《水经》所作的注，但它的价值、分量远远超过原书。全书40卷，记载了1200多条河道，并详其原委，以水道为纲，记述了河流经过地区的湖泊、瀑布、伏流、滩濑、山陵、原隰、平川、沃野、郡县、城池、关塞、名胜，以及土壤、植被、气候、水文，还有社会经济、民俗风习、历史故事、神话传说等。据今人统计，其所记湖泽500余处，瀑布60多处，泉水等约300处，伏流约30余处，山陵约2000处，洞穴达70余处，城邑约2800座，古都约180座，乡、镇、村、堡之类约1000处，桥梁约100余座，津渡约100处，各类地名约24000处，古塔约30余处，宫殿约120余处，陵墓约260余处，寺院约26处，植物品种多达140余种，动物种类超过100种，所记载的水灾约30余次，地震约20次。其内容之丰富可想而知。引证宏博，考证翔实，引用书籍多达437种，

《水经注》书影

有不少文献早已散佚。书中所记北方地理多经作者亲身考察，对前人讹误多有纠正，而关于南方地理的记述则时有差误。比如著名的《江水注》中关于三峡的描写，所言"自非亭午夜分，不见曦月"，便不合事实。这部书在中国和世界地理学史上都有重要地位，是研究历史地理最权威的也是知名度最高的一部著作，为后世各类著作频繁引用。

（3）李吉甫《元和郡县志》

《元和郡县志》是唐宪宗时曾两度为相的李吉甫（758—814）所撰。全书40卷，是现存最早也是最完整的一部地理总志。原有图，故又名《元和郡县图志》，今图已不存。唐太宗贞观十三年（639年）划全国为十道，配以作者当时的四十七镇，以此为纲，以下每府、州首记治城、耕地、户数、乡数、沿革、疆域、八到、贡赋，次分记下属县之沿革、山川、古迹、道里、关塞等。因作者曾为唐相，国家图籍、地方档案尽得寓目，因此内容丰富精赅，为历代所重。孙星衍作序云："地理之学，古有所受……挚虞、陆澄、任昉、顾野王之书，先后散失，《水经注》止记川流经过，其于郡县故迹，不能备载。唐魏王泰所撰《括地志》，其佚仅见于唐、宋传注，全书久亡，今唯李吉甫所著《元和郡县图志》独存。志载州郡都城，山川冢墓，皆本古书，合于经证，无不根之说，诚一代之巨制。古今地理书，赖有此以笺经注史，此其所以长也……无此书而地理之学几绝矣。"

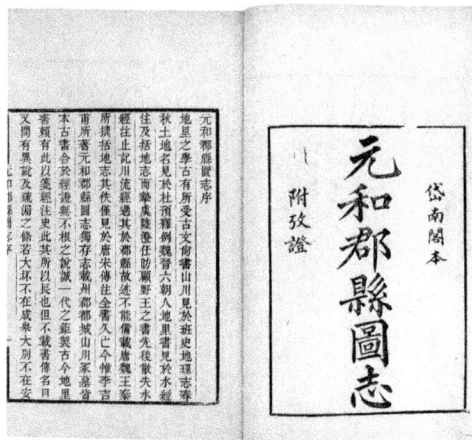

《元和郡县图志》书影

（4）顾祖禹《读史方舆纪要》

顾祖禹（1631—1692）是清初著名的地理学家，曾参与编撰《清一统志》，故而对全国山川形势颇有研究。《读史方舆纪要》共 130 卷，约 280 万字。前九卷撰述历代州域形势。中一百一十四卷以明代两京十三布政使司及所属府州县为纲，分叙其建置沿革、方位、古迹、山川、城镇、关隘、驿站等内容。以六卷篇幅记述"川渎异同"、"九州之脉络"。最后一卷是传统之说"分野"。这部书主在军事，故详于州域形势、山川险隘、关塞攻守的记述，并引证史事，推论成败得失，"以古今之史，质之以方舆"。但他同时考虑到了舆地对于国计民生的意义，故与国计民生相关者，如治水、漕运、农田水利、交通路

《读史方舆纪要》书影

线、城邑兴衰等，也都详略得当地进行记述。此书被认为是地理学上的经典之作，评价在《元和郡县志》之上。

（5）徐弘祖《徐霞客游记》

徐弘祖（1587—1641）是明朝末期著名的地理学家，探险家。《徐霞客游记》是以日记的形式完成的一部地理学名著。经 30 年考察撰成 260 余万字的巨著，但多散佚，今所存仅60 万字。死后由他人整理成《徐霞客游记》。《四库全书总目》云："明徐弘祖撰。弘祖，江阴人，霞客其号也。少负奇气，年三十出游，携一襆被，遍历东南佳山水。自吴、越之闽、之楚，北历齐、鲁、燕、冀、嵩、雒，登华山而归。旋复由闽之粤，又由终南背走峨嵋，访

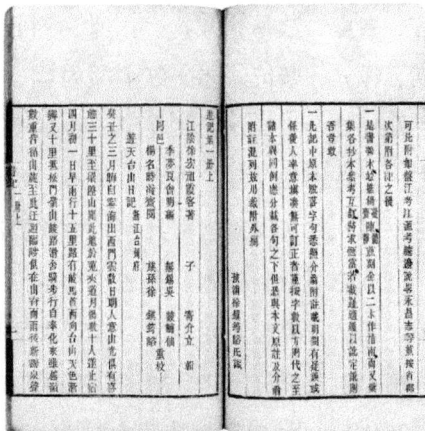

《徐霞客游记》书影

恒山。又南过大渡河至黎雅寻金沙江，从澜沧北寻盘江，复出石门关数千里，穷星宿海而还。所至辄为文以志游迹。没后手稿散佚，其友季梦良求得之，而中多阙失。

宜兴史氏亦有抄本，而讹异尤甚。此则杨名时所重加编订者也。第一卷自天台、雁荡以及五台、恒、华，各为一篇。第二卷以下皆西南游记，凡二十五篇。首浙江、江西一篇，次湖广一篇，次广西六篇，次贵州一篇，次云南十有六篇，所阙者一篇而已……虽足迹所经，排日纪载，未尝有意于为文。然以耳目所亲，见闻较确。且黔滇荒远，舆志多疏，此书于山川脉络，剖析详明，尤为有资考证。是亦山经之别乘，舆记之外篇矣。"此书记西南地理、地形、地质尤详，对前人之说亦多纠谬。如《尚书·禹贡》有"岷山导江"之说，此则证金沙江为长江上源。书中对各地经济、交通、城镇、聚落、风土、民情、文物等，也多有记述。

2. 方志

"方志"即地方志，是记一方地理、历史、风俗、物产、名胜、人物等情况的著作。这一部分著述数量相当多。大约从宋、元开展起来，到明清达到繁盛，几乎每个省、府、州、县都有志，而且多次重修，像雍正七年（1729 年）就曾下令方志每六十年修一次。这样的话，每种方志都可能存在几种不同的版本。清代方志留存至今的有五千多种。一般都有疆域、分野、山川、建置沿革、城池、坊里、署廨、驿铺、兵防、马政、津梁、水利、仓储、赋役、学校、书院、风俗、方言、物产、职官、名宦、选举、人物、孝义、列女、隐逸、流寓、仙释、方伎、古迹、陵墓、寺观、祥异、杂记、艺文等多项内容。通过对以上内容的记述，较全面地展现了一方民众的社会生活，及其在历史中的变迁。因此这是了解一方历史及风土民情的必读之书。特别是为官一方者，绝不可不读。明成祖永乐十六年（1418 年）下诏编郡县志书时，在《编纂志书凡例》中就提出："治天下以史为鉴，治郡国以志为鉴。"

方志可分为总志、通志与分志三类。总志，是总汇全国各地方志资料编撰而成的，如《一统志》元、明、清三代都有《一统志》，而最完备的是《清一统志》。《清一统志》共修过三次。第一次在康熙二十五年（1686 年）。第二次始于乾隆二十九年（1764 年），完成于乾隆四十九年（1784 年）。第三次始于嘉庆十七年（1812 年），终于道光二十二年（1842 年）。顾祖禹、阎若璩、齐召南、龚自珍等都先后参加过此书的工作。后出转精，以《嘉庆重修一统志》最善，共 560 卷。全书以行省为纲，府、州为目，县为子目，内设"疆域"、"分野"、"建置沿革"、"形势"、"风俗"、"城池"、

"学校"、"户口"、"田赋"、"税课"、"职官"、"山川"、"古迹"、"关隘"、"津梁"、"堤堰"、"陵墓"、"祠庙"、"寺观"、"名宦"、"人物"、"流寓"、"列女"、"仙释"、"土产"二十五目。边疆各统部之属部略异，又有"属境"、"晷度"、"关邮"、"台站"、"营塘"、"卡伦"等不一。京师及兴京所在的盛京统部另有"坛庙"、"宫殿"、"行宫"、"苑囿"、"官署"等项，与其他地区略有区别。其内容十分丰富，是研究古代人文地理和自然地理不可不读的书。

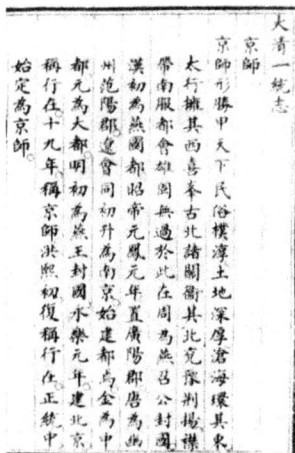

《清一统志》书影

"通志"是指各省的总志，汇集了各省的方志资料，分府、州、县编排，如《山西通志》《山东通志》之类。"分志"则指府、州、县志，如《平阳府志》《霍州志》《会稽志》之类。

地方志像一座宝库，它保存了大量正史中没有的与地方相关的人物、历史事件、著述等方面的资料。对于这些资料的利用，可能会成为当代文史研究的一个新的增长点，因为有不少问题，只有借用方志才能解决。如关于戴君恩，《四库全书总目·诗类存目》中著录戴氏有《读风臆评》，云："君恩，字仲甫，长沙人，嘉靖癸丑进士，官巴县知县。"《杂家类存目》著录有《剩言》，提要却说："君恩字忠甫，澧州人，万历癸丑进士，官至四川兵备副使。"同一书中前后相互矛盾，何者为是，很难断定。关于戴氏的资料其他地方很难找到。台湾"中央图书馆"编的《明人传记资料索引》是一部研究明史的比较权威的工具书，其中也找不到戴君恩的名字。哈佛燕京学社所编的《八十九种明代传记综合引得》中，也不见其名。而由地方志汇撰而成的《清一统志》卷二百八十七则记："戴君恩，字紫宸，澧州人，万历进士，历工部主事，督修永陵有功。奢酋之变，监军讨平之。历官都御史，巡抚山西，计讨贼王纲等三百人。"民国《澧县志·人物》云："戴君恩，字忠甫，万历癸丑进士，官至广东巡抚。"不仅纠正了《四库全书总目》的错误，同时也补充了生平资料。

再如，关于光绪三年（1877年）大旱的记载，在《清史稿·灾异志》中仅记："三年四月，武进、沾化、宁阳、南乐、唐山旱，应山夏、秋大旱。四年春，东平、三原旱。七月，内丘、井陉、顺天、唐山、平乡、临榆旱。八月，京山旱。"各省《通志》则保存了当时省府官员给朝廷上的灾情奏折，而各府、州、县志中，则普遍记载了当时的情景。如河北《元氏县志》记载："荒旱，大饥，人相食，县令请赈灾。"山东《齐东县志》记载："元、二、三年均大旱，民饥，树皮草根采食殆尽。"河南《宜阳县志》记载："四年春，斛谷万钱，人相食，甚至母食子肉，弟爨兄骨，先死者一家人聚食，继死者以次吞徙，虽有情不忍食者，亦不敢野葬，穴圹于家暂掩其尸，阖邑户口流亡十之六七，牲畜杀无遗种。"山西《临晋县志》记载："赤地千里，荒旱异常，民苦无食，往往衣履完整，一蹶则不复起。又多疫疾传染，几于全家。"《洪洞县志》记载："光绪二年，县南有火自田间出，远望如球，光敷天，东西睛无定向，时灭时见。占者谓旱征。果大旱数年……三年至四年，岁大祲，米麦制三千六七百文不等。树皮草根，剥掘殆尽，人相食，饿殍盈途，目不忍睹。"内蒙古《清水河厅志》记载："粟贵如珠，百姓食糟糠，剥树皮，掘草根，甚至人相食，鬻子女仅易一餐，在襁褓者父母弃之道路不顾而去。商旅不敢独行，饥莩盈野，惨不忍睹。"此外在江西、四川、陕西、甘肃等地的县志中，都可看到大旱的记载。这就大大补充了正史的不足。

方志的内容十分丰富，涉及方方面面。如传说尧时有"十日并出"，我们把此当作神话，但在方志中却频频见到类似的记载，如乾隆时期的《江南通志》载：明正德四年（1509年），"苏州于正月望日，见日初出时，如日者十数，至清明日乃止"。《长山县志》记明天启七年（1627年）元旦，"十日环之，渐高乃散"。《新泰县志》载：明崇祯十年（1637年），"空中蓝日无数，磨荡飞舞"。《辽阳县志》载：明天启元年（1621年），"有数日并出"。《朝城县续志》载：宣统三年（1911年），"六月初四日，日初出，高丈余，忽日上有五六日。少顷往南飞有二十余日，向北飞去十余日"。说明这是一种自然现象，值得研究。神话传说并非无据。

虽然就某一具体方志来说，其提供的参考价值并不太大，甚至没有意义，但作为一个整体，其意义不可忽视。竺可桢先生在《中国近五千年来气候变迁的初步研究》一文中，将五千年气候分为四个时期，而将1400年至1900年这段时间命名为"方志时期"，就是因为研究这个时期的气候资料主要依靠的是方志。

方志的作者，一般来说都是当地的读书人。特别是县志、镇志的撰稿人，一般地位不高，属于乡土文人。出于对自己家乡的热爱，他们对于当地出生的人才、发生的历史事件都会特别关注，故而保持了较多的记载。当然，限于水平，其对于事物的推断，也会出现问题，故错误也较正史为多。值得注意的是，这些乡土文人，是介于官方与民众之间的一个社会阶层，一方面受到了传统文化教育的影响，另一方面又生活在世俗文化群体之中。他们往往会把书本知识与民间传说杂糅在一起叙述，因而他们对于创造地方文化起到了十分重要的作用，也因此使得地方志的记载，变成雅俗两种文化的融合物。我们在利用方志时，要有基本的判断。

3. 野史笔记

野史笔记是指私家编撰的带有历史记述性的史籍，是与官修的史书不同的另一种史书。古代有"稗官野史"的说法。稗官是采录民俗民情的小官。《汉书·艺文志》引如淳所说，"细米为稗，街谈巷说，甚细碎之言也。王者欲知里巷风俗，故立稗官，使称说之"。这种闾巷风情、街谈巷议、遗闻轶事的记录，也叫"稗史"。今人所说的魏晋以来的志怪小说、轶事笔记，以及唐宋以降大量的私家笔记，多具有这种性质。这一部分图书多被人作为"小说"处理，其实其中有相当部分都是作者的所见所闻，着意编撰的并不多，只是在记述的文字上有所加工而已。

野史笔记所涉及的内容十分广泛，刘叶秋先生曾根据笔记的内容将其大致分为三类：第一是小说故事类，像干宝《搜神记》、刘义庆《世说新语》、纪昀《阅微草堂笔记》等；第二是历史琐闻类，如刘歆《西京杂记》、刘𫗧《隋唐嘉话》、王士禛《池北偶谈》等；第三是考据、辨证类，如沈括《梦溪笔谈》、钱大昕《十驾斋养新录》等。① 若就其具体内容言，问题则复杂得多，以明清笔记为例，有记军国大事的，如屠叔方《建文朝野汇编》、李清《南渡录》、应廷吉《青燐屑》、陈徽言《武昌纪事》、邹西野史《粤氛汇编》、夏燮《中西纪事》、魏源《夷艘入寇记》、梁廷枏《夷氛闻纪》等。有记社会经济生活的，如沈德符《万历野获编》、谢肇淛《五杂俎》、屈大均《广东新语》、李斗《扬州画舫录》、钱泳《履园丛话》、昭梿《啸亭杂录》等。有记述农业生产的，如陆容《菽园杂记》、张瀚《松窗梦语》、周亮工《闽小记》等。有记商业活动的，如沈榜《宛署杂记》、田汝成《西湖游览志余》、朱彝

① 刘叶秋：《历代笔记概述》，3页，北京，中华书局，1980。

尊《日下旧闻考》、查慎行《人海记》等。有记手工业生产的，如顾起元《客座赘语》、沈德符《敝帚轩剩语》、吴骞《阳羡名陶录》等。有记殊方异物的，如马欢《瀛涯胜览》、费信《星槎胜览》、张燮《东西洋考》、毛奇龄《蛮司合志》、徐松《新疆识略》等。有记各类人物的，如何乔远《名山藏》、周亮工《画人传》与《印人传》、黄宗羲《思旧录》、钱林《文献征存录》、阮元《畴人传》等。而其往往一书中，内容兼及方方面面，杂而不纯，故往往冠有"丛谈"、"杂俎"、"琐言"、"漫钞"之类的名目。杂是这类书的本色。

官修的史书，因受意识形态的制约、权力的干扰或体例的拘束，记事往往每有顾忌，不能放开，"虚美"、"隐恶"、为尊者讳的现象，已属正常。而野史笔记因为私人著述随意为之，少有忌惮，往往敢言官书所不敢言。民国初周椒青在为裘毓麟《清代轶闻》所作的序中说："凡古人言行，其载之正史者皆山中之恒溪也，及睹其轶事与他说，则其人之性情毕露而读者之耳目为之一新，此则天外之飞瀑也。"鲁迅也曾说过："历史上都写着中国的灵魂，指示着将来的命运，只因为涂饰太厚，废话太多，所以很不容易察出底细来。正如通过密叶投射在莓苔上面的月光，只看见点点的碎影。但如看野史和杂记，可更容易了然了，因为他们究竟不必太摆史官的架子。"[1] "野史和杂说自然也免不了有讹传、挟恩怨，但看往事可以较分明，因为它究竟不像正史那样地装腔作势。"[2]（《华盖集·这个与那个》）正因如此，所以野史笔记便成了史学家研究历史非常重要的一个参考系统。唐房玄龄等撰《晋书》，即将《语林》《世说》《幽明录》《搜神记》等野史小说资料采以为书。欧阳修撰《新五代史》，采用野史笔记，对《旧五代史》作了修订补充。清代史学家赵翼就曾利用笔记史料订正官修史书，他在《关索插枪岩歌》中写道："呜呼！书生论古勿泥古，未必传闻皆伪史册真。"（《瓯北集》卷十九）认为正史所载未必可靠，民间传闻未必不实。王鸣盛撰《十七史商榷》，也主张实录与小说互有短长，去取之际，贵考核斟酌，不可偏执。

野史笔记最可注意的是，它像是黑暗中的眼睛，朝野事物皆在其监视之下。有些关乎军国的大事，正史中或有忌讳，在野史中则可以大胆记述。如释文莹《续湘

---

① 鲁迅：《华盖集·忽然想到》，见《鲁迅全集》，第 3 卷，17 页，北京，人民文学出版社，1981。
② 鲁迅：《华盖集·忽然想到》，见《鲁迅全集》，第 3 卷，138 页，北京，人民文学出版社，1981。

山野录》记宋太宗赵光义夜见宋太祖赵匡胤，"酌酒对饮，宦官宫妾悉屏之。但遥见烛影下太宗时或避席，有不可胜之状。饮讫，禁漏三鼓，殿雪已数寸。帝引柱斧戳雪，顾太宗曰：'好做好做！'遂解带就寝，鼻息如雷霆。是夕太宗留宿禁内。将五鼓，伺庐者寂无所闻，帝已崩矣。太宗受遗诏于枢前即位。"由此而引发了"烛影斧声"千古疑案，此类记载即为正史所无。

野史笔记其监督的目光不止聚焦朝廷，相当多的则是关注在要人、名人身上。名人轶事，包括隐私、丑闻，不见于正史，往往可从笔记中获得。著名学者王鸣盛以其《十七史商榷》《蛾术编》等学术著作而为学术界推重，可是野史却记下了他卑劣的为人。《啸亭续录》卷三曰："王西庄未第时，尝馆富室家，每入宅时，必双手作搂物状。人问之，曰：'欲将其财旺气搂入己怀也。'及仕宦后，秦邮楚谤，多所干没。人问之曰：'先生学问富有，而乃吝不已，不畏后世之名节乎！'公曰：'贪鄙不过一时之嘲，学问乃千古之业，余自信文名可以传世。至百年后，口碑已没，而著作常存。吾之道德文章犹在也。'故所著书多慷慨激昂语，盖自掩贪陋也。"当然这些记载未必真实，但对达官显贵以及名人来说，确能起到监督的作用。一旦人们意识到这双黑暗中的眼睛时，其行为必然要有所注意。

关于笔记野史方面的图书，近年出版较多，如中华书局出版的《历代笔记史料丛刊》，其中唐宋史料笔记 34 种，元明史料笔记 20 种，清代史料笔记 38 种。后来又陆续有新增。辽宁人民出版社出版《野史大观》，江苏广陵古籍刻印社影印出版《笔记小说大观》，还有各种以笔记名义出版的丛书。现存笔记量过多，很少有人做专门的归类整理工作，翻检十分不便，因此这一部分资料没有得到充分的利用，其开发余地相当之大。

思考题

1. 反映中国古代民众生活的史料，主要保存在哪类史学著作中？能否举例说明？

2. 有人说"二十五史"是帝王将相的家谱，对此你有何看法？

3. 记载中国古代典章制度的有哪些重要典籍？

4. 简谈野史的价值和意义。

参考书目

（汉）司马迁：《史记》，北京，中华书局，1973。

（汉）班固：《汉书》，北京，中华书局，1962。

（北魏）郦道元：《水经注》，上海，上海古籍出版社，1990。

（宋）司马光：《资治通鉴》，北京，中华书局，1976。

（宋）袁枢：《通鉴纪事本末》，北京，中华书局，1964。

（清）顾祖禹：《读史方舆纪要》，上海，上海书店出版社，1998。

（清）顾炎武：《天下郡国利病书》，济南，齐鲁书社，1996。

《嘉庆重修一统志》，北京，中华书局，1986。

袁珂：《山海经校注》，上海，上海古籍出版社，1980。

刘叶秋：《历代笔记概述》，北京，中华书局，1980。

田昌五：《国学举要·史卷》，武汉，湖北教育出版社，2002。

4 第四编
子 学

　　所谓"子学"，就是"诸子之学"。"子"是男子的尊称。《春秋穀梁传·宣公十年》范宁注："子者，人之贵称。"《急就篇》"郑子方"颜师古注："子者，男子美称。""子"何以会成为男子的美称、尊称呢？现代学者多据汪中《述学·释夫子》所说，以为"古者孤卿大夫皆称'子'。子者，五等之爵也……《春秋传》：'列国之卿，当小国之君。'小国之君则子男也。子、男同等，不可以并称，故著'子'去'男'，从其尊者。"其实"子"有尊之、美之之意，源于商之国姓。商人姓"子"，故子姓在商地位高贵，非他姓可比。周人继统，子姓作为先王之后，地位仍异于他姓，"子"便由此衍生出了尊、美之意。非子姓者，亦喜于名字中嵌入"子"字，故周时出现了大量以"子某"

为字的称谓，也使"某子"之称这一形式得以延续，同时"子"也具有了现代汉语中"您"的意义。《春秋繁露·三代改制质文》曰："知殷之德阳德也，故以'子'为姓；知周之德阴德也，故以'姬'为姓。故殷王改文，以男书'子'；周王以女书'姬'。故天道各以其类动，非圣人孰能明之！"汉去古未远，故董氏尝能得其真谛。其意是说商属阳德，子姓，故称男曰"子"，周属阴德，姬姓，故称女曰"姬"。以姬与子对举，甚有见地。而称女曰姬，正可作为称男曰子的绝佳旁证。《汉书·文帝纪》"母曰薄姬"师古注曰："姬者，本周之姓，贵于众国之女，所以妇人美号皆称姬焉。""子"由商姓而衍生出"男子美称"一层意义，正与"姬"由周姓而衍生出"妇人美称"的变化规律同出一辙。以"子"为尊称，盛行于两周。春秋时期开始发生变化，老子、孔子皆为当时的大知识分子，特别是孔子广收门徒，被众多的人尊称曰"子"，故后来"子"便衍生出师长、先生的意义。战国诸多思想家皆有"子"之称，所谓"诸子"也就是"诸位先生"的意思。战国诸子各以其学说行于世，刘歆《七略》与《汉书·艺文志》为著录他们的著作，便特设了《诸子略》一目。

《文心雕龙·诸子》篇云："诸子者，入道见志之书。""入道见志"其实就是思想学说。故四库馆臣云："自'六经'以外，立说者皆子书也。"其虽在"六经"之外，实与"六经"有精神血脉上的联系。经是中国文化的价值核心，诸子则是根植于此核心而产生出的思想与智慧。故《庄子·天下》篇云："《诗》以道志，《书》以道事，《礼》以道行，《乐》以道和，《易》以道阴阳，《春秋》以道名。分其数散于天下而设于中国者，百家之学时或称而道之。"《汉书·艺文志·诸子略序》亦称诸子为"'六经'之支与流裔"。章学诚《文史通义·诗教上》亦言："诸子之为书，其持之有故而言之成理者，必有得于道体之一端，而后乃能恣肆其说，以成一家之言也。所谓一端者，无非六艺之所该，故推之而皆得其所本。"这种理解在今天看来虽有过于崇经的倾向，但崇拜之中无疑体现着一种价值趋向。"经"是修己治世的大典，"子"则是在这种经典精神的滋润下制作出的治世方略与社会理想图景。同时，"子学"也是中国思想的渊薮，没有诸子的存在，中国文化则会显得干瘪无味。从某种意义上讲，"子学"是中国社会发展的理论指导系统，规定着中国古代社会的发展方向与精神表现。

第七章　子学概说

中国传统学术所重在经史，即如四库馆臣所言："学者研于经，可以正天下之是非；征事于史，可以明古今之成败；余皆杂学也。"（《四库全书总目·子部总叙》）但欲明中国之学术思想与理论，弃"子学"则将无从谈起。经史虽为学问根底，但要看中国文化繁花似锦的景观，则还必须看由根底生出的茂林繁华，"子学"便是这茂林繁华。章太炎先生之所以强调以诸子为归，原因正在此。在这一章中有两个问题需要首先解决，一是诸子的派系梳理与学术源流，二是子学与历史文化思潮的变迁。前者是横向地分理其别，后者是纵向地把握其变。

第一节　诸子学术源流与子学内涵的拓展

诸子兴起于春秋之末而盛于战国。前有老子、孔子及七十子之徒，后有墨、杨、孟、庄、荀、韩之流，习惯上称为诸子百家。百家之言，纷然杂淆，真有点儿"家家自以为稷契，人人自以为咎繇"的样子，个个都以为如欲平治天下，舍己莫属。而对这种纷乱的学术状态进行归纳，先秦时人就开始了这种努力。《庄子·天下》归纳了六派，即墨子、禽滑厘一派，宋钘、尹文一派，彭蒙、田骈、慎到一派，关尹、老聃一派，庄周一派，惠施一派。《荀子·非十二子》归纳了七派，即它嚣、魏牟一派，陈仲、史鳅一派，墨翟、宋钘一派，慎到、田骈一派，惠施、邓析一派，子思、孟轲一派，仲尼、仲弓一派。《庄子》对各派的归纳，主言其长；《荀子》对各派则主言其短。《韩非子·显学》将儒家分为八派，墨家分为三派，即子张之儒，子思之儒，颜氏之儒，孟氏之儒，漆雕氏之儒，仲良氏之儒，孙（荀）氏之儒，乐正氏之儒；相里氏之墨，相夫氏之墨，邓陵氏之墨。《尸子·广泽》篇感到归纳派系的困难，因而只好单个作结，如云：

> 墨子贵兼，孔子贵公，皇子贵衷，田子贵均，列子贵虚，料子贵别囿。

《吕氏春秋·不二》篇亦云：

> 老聃贵柔，孔子贵仁，墨翟贵廉，关尹贵清，子列子贵虚，陈骈贵齐，阳朱贵己，孙膑贵势，王廖贵先，儿良贵后。

司马谈《论六家要旨》则归纳为六家，而且给每家以命名，如阴阳、儒、墨、名、法、道德。刘歆《七略》及班固《汉书·艺文志》，在此基础上梳理为十家，即儒、道、阴阳、法、名、墨、纵横、杂、农、小说。前九家即为九流，小说家因不能成为一种思想学说，故不"入流"，而并为十家。

从以上的情况看，有两个问题值得我们注意。其一，道、法、名、墨之名，是汉代人总结前代学术所加，在先秦时，学者们只求创立新说，并没有考虑其学派的命名问题。因此庄、荀、尸、吕等，只举代表人物名字与其主要学说，而不指称其学派。韩非子也只提到了儒、墨两家，对其分裂的各派，也是仅列其代表者之名。其二，九流的分疏，也是汉代人的创造，先秦学者并没有自己给自己划派归系，因此出现了学者派系归属上的矛盾。如《庄子》把彭蒙、田骈、慎到归为一派，而《艺文志》中，以慎到入法家，以田骈入道家。其实有一个学者就有一家，故有"诸子百家"之说。但《艺文志》归纳，居高临下，弃其枝叶，握其大本，对于从总体上把握这个时代的学术脉络非常有帮助，因而得到了后来大多数学者的认可。至于学者具体归属上的分歧主要是由思想的复杂性造成的。比如，韩非子从师承来说是荀子的学生，应属儒家系统，但他对于《老子》学说特别热衷，而且是中国历史上第一个注解《老子》的学者，故司马迁说韩非"归本于黄老"（《史记》本传）。可是他的理论却重在言刑名法术，故《艺文志》归于法家。

战国诸子学说是传统文化思想"与时偕行"的一种变化形态。诸子之前有"六经"，道术存于其中。战国纵横，"道术将为天下裂"，故散而为诸子学说。百家学说是对时代的回应，是各家为救时之急而创立的。即如《淮南子·氾论训》所云："百川异源，而皆归于海；百家殊业，而皆务于治。"虽然面貌全新，而血脉却传自父祖，他们都是古代文化在现实中的发扬光大。刘歆《七略》及班固《汉书·艺文志》

对诸子学说的源流作了探讨，认为皆出自王官，这为我们把握诸子思想的精髓提供了一条思路。

1. 儒家

在诸子之中影响最大的是儒家。"儒"的名字在百家中也出现最早。《艺文志》云：

> 儒家者流，盖出于司徒之官，助人君顺阴阳，明教化者也。游文于"六经"之中，留意于仁义之际，祖述尧舜，宪章文武，宗师仲尼，以重其言，于道最为高。

周代司徒，掌管邦教，而儒家是主张教化人民的，故认为儒家思想来自司徒一脉。《周礼·大司徒》注："师儒，乡里教以道艺者。"据《周礼》说，当时教万民的内容有"六德"、"六行"、"六艺"。"六德"是知（智）、仁、圣、

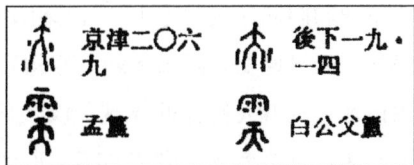

"儒"字字形图

义、忠、和；"六行"是孝、友、睦、姻、任、恤（善于父母为孝；善于兄弟为友；睦，亲于九族；姻，亲于外亲；任，信于友道；恤，振忧贫者）；"六艺"是礼、乐、射、御、书、数。这些教育内容全为儒家所接受。《艺文志》中提到的"顺阴阳，明教化"六字最值得注意。"儒"是"需"的孳乳字，在甲骨文中像一个人舞于雨中之状，金文中则作从雨从天。这是个会意字，当与古代的祈雨活动有关，是舞蹈以求雨的表示。根据章太炎先生《原儒》，儒者的原始职业就是与祈雨有关的。所谓"顺阴阳"，就是调和阴阳，风雨以时。汉代大儒董仲舒好讲阴阳，说者多以为董仲舒虽为儒家，但思想中掺入了阴阳家的东西，殊不知讲阴阳正是原始儒者的本行。有一种水鸟叫鹬，天将雨则鸣。古人认为这种鸟知天时，所以以此鸟羽饰冠以象征知天文。古儒者所戴之冠即鹬冠，也叫术氏冠。《庄子·田子方》说儒者之服是冠圜冠、履句屦，"冠圜冠者知天时，履句屦者知地形"。圜冠即鹬冠，因鹬冠前面是圆的。看来儒者早期是带有术士性质的。所以《说文》云："儒，柔也，术士之称。"《法言·君子》篇言："通天地人曰儒。"这些术士，上知天文，下知地理，沟通天

人，是古代知识分子，所以《周礼·大宰》又言"儒以道得民"，郑注："儒，诸侯保氏，有六艺以教民者。"所谓"明教化"，就是从这个意义上说的。《论语》中有一段非常著名的故事：孔子要几个弟子各言其志，子路、冉有、公西华等，都表述了自己治国的理想，而曾皙却说自己的理想是："莫（暮）春者，春服既成，冠者五六人，童子六七人，浴乎沂，风乎舞雩，咏而归。"孔子听后大加赞赏说："吾与点也！"这段话让人们莫名其妙。因曾皙所说的乃是行乐放荡之言，与孔子道济天下的理想是完全不沾边的，故而古今学者对此做了种种猜想。其实王充在《论衡·明雩》篇中早就说明白了。雩是古代祈雨的一种活动，鲁国是在沂水上举行这种祈雨活动的，春祈谷雨，秋祈谷实。所谓"冠者"、"童子"，都是雩祭时的乐舞参与者。"浴乎沂"是象征龙从水中出来，"风乎舞雩"是表演祭祀歌舞。这一顺阴阳之气的表演，正是儒家的原始职业。《明雩》云："孔子曰'吾与点也'，善点之言欲以雩祭调和阴阳，故与之也。"治理国家是具体的行政事务，而调和阴阳则是关乎天下万民的。天平地安，阴阳和调，万物乃昌，这是超越于政治之上的一种境界，也正是原始儒家一种博大精神的体现。汉代丙吉任丞相时，有一个著名的问牛不问人的故事。做丞相不管斗者死伤横道的事，见到喘气吐舌的牛反而关心。他的理论是，民斗伤由有司去管，位居三公者"典调和阴阳"，牛喘恐怕是阴阳失调所致。这个理论正是来自于儒家。至于说到游艺"六经"、留意仁义、祖述尧舜、宪章文武等，则是儒家学说的具体主张了。因为儒者是文质彬彬之士，故段玉裁《说文解字注》云："儒之犹言优

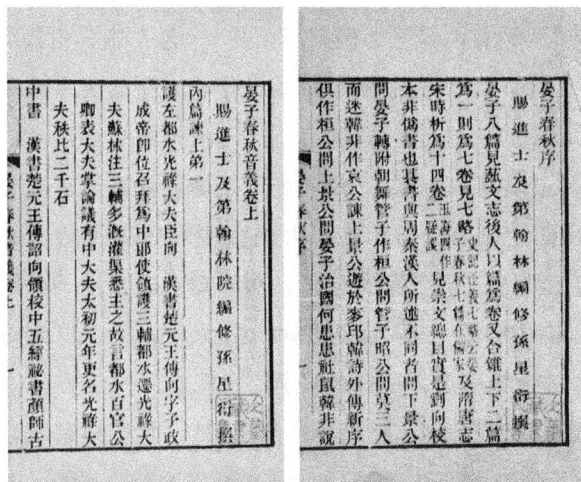

《晏子》书影

也，柔也，能安人，能服人。又儒者濡也，以先王之道能濡其身。"

《艺文志》中所著录的第一部儒家著作是《晏子》，注云："名婴，谥平仲，相齐景公，孔子称善于人交。"而《荀子·儒效》中则称周公为大儒。章太炎先生也说孔子以前、周公之后，唯晏子为儒家。这就是说，儒家在孔子之前就已存在，孔子则就儒家之学广而大之，故能成为后世宗师。汉以后之儒，章太炎先生分为两派，一派专务修己治人，一派务求明心见性。像隋唐间的王通，宋代的范仲淹、叶适，清代的顾炎武、戴震等，都属修己治人的一派，这一派是由曾子、荀子这一支发展来的。像唐李翱，宋张载、程颢、程颐、杨时、朱熹、陆九渊，明代王阳明等，则属于明心见性的一派，这一派是由子思、孟子的思想发展来的。

2. 道家

儒家之外，影响最大的是道家。道家名字在先秦没有出现，这是汉代人对这一派的总结。或称作"道德家"。其得名主要是因为《老子》开卷即言"道可道，非常道"，所以取了个"道"字。又因为《老子》旧分上下篇，上篇开首言"道"，下篇开首则言"德"（曰"上德不德，是以有德"），故有"道德家"之称，《老子》书后来也有了《道德经》之称。同时"道德"也是这一派学说的核心概念，如《老子》说："孔德从容，唯道是从"、"道生之，德畜之"、"道生一，一生二，二生三，三生万物"等。《艺文志》探道家之源曰：

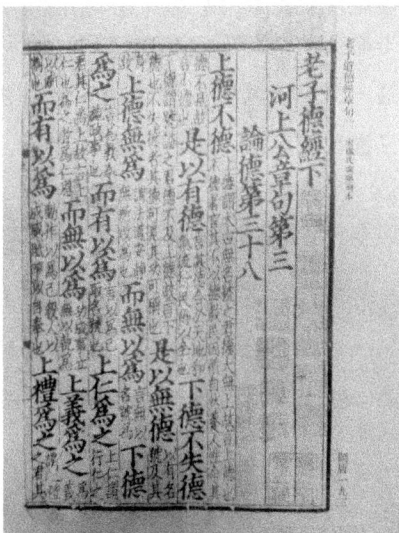

《道德经》书影

> 道家者流，盖出于史官，历记成败存亡祸福古今之道，然后知秉要执本，清虚以自守，卑弱以自持，此君人南面之术也。

这是说道家一派是出自史官一脉的。老子本人就是柱下史，任务是管理图籍。这样他对成败存亡祸福古今之道看得自然比一般人多，参得也透彻。但不同的是，史官的正传如司马迁、班固等，皆从形而下入手，秉承史官之业，记述历史并作是非价值判断。而道家走向了形而上学，在对历史成败的总结中抽象出了一套理论，即使自己永远立于不败之地的理论。"秉要执本，清虚以自守，卑弱以自持"，这是对道家特别是老子思想最精辟的概括。"秉要执本"就是抓事物的根本，而不为其枝叶所惑；"清虚以自守"是保持内心的清静与稳定，不为外物所扰；"卑弱以自持"是不与人争胜、争锋，其实是要以柔克刚，即《老子》所说的："天下莫柔弱于水，而攻坚强者莫之能胜也。"这其实是一套统治术，故曰"君人南面之术"。西汉之初黄老一派能获得政治统治权，则是对"君人南面之术"的说明。"黄老"是黄帝、老子的并称。《艺文志》在道家类中列有托名黄帝的四种书，托名黄帝之臣力牧的一种。另外在阴阳家类还有《兵书略》《术数略》《方技略》中也列有多种托名黄帝的书，反映了黄帝传说在西汉的盛行，故司马迁有"百家言黄帝"的烦恼。看来《兵书略》《术数略》《方技略》等部分的黄帝，都是由道家的黄老思想中派生出来的。这一派由于其学说贵清虚、贵养生，而演变为后世长生之术。又由于其近于权谋，又滋出刑名法术之说。故《四库全书总目·道家类叙》云：

> 后世神怪之迹，多附于道家，道家亦自矜其异。如《神仙传》《道教灵验记》是也。要其本始，则主于清净自持，而济以坚忍之力，以柔制刚，以退为进，故申子、韩子流为刑名之学，而《阴符经》可通于兵。其后长生之说，与神仙家合为一，而服饵导引入之；房中一家，近于神仙者，亦入之。

3. 阴阳家

介于儒家与道家之间的是阴阳家。"阴阳"是儒道两家都谈的，儒家谈调和阴阳，道家谈顺应阴阳变化，而阴阳家则谈历象星辰、四时教令、阴阳消息、五德终始。据记载，早在尧时就设立了观天象推历法的官职，阴阳家当出自此一脉，故《艺文志》云：

> 阴阳家者流，盖出于羲和之官。敬顺昊天，历象日月星辰，敬授民时，

此其所长也。及拘者为之则，牵于禁忌，泥于小数，舍人事而任鬼神。

就阴阳一脉的原初之旨，不过是为了让人们掌握生活节律，顺应四时变化，按时耕、播、收、藏，故说"敬授民时"。但这毕竟是推天道的一种学说，在科学不发达的古代，其中难免掺杂着种种关乎神鬼之道的神秘思想。但到后来便出现了舍本逐末的现象，推演阴阳五行，侈说禁忌祸福，故《艺文志》批评其"牵于禁忌，泥于小数，舍人事而任鬼神"。到后来则又与占星、择日、相宅、看风水等术数之士混在一起，像后世的阴阳先生，就是这一脉的传人。

4. 法家

九流之中，与政法最切近的是法家。法指法律、政令。《韩非子·难三》云："法者，编著之图籍，设之于官府，而布之于天下者也。"《定法》篇又云："法者，宪令著于官府，刑罚必于民心，赏存乎慎法，而罚加乎奸令者也。"因这一派重在讲以法治国，故名之曰法家。这个名字也是汉代人给加的。从文化渊源上看，此派思想盖出自古之司法官一脉。《艺文志》云：

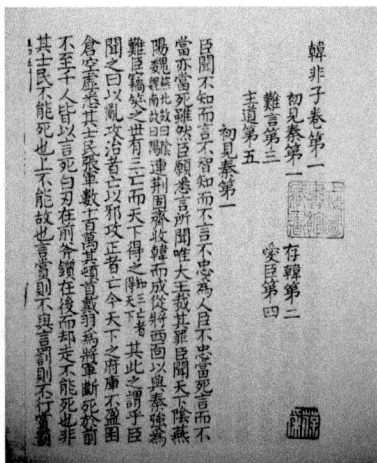

《韩非子》书影

> 法家者流，盖出于理官。信赏必罚，以辅礼制。《易》曰："先王以明罚饬法"，此其所长也。

理官是治狱之官，其实也就是司法官。传说中的皋陶就是尧舜时的司法官，故后来成了狱官或狱神的代称。《荀子·非相》云："皋陶之状，色如削瓜。"所谓"色如削瓜"就是指面色铁青，大概这与戏剧表演中公正无私的忠臣如包拯等多为黑脸相同，这是铁面无私的象征。这一派在先秦真正的代表应该是李悝、商鞅等。李悝为魏文侯师，撰次诸国之法，著《法经》。商鞅在秦孝公时入秦，搞变法，主张严法酷刑，认为"法令者，民之命也，治之本也"（《商子·定分》），连太子犯法，也要治罪，算得上法家中最具代表性的一位。又有申不害、慎到、韩非等，参以老子权谋之术，而变为法术之学。这一派因为不讲德行而只讲以严法治世，奖励耕战，强调富国强兵，以物质利益为最高目的，而不考虑教化万民，使人心向善，因而在中国历史上多受非议。故司马谈《论六家要旨》云："法家不别亲疏，不殊贵贱，一断于法，则亲亲尊尊之恩绝矣。可以行一时之计，而不可长用也。"《艺文志》云："及刻者为之，则无教化，去仁爱，专任刑法，而欲以致治，至于残害至亲，伤恩薄厚。"关于秦国以法治国而不考虑教化万民，其所导致的结果，贾谊在《陈政事疏》中有过细论：

> 商君遗礼义，弃仁恩，并心于进取，行之二岁，秦俗日败。故秦人家富子壮则出分，家贫子壮则出赘。借父耰锄，虑有德色。母取箕帚，立而谇（责让）语。抱哺其子，与公并倨。妇姑不相说，则反唇而相稽。其慈子耆利，不同禽兽亡几耳。然并心而赴时，犹曰蹶（拔而取之）六国，兼天下，功成求得矣，终不知反廉愧之节，仁义之厚。信（伸）并兼之法，遂进取之业，天下大败；众掩寡，智欺愚，勇威怯，壮陵衰，其乱至矣。是以大贤起之，威震海内，德从天下。曩之为秦者，今转而为汉矣。然其遗风余俗，犹尚未改。今世以侈靡相竞，而上亡制度，弃礼谊，捐廉耻，日甚，可谓月异而岁不同矣。逐利不耳，虑非顾行也。今其甚者杀父兄矣。

这是非常具有代表性的一种观点。因为行法治，求逐利，结果得了天下，坏了德行，坏了社会风气，还给汉朝留下了后遗症。但法家的严法苛刑对于治理社会混乱局面非常奏效，儒家的仁义则于救乱无补，故古有"乱不言儒，治不言法"之说。

5. 名家

名家是战国兴起的很怪异的一家。之所以称名家，因为他们主在辨名与实的问题。春秋的大变动，导致出现了名与实不符的问题。孔子曾说过要"正名"，认为"名不正则言不顺，言不顺则事不成"。《墨子》强调"以名举实"，《荀子》有《正名》篇，这都反映了当时名实不符的严重社会现象的存在。公孙龙子一派"疾名实之散乱"、"欲推是辩，以正名实，而化天下"（《公孙龙子·迹府》）。公孙龙子云："夫名，实谓也。知此之非此也，知此之不在此也，则不谓也；知彼之非彼也，知彼之不在彼也，则不谓也。至矣哉，古之明王。审其名实，慎其所谓。至矣哉，古之明王！"可以看出他是把名实之辨作为政治问题来对待的，所以与古之明王联系起来。《艺文志》云：

> 名家者流，盖出于礼官。古者名位不同，礼亦异数。孔子曰："必也正
> 名乎！名不正则言不顺，言不顺则事不成。"此其所长也。

这个结论看来是抓住了本质。从孔子"觚不觚"的感叹，到"必也正名"的论断，都可以反映礼崩乐坏后出现的名实不符的情形，以及执守周礼者对于天下理乱的认识，也从另一个角度反映了古代的礼官对于名实问题的重视。但公孙龙子一派在名实问题的讨论中，却陷入了诡辩的泥淖，这则非礼官之属所为。这当是由礼的名实问题延伸出的对哲学上名实问题的探讨。同时，这一诡辩之学，也明显地带上了市民生活方式的烙印。《吕氏春秋·上农》篇云："民舍本而事末则好智，好智则多诈，多诈则巧法令，以是为非，以非为是。"名家之祖邓析，就是一位"以是为非，以非为是"的高手。《吕氏春秋·离谓》篇云："令无穷，邓析应之亦无穷矣。""子产治郑，邓析务难之。与民之有狱者，约大狱一衣，小狱襦裤，民之献衣襦裤而学讼者，不可胜数。以非为是，以是为非，是非无度，而可与不可日变，所欲胜因胜，所欲罪因罪。"值得注意的是，名家在诡辞巧辩的表现形式下，在意识形态领域进行着破坏性的反传统活动。打破了人们正常的逻辑思维与常识的拘囿，提出了一系列怪诞的论题，如白马非马、卵有毛、鸡三足、马有卵、狗非犬等。但论题虽荒唐，所表现出来的分析手段却显得高超绝伦。《世说新语·文学》篇载："谢安年少时，请阮光禄道《白马论》，为论以示谢。于时谢不即解阮语，重相咨尽。阮乃叹曰：'非但能言人不可得，正索解人亦不可得。'"这在意识中可能是一种堕落，而在思维上则是一个飞跃。虽然这种"离散"分析手段，忽略了事物的整体性与联属性，但却能启发人深入地分析、观察、认识事物。

6. 墨家

墨家之名出现要早于儒家之外的各家，《孟子》《韩非子》中都将其视为显学。

这一派的得名与其他各家不同，像名家、法家、阴阳家等，是根据他们学说的特点总结出来的名称；儒家是由师儒教授的职业而沿袭的名称；墨家则是由他们的代表人物墨子而得名的。这一派与儒家关系甚密。《淮南子·要略》篇云："墨子学儒者之业，受孔子之术，以为其礼烦扰而不悦，厚葬靡财而贫民，久服伤生而害事，故背周道而用夏政。"《墨子·公孟》篇云："程子曰：'非儒，何故称于孔子也？'子墨子曰：'是亦（其）当而不可易也。'"从墨家说"仁义"、倡"兼爱"、道"非攻"的情况看，也与儒家每多相合。但从其基本思想看，他与古代清庙中的史祝之职似乎有些联系。《汉书·艺文志》云：

> 墨家者流，盖出于清庙之守。茅屋采（柞木）椽，是以贵俭；养三老五更，是以兼爱；选士大射，是以上贤；宗祀严父，是以右鬼；顺四时而行，是以非命；以孝视天下，是以上同；此其所长也。

这是就墨家理论的基本精神而言的。章太炎先生说：《艺文志》称墨家出于清庙之守，确为事实。《艺文志》墨家著作中首列《尹佚》，尹佚也称史佚、尹逸，其后有史角。史角、史佚都是清庙之守，这也是史官的一种。《左传》有"清庙茅屋，昭其俭也"之说，这是墨家贵俭的来源。墨家主张明鬼，也与清庙祭鬼神有关。

在先秦各派中，墨家是最特殊的一派。其他各派只是一种思想学说，墨家则是一个带有宗教性质的组织，他们把一切言行依托于"天志"，把天认作最高的统治者，认为"天子有过，天能罚之"（《天志下》）。这个组织的领袖叫做巨子，组织的成员也很特别，不像儒生那样文质彬彬，而是一批赴火蹈刃的勇武之士。故《淮南子·泰族训》云："墨子服役者百八十人，皆可赴火蹈刃，死不旋踵。"这个组织有严格的纪律，一旦违反纪律，就会受到严惩。《吕氏春秋·去私》篇云："墨者有巨子腹䵍，居秦。其子杀人，秦惠王曰：'先生之年长矣，非有它子也，寡人已令吏弗诛矣。先生之以此听寡人也。'腹䵍对曰：'墨者之法曰：杀人者死，伤人者刑。此所以禁杀伤人也。夫禁杀伤人者，天下之大义也。王虽为之赐而令吏弗诛，腹䵍不可不行墨者之法。'"其执法之严，可见一斑。这一派在后世，学术上没有传人。西汉之初百家复活，而墨家却无闻，因为这一派走上了解困扶危的游侠之路。

此外，《艺文志》还列纵横家、杂家与农家。这几家或是外交上合纵连横，没有原则，唯利是图；或是杂采百家，不成体系；或是农桑树艺，务在稼穑。他们在政治上都没有理论，没有思想体系。故可略而不谈。

在刘歆、班固的《诸子略》中，所采只是"驰说取合诸侯"，至于天文、历谱等与"取合诸侯"无关而带有技术的学说，则分别归到了《方技略》《术数略》《兵书略》等之中。《隋书·经籍志》则把兵书、天文、历数、五行、医方之类，并归于子部。《四库全书总目》参酌历代史志的分类，则将子部分为十四类，大大拓展了子学的内涵。其《子部总叙》云：

> 自六经以外立说者，皆子书也。其初亦相淆，自《七略》区而别之，名品乃定；其初亦相轧，自董仲舒别而白之，醇驳乃分。其中或佚不传，或传而后莫为继，或古无其目而今增，古各为类而今合，大都篇帙繁富。可以自为部分者，儒家以外，有兵家，有法家，有农家，有医家，有天文算法，有术数，有艺术，有谱录，有杂家，有类书，有小说家，其别教则有释家，有道家，叙而次之，凡十四类。

这样便使得子学变为史学之外的又一庞杂的图书门类。但大抵言之，思想著作即所谓"三教"、"九流"，才是子学的主体，其余则暂略。

第二节　诸子精神与文化思潮的变迁

子学看似学术问题，实是与中国社会的文化思潮与精神风尚相联系的。一般认为，诸子遇战国而兴，至汉而衰、而亡。其实如果就战国诸子某一家而言，可能有存亡问题；若就精神而言，诸子未尝衰亡。这里有两个问题我们必须清楚：一是诸子思想是以"六经"为代表的价值观念与文化精神应时之变而产生的一种文化形态，这从根本上确定了子学应时而变的文化特性；二是诸子的基本精神是理乱治世，追求政治上的统一。他们要用自己的一套思想学说，治理并统治国家，无论儒、墨、法、道，都是有政治抱负的。这就从根本上证实了一点，只要有政治存在，子学就不会衰亡。在中国两千多年的历史上，支配文化思潮变迁的不是其他，而是"诸子"。在每一个新的历史时期，子学都会以一种新的形态出现，并支配一个时代人的精神与时代思潮。在各种思想之间，自然也存在着争夺霸权的冲突与斗争。我们可以根据子学霸权的迭变，将战国之后的历史分为以下几个段落。

1. 秦：法家思想统治时代

在战国诸子所提供的治世方案中，首先被采纳并见诸实效、获得霸主地位的是法家。秦国可以说是法家的一片试验田。从商鞅起，法家思想就在秦国占据了统治地位。"秦行商君法而富强。"（《韩非子·和氏》）尽管商鞅后来被处死，但他的那种思想、治国之法并没有死，因为他使秦国见到了利益，打好了秦灭六国的物质基础，也培养起了秦国统治者的法治观念。故秦始皇见法家韩非子的文章后，大加赞赏，表示如能与韩非同游，死也无憾了；见了另一位法家代表人物李斯，则大加起用。最终是只有法治，不要意识形态，用"焚书坑儒"这一极端化的手段，使意识形态真空化，结果二世而亡。可以说，秦的统一，是法家路线的最大胜利。而秦国统一政权的昙花一现，则是法家路线的最大失败。秦国灭亡的教训，宣告了法家在中国历史上的死刑，使法治思想无法确立在意识形态中的位置。但秦国成功的经验，又使得法治作为一种理乱手段，无法退出历史舞台。历代统治者不得不阳以崇礼，阴用其术，包括亲睹秦亡的汉家统治集团，也不得不以法止乱，以道御世。

2. 汉初：道家黄老思想统治时代

汉朝从统一天下，历惠、文、景，到武帝之初的七八十年间，可以说是黄老思想的统治时期。黄老思想是道家中的一个支派，起于战国稷下，兴于汉初。老子主张"清静无为"，黄帝主张德刑并用（由出土《黄帝四经》可知），兼有养生之学。刘邦统治集团的高层人物中，陈平"少时本好黄帝老子之术"（《史记·陈丞相世家》）；张良后来"欲从赤松子游"，"学辟谷道引轻身"（《史记·留侯世家》）；曹参为齐国之相时，即采用黄老派的学者盖公之言："治道贵清静而民自定"，"其治要用黄老术，故相齐九年，齐国安集，大称贤相"。（《史记·曹相国世家》）萧何本传虽没有说他好黄老，但《汉书·刑法志》云："萧、曹为相，填以无为。"看来他也是主张"无为而治"的。曹参代萧何为相国，"清静极言合道。然百姓离秦之酷后，参与休息无为，故天下俱称其美矣"（《史记·曹相国世家》）。孝文帝即位，"好道家之学"（《史记·礼书》），又好刑名之学，"躬修玄默，劝趣农桑，减省租赋"。"惩恶亡秦之政，论议务在宽厚，耻言人之过失。化行天下"。（《汉书·刑法志》）故章太炎先生言："自来学老子而至者，唯文帝一人耳。"（《国学讲演录·诸子略说》）其后孝景帝及窦太后，都尊崇黄老。《史记·外戚世家》言："窦太后好黄帝老子言，帝及太子诸窦，不得不读黄帝老子，尊其术。"直到武帝时的一批大臣，如曾居九卿之位的邓公、汲黯、郑当时等，也都是善黄老之学者。这样看来，从汉初到武帝时的六七十年间，汉朝最高统治集团都是在黄老思想的指导下治理天下的。

从汉初思想家的情况看，也多受到了黄老思想影响。如陆贾《新语》中有《道基》《无为》，贾谊《新书》中有《道德说》，《韩诗外传》中讲"君道无为"。司马谈《论六家要旨》，最推崇的是道家。大儒董仲舒，其《春秋繁露·立元神》言："为人君者，谨本详始……安精养神，寂寞无为"，无疑所采也是黄老之说。

黄老一派的无为政治与刑德并施的理世手段，乃汉初道家学说应时之变而产生的一种新形态。汉初经过九年战争，民生凋敝，天下人口不及战国之十之二三，经济上竟到了"天子不能具纯驷，宰相或乘牛车"的程度。因而，采取无为而治的策略，与民休息，就成了最佳选择。但秦国的成功体现了刑的威力，失败又体现了德的重要。于是治理天下，刑、德皆不可少。"刑德相养，逆顺若成"（《黄帝四经·经法·姓争》），于是黄老之学便成了汉初最理想的统治思想，帮助汉室度过了最艰难的时期。

3. 两汉：儒家的经学思潮时代

黄老之学，对于汉初的社会形势与政治环境来说，可以说是一剂良药。但不论是法家还是黄老，他们虽于理乱治世确有显效，却不适合于作为一种意识形态。因为其中都隐有权术谋略，有非道德的因素存在。在这一点上，与儒家相比就大大逊色了。儒家与其他各家相比，不仅有孔子建立起来的一个经典文化体系，同时其德治思想与理论是中国传统的、有三代历史为支持的一种学说。因而在汉初百家复活的语境中，他们很快便显示出了强大的优势。加之这一派中出现了像董仲舒这样的大师级人物，因而到武帝时便有了"罢黜百家，独尊儒术"的历史现象。儒家的再度复兴，不是像先秦儒家如孟子、荀子之属，在把握儒家基本精神与核心价值的原则下，创造新的学说，而是通过对经典的复原与重新诠释，构建新的意识形态话语系统。他们借助官方的力量，设立了五经博士，遂形成了以经学为价值系统与知识系统的人才培养路径，并由对经学的研究转向了经术的实践，于是形成了中国学术史上的一个经学时代，致使"公卿大夫士吏彬彬多文学之士"。《汉书·儒林传》云：

> 自武帝立五经博士，开弟子员，设科射策，劝以官禄，讫于元始百有余年，传业者浸盛，支叶蕃滋，一经说至百余万言，大师众至千余人，盖禄利之路然也。

甘露三年（前 51 年），汉宣帝召集诸儒，在石渠阁"讲五经异同"，"上亲称制临决"。这是中国历史上第一次由皇帝出面组织的经学会议。至于这次会议实质上解决了什么问题，这对我们并不重要，重要的是它标志着一个经学全盛时代的到来。百年之后章帝建初四年（79 年），第二次皇家经学会议召开——召诸儒会集白虎观议"五经"异同，将经学研究推向了高峰。即如皮锡瑞《经学历史》所云："经学自汉元、成至后汉，为极盛时代。"

东汉初皇帝亲自出马讲经，匈奴派子弟留学，其盛况犹甚于西汉。一位著名的经师动辄门徒数百人甚至上千人，而追随者或"九千余人"或"万六千人"，即如《后汉书·儒林列传论》所云："其服儒衣，称先王，游庠序，聚横塾者，盖布之于邦域矣。若乃经生所处，不远万里之路，精庐暂建，赢粮动有千百，其著名高义开门受徒者，编牒不下万人。"《张霸传》言：霸为会稽太守，"郡中争厉志节，习经者以千数，道路但闻诵声"。如此看来，经典传播此时已远远不限于王官博士，而变成了一种社会化的活动。在西汉形成的各种经学流派，到东汉便各衍其流，通过官学与私学两种渠道，在各地传播开来。

经学的昌盛，使儒学由一种学术思想而成为国家意识形态，儒家经典也在政治力量的支持下成为国家教条，直接制约了时代的思维与行为。以经典的是非为是非，几乎成了这个时代的准则。如王莽时言治理河水问题，御史韩牧建议，照着

《禹贡》记载的九河所在处挖河道，即便不能挖九条，挖上四五条也会大有益处的。（《汉书·沟洫志》）成帝时太中大夫平当，每有灾异，辄援经术言得失。又因精通《禹贡》，而被委任治理河道。昭帝时，有一男子自称是武帝的儿子卫太子，来见朝廷，群臣不知该如何对待。京兆尹隽不疑马上派人把他捆了起来。理由是春秋时卫灵公太子蒯聩，因得罪于灵公而出奔。及灵公卒，蒯聩子辄嗣位，蒯聩要求入卫，遭到拒绝。"辄拒而不纳，《春秋》美之。今卫太子得罪先帝，亡不即死。今自来此，是罪人也。"（《汉书·隽疏于薛平彭传》）汉代的这场尊崇儒术、表彰"六经"的文化运动，奠定了儒家思想在意识形态领域的统治地位。此后两千多年，虽变故时有，但意识形态领域的统治权，基本上由儒家所垄断。

4. 魏晋：道家的玄学思潮时代

随着汉王朝的衰亡，儒学霸权失落，意识形态领域出现混乱状态，争端纷起。如何收拾当时的残局，用何种学说统一思想领域，儒、墨、法、道、名，到底哪一家的思想更适应时代的需求，这便成为一个时代课题。王弼《老子指归略例》有如下一段评说：

> 法者尚乎齐同，而刑以检之；名者尚乎定真，而言以正之；儒者尚乎全爱，而誉以进之；墨者尚乎俭啬，而矫以立之；杂者尚乎众美，而总以行之。夫刑以检物，巧伪必生；名以定物，理恕必失；誉以进物，争尚必起；矫以立物，乖违必作；杂以美物，秽乱必兴。斯皆用其子而弃其母，物失所载，未足守也。

显然，这是说儒、墨、名、法各家，都是抛弃根本（母）而抓末节（子），自然不能解决问题。只有老子的"道"，才能贯通各说，统一百家。王弼是一位天才的学者，仅活了二十四岁。十岁时便对《老子》感兴趣，开始研究。他的认识是很符合当时形势的。道家学说乘儒学衰落之际勃然而兴，习惯上称作"玄学"，也有人称作新道家。"玄"之概念来自《老子》对道的描述："玄之又玄，众妙之门。"故有"玄妙"之说，言其道理深奥莫测。这个时代有三部著作几乎是无人不知的，这就是《周易》《老子》《庄子》，世称"三玄"。这三部书成为士大夫研究学习的中心。即如《晋书·孝怀帝纪》所云："学者以老庄为宗而黜六经。"《文心雕龙·论说》云："迄至正始，务欲守文，何晏之徒，始盛玄论。于是聃（老子）、周（庄子）当路，与尼父争途矣。"从史书中不难看到，当时凡是有名头的人，几乎皆沉浸于老庄学说之中，如王弼"年十余，好老氏"（《三国志·魏书·钟会传》注引何劭《王弼传》）。钟繇"为《周易》《老子》训"（《世说新语·言语》注引《魏志》），夏侯玄有《道德论》，钟会有《道论》。嵇康"博览无不该通，长好老庄"；阮籍"博览群籍，尤好老庄"；刘伶"盛言无为之化"；山涛"性好老庄"；王戎"唯谈老庄为事"；阮放"常说老庄，不及军国，明帝甚友爱之"；阮咸"贞素寡欲"，显系得之老庄；王衍对老庄也"甚重之"；卢谌"好老庄，善属文"；向秀"雅好老庄之学"；桓石秀"博涉群书，尤善老庄"等（皆见《晋书》本传）。

玄学主要有两派，一是贵无派，一是崇有派。贵无派的最大代表，是何晏和王弼。何晏有《论语集解》《周易私记》《孝经注》，王弼有《周易注》《老子道德经注》《老子指说》《论语释疑》。他们以道注儒，引儒入道，对儒家经典进行了破坏性解读。他们提出了以无为本、以有为末的宇宙本体论学说。《晋书·王衍传》云："魏正始中，何晏、王弼等祖述老庄，立论以为天地万物皆以无为本。无也者，开物成务，无往而不存者也。阴阳恃以化生，万物恃以成形，贤者恃以成德，不肖恃以免身。故无之为用，无爵而贵。"崇有派以向秀、裴𬱟、郭象等为代表。向秀著有《庄子注》，裴𬱟著有《崇有论》，郭象著有《庄子注》《论语体略》《论语隐》《老子注》等。这一派主张物之自生、自然。物自然而然，而不知其所以然，突然自生，而无所使之生。造物者无主，物各自造。贵无派起于魏，崇有派盛于晋，代表了玄学发展的两个不同阶段。

玄学大盛是在向秀、郭象出现之后，其后并出现了以老庄为本、以周孔为末、合儒道为一的现象。即如《晋书·李充传》所云："圣教救其末，老庄明其本，本末之涂殊，而为教一也。"由何、王而至竹林名士及郭、向，贵玄蹈虚，以无为本，放任自然，遂成时尚，成为一种时代精神，形成了所谓"魏晋风度"。老庄思潮反映了士大夫阶层面对时代课题所作出的反应。《老子》贵无为，《庄子》任逍遥。崇尚老子，主张清静无为，是为解除统治集团内部的相互倾轧所寻求的一条治国安邦

之策；而推崇庄子，主张放任自然，则是为自己免于倾轧所寻求的一条安身立命
之方。

5. 南北朝隋唐：佛学思潮时代

佛学是继玄学之后兴起的一种文化思潮。"佛"是梵语"佛陀"的简称，其本义
是"觉者"，即"觉悟了的人"。佛教徒用为对其创始人释迦牟尼的尊称。间或译为
浮屠。故《后汉纪·明帝纪下》云："浮屠者，佛也。"佛教是由印度传入中国的，
始自后汉，历魏晋而渐立足于中土。东晋以降，高僧与名士交游形成风气，遂使佛
学与中国学术结合，逐渐本土化。中土诸子对于人死后的世界未作关注，而佛家的
轮回之说，正好填补了这一空白，故而迅速蔓延于中土各阶层。南北朝而下至于隋
唐，佛学之盛遂成为文化学术界的一大景观。此时儒家思想虽经过南北分裂而归于
统一，恢复了意识形态领域的统治权，但当时的整个社会文化思潮却是宗教性的，
除中国本土的道教吸取了佛家的思辨而提升其理论飞速发展外，像外来的景教、祆
教、摩尼教等，一时皆泛滥于中国，而居于霸主地位的无疑是佛教。

佛学之兴其表现有四。一是人才之盛。优秀人才涌现于佛门，如僧肇、竺道生、
法藏、玄奘、慧能等皆为绝顶聪明者。据尹继佐、周山主编的《中国学术思潮兴衰
论》统计，隋唐两代，正史《儒林》人物仅 87 人，而《高僧传》正续所列僧人就多
达 997 人，其队伍之庞大可想而知。二是佛经翻译、抄写之盛。从隋初（581 年）到
唐贞元五年（789 年），这两百余年间，共有译者 54 人，译经多达 492 部，2713 卷。
据《隋书·经籍志》言："天下之人，从风而靡，竞相景慕，民间佛经，多于六经数
百倍。"三是佛寺建筑之盛。诗有"南朝四百八十寺"、"天下名山僧占多"之言，即
反映了佛寺之盛。据《唐六典》载，开元中天下寺共 5358 所。至唐武宗时，增至四
万所。四是宗派之盛。讲佛学者各有宗派，近人综为十宗，又有大乘、小乘之别。

6. 宋明：儒家理学思潮时代

佛学思潮虽兴盛三四百年，但始终不能进入意识形态领域，也很难成为一种代
表官方的统治思想。中唐之后，大儒韩愈出现，儒学再度复兴。即如苏轼《潮州韩
文公庙碑》所云："自东汉以来，道丧文弊，异端并起。历唐贞观开元之盛，辅以

房、杜、姚、宋而不能救。独韩文公起布衣，谈笑而麾之，天下靡然从公，复归于正。"韩愈唱之，李翱和之，至宋而有周敦颐、张载、程颢、程颐、朱熹、陆九渊等继起，遂使儒学以压倒性优势复居社会中心地位。但此时的儒学已应时而变，吸收了佛家与道家的理论，完成了自身的改造，与汉儒以经学为核心价值的儒学体系大不相同了，故后儒称为新儒学。因在这一思潮中儒学提出了道统的问题，并以继承"尧舜"、"周孔"道统自任，故而被称为"道学"。又因其致力阐释义理，兼谈性命，认定"理"先天地而存在，把理作为最高范畴，以说明道德性命之学，故又称作"理学"。

理学有两个主要的流派，一是以二程、朱熹为代表的理学，一是以陆九渊、王阳明为代表的心学。朱熹是理学思潮中涌现的巅峰人物，他集新儒学之大成，提出了"理"是生物之"本"、"气"是生物之"具"的"理气论"学说与"心"具众理、"性"即"天理"的"心性论"学说。要求通过修养功夫，"存天理，灭人欲"，完成道德自我的回归。① 心学强调生命体验，主张"万物皆备于我"、"心外无物"、"心即理"，为学的功夫全在"发明本心"。这一派的开创者是陆象山，集大成者是王阳明，至晚明而极盛。这两派观点虽不相同，却能以平和之心进行切磋。在 1175 年，由吕祖谦邀集，理学与心学两派的代表人物在信州（今江西上饶）的鹅湖寺举行了一次学术辩论会，这就是学术史上著名的鹅湖之会。吕祖谦的本意是要调和朱熹与陆九渊两派的争执，结果却使两派的分歧更加突出。朱熹主张"即物而穷其理"，陆九渊则主张"心即理也"。朱熹主张"先道问学"，由博览群书而获取知识；陆九渊主张"发明本心"，不必多做读书穷理工夫。两派理论主张不同，但却能相互包容，体现了传统儒家的恕道与仁道。同时这场讨论，也大有益于学术繁荣，故吕祖谦在《答祁邦用书》中就曾言及此次之会"甚有讲论之益"。

宋明理学发展大约有五个阶段。第一个阶段是北宋，这是理学的形成期，朱熹《像赞》的理学六先生：周敦颐、司马光、邵雍、张载、程颢、程颐等，都生活在这个时期。这一时期理学的一些重要范畴、命题已经提出。第二个时期是南宋，胡宏、吕祖谦、朱熹、陆九渊诸大家出现，门户大分。朱熹建立了完整的理学思想体系，

---

① 参见《新儒学的集大成者——朱熹与南宋儒学》一章论述，见蒙培元、任文利：《国学举要》（儒卷），武汉，湖北教育出版社，2002。

并将理学理想注入他自己所注的"四书"及与其后学共同完成的"五经"注释中。陆九渊发展了谢良佐、王苹、张九成的心学理论而自成一家。此时叶适的永嘉之学、陈亮的永康之学也一时并兴。第三个阶段是元至明初，此期朱子学说北传，并确立了统治地位，朱熹注释的"四书"及与其后学共同完成的《易》《诗》《书》《春秋》注，被定为科举考试所必读的教材，"述朱"时代开始。明成祖敕撰《四书大全》《五经大全》，均主朱学。第四个阶段是明代中期，陈白沙、湛甘泉、王阳明出现，明代理学开始走出程朱阴影，形成自己的特色。黄宗羲云："有明之学，至白沙始入精微……至阳明而始大。"（《明儒学案》卷八）王阳明推心学而形成高峰，此学说便成为一股巨流，掀起浪潮，风靡学术界，影响到文学、艺术等领域。第五个阶段是晚明到清初，此期出现了理学的总结性著作，周汝登的《圣学宗传》、孙奇逢的《理学宗传》、黄宗羲的《宋元学案》与《明儒学案》等，都从不同的角度对理学用不同的方式作了总结。同时王夫之、顾炎武、颜元等人开始了对理学的批判，这标志着理学时代的过去。

7. 近代以降：西学思潮时代

理学思潮至清而衰，继而复起者是近代西学思潮的兴起。明清时期西学东渐，其后有改良派的变法维新、西方哲学概念以及各种理论的输入，继之新文化运动兴起，科学、自由、民主遂成为时代的最强音，反传统成为时代潮流。就思想文化界的情形而言，这可以说是一个新的诸子时代，从 19 世纪末至今，新理论、新主义层出不穷。

总之，子学应时而变，并始终左右着历史的发展方向。每一种思想文化思潮的兴衰，都是武力无法干预的。强大的政治力量在其面前，也只可推波助澜，而不能阻挡思想洪流。每一种理论和主义，都在追求社会最广泛的认可，并觊觎霸权地位。这与战国时代的诸子争鸣，并无实质区分。

思考题

1.《汉书·艺文志》对先秦诸子各派的源流是如何论述的？

2. 请比较儒、墨、道、名、法、阴阳各家思想的异同。

3. 诸子思潮是如何随着时代变化的？

4. 请比较两汉儒学与宋明理学的异同。

参考书目

张舜徽：《汉书艺文志通释》，武汉，湖北教育出版社，1990。

吕思勉：《先秦学术概论》，北京，中国大百科全书出版社，1985。

侯外庐：《中国思想通史》，北京，人民出版社，1959。

韦政通：《中国思想史》，上海，上海书店，2004。

第八章　先秦诸子

先秦诸子是中国文化思想的一大渊薮，也是中国文化思想的根脉所在，因而为历代思想家所不舍。章学诚言："后世之文，其体皆备于战国。"其实不只是文体，其思想取资也无不在战国。秦汉以降，子学思潮与时皆变，追寻其根，无不源于战国诸子。即使外来的释学与西学，也是在与先秦诸子学说的遥接远承中才得以落地生根、兴盛于中土的。如释学，若无战国兴起的神仙方术以及"虚静守一"学说做历史铺垫，很难想象它能如此迅速地为中国人所接受。五四前后曾有人提出孔子是最早的社会主义者，其说虽属荒唐，但也反映了马克思主义在中国生根的思想环境条件。20世纪在"西学东渐"之后，先秦诸子成为学术界研究的一个热点，出版了《先秦诸子系年》《诸子考索》《诸子通考》《十批判书》《先秦诸子的若干研究》等一系列有分量的著作。而中国哲学史与思想史的研究者，更是把先秦诸子认作重中之重。但各家的一个共同趋向是，以西方的概念理解诸子，将诸子各自的体系支离为宇宙论、本体论、价值论、方法论、认识论等，或是归纳为各种主义（如唯心主义、唯物主义、相对主义等）之中。在这种分析归纳之中，诸子学说的生命之血不同程度地流失，留下的只是奄奄一息的躯体，学者们也由此而得出了中国哲学远不及西方的结论。但正如姚奠中先生所说："中国之所重，唯在所谓'内圣外王'之道，亦即'修己治人'之道也。虽间有偏重，大较则不出此范围。道家然，儒家亦然，其他各家亦无不然。而西人与此等问题，则远不如中国之博大精深也。故胡、冯二君之方法，即使于其所画范围内，可以自圆其说，然绝不能以此而得诸家学说之精神，亦不能视为治诸子之方法也。"（《姚奠中讲习文集·论治诸子》）对于先秦百家，因大多著作不传，故而一般所讲述的主要有七家，即所谓七大哲人：老子、孔子、墨子、孟子、庄子、荀子、韩非子。"孔孟"我们在"经学"一编中已做了讲述，以下主要介绍其余五家。

第一节 老子与庄子

老子和庄子被后世视为道家的代表人物，老子则更是道家的始祖。其实这两个人物是很不一样的，他们只是在"道"的追求上相一致，人生目标实相差甚远。

1. 老子：处世智慧

老子是春秋时人，其时代略早于孔子。对他们的生平，我们所知甚少，只知道他姓李名聃，是楚苦县人，做过周柱下史。孔子曾向他请教过关于礼的问题。据《史记》本传云："老子修道德，其学以自隐无名为务。居周久之，见周之衰，乃遂去。至关，关令尹喜曰：子将隐矣，强为我著书。于是老子乃著书上下篇，言道德之意五千余言而去，莫知其所终。"又云："盖老子百有六十余岁，或言二百余岁，以其修道而养寿也。"这个记载使老子神秘化，在后世的传说中被人为地仙化，成了以修炼长生之术为目的的道教的始祖。

老子

老子是一个绝顶聪明的人。《史记》云："老子，隐君子也。""隐"本来是不求彰名的，可是他却有了绝大的名头。他撒手不管人间事隐居起来，却抛下了"五千言"，让后人研究了几千年，而且影响了整个世界。在西方，单单英文译本就有四十多种；而在日本，仅江户时代的《老子》注本就有一百四十多种，比四库全书中收的《老子》注本还要多十几倍。老子和孔子不同，孔子是以绝大的善良投身于社会，而老子则是以绝大的智慧游身于天地之间。孔子是教人怎样"做人"，而老子是教人怎样"处世"。孔子要人向社会负责，学会奉献，做一个善良的有道德修养的人；而老子则是要人向自己负责，学会保护自己，做一个永远立于不败之地的人。孔子和老子都要人克己、让而不争，但孔子是出于对自身修养的需要，将"让"看作一种社会道德；而老子则是出于对自己利益的维护或获取新的利益的考虑，把"不争"

看作一种生存艺术。

老子的思想核心是一个"道"字。关于"道"，哲学家们有种种深奥的解释，其实最通俗的说法就是世间万事万物所必须遵循的规律。天有天道，人有人道，人在社会中生存则有社会的一套操作规则，这也是道，人不遵循它就要吃亏。老子的书又叫《道德经》，德者，得也，是事物由"道"所得的特殊性质，也是"道"在万物中的体现。所以《韩非子》解释道："德者，'道'之功。"《汉书·艺文志》说道家的一套是"君人南面之术"，这用来概括老子的思想是比较准确的。不过，仔细看来，老子是对全社会的人说话的，他是要把天地间的一切秘密告知世人，让世界免除纷争，使每个人都得到实惠。这种实惠的获得就是以"道"为依据的，"返璞归真"，顺应自然，使人都处于婴儿般的纯真状态，这是他的道德理想。他的学说，最使我们关注的有三点：一是治国之方，二是处世之策，三是养生之道，这全部是为人生而设的。至于所谓宇宙论、本体论等，并不是他学说的本质。

就治国言，老子主张"无为"，即所谓"处无为之事，行不言之教"。"无为"就是不妄为，舍弃一切为己取利之心，一依天地自然的法则行事，不要人为地干涉事物的自然运行。"不言"就是不发号施令，"不言之教"其实是要去掉形式督促，用潜移默化的方式引导社会大众。"多言数穷，不如守中（冲，虚）。"意思是不停地发布号令，骚扰百姓会加速国家的败亡，不如守住清静无为之道，以不变应万变。"治大国若烹小鲜"，烹调小鱼时，不去肠不去鳞，不敢轻易搅动，否则就会糜烂，治理国家也是一样，如果政令烦苛，百姓就会不安而产生社会动乱。"天下多忌讳，而民弥贫；民多利器，国家滋昏；人多伎巧，奇物滋起；法令滋章，盗贼多有。"忌讳、利器、伎巧、法令等，这一切在今人看来是最能展示人的才智或体现人类文明发展的东西，在老子眼里则变成了祸乱之源。他认为绝顶聪明的人治理天下的绝招是不推举所谓的贤人，这样老百姓就不会去争名利；不珍视稀有难得之物，如珠宝之类，这样百姓就不会用非正当手段去谋取；不彰显会引起人贪欲的事物，这样人心也就不会为之迷乱。让百姓心里不要有任何思虑，保持清静；填饱肚子，不要为饥饿奔走折腾。消除他们竞争名利的心志，增强他们的体魄，使他们没有诈伪的心智与贪念，这样天下自然就太平了。但这一切都要从统治者自身做起，故又说："我无为而民自化，我好静而民自正，我无事而民自富，我无欲而民自朴。"

就处世言，老子主张"不争"。不争是一种止息纷争的手段，也是最高的竞争手段。"江海所以能为百谷王者，以善下之，故能为百谷王。是以圣人欲上民，必以言下之；欲先民，必以身后之。""上善若水，水利万物而不争"，它能滋润万物，但不与万物相争，遇圆则圆，遇方则方，即使人们厌恶的卑污之地，它也能泰然处之，而众多的生命反而都离不开它，使它处在了人无法与之相争的崇高地位。这即所谓："夫唯不争，故天下莫能与之争。"由此获得的启示是，在人世争名利、争权势、争各种利益的纷乱中，最好的方式就是"不争"，不争才会使你处于崇高地位。一个人有了功劳，就会以功自居，与人争名誉，争地位，其结果则是非但得不到，还会招致灾祸，故而他强调"功成弗居"。这不仅可以免灾，还可长保福德。故说："夫惟弗居，是以不去。"人在利益面前，总会把自己放在第一位，其结果是可能得了小利而丢了大利。聪明的人是"后其身而身先，外其身而身存。非以其无私邪？故能成其私"。人总想战胜别人，显示自己的强大，其实最强大的是"柔"。"天下莫柔弱于水，而攻坚强者莫之能胜，以其无以易之。""人之生也柔弱，其死也坚强。万物草木之生也柔脆，其死也枯槁。故坚强者死之徒，柔弱者生之徒。"人总爱追求满足，尽力保持富贵长存，老子则说："持而盈之，不如其已。揣而锐之，不可长保。金玉满堂，莫之能守。富贵而骄，自遗其咎。"人总爱表现自己，夸耀自己，老子则说："不自见，故明；不自是，故彰；不自伐，故有功；不自矜，故长。"最智慧的人是以拙、愚的状态表现出来，使世人对他几乎视而不见，即所谓"大智若愚"、"大巧若拙"。

就养生言，老子主张"虚静"。人之所以好争，是因为人有欲望，并且难以满足。这不仅引起了世间的纷争，而且也使人伤神劳心，使自己的生命消耗在对贪欲的追求之中，故而老子强调人要戒欲、知足、淡泊、无为。他说："五色令人目盲，五音令人耳聋，五味令人口爽，驰骋田猎令人心发狂，难得之货令人行妨。是以圣人为腹不为目。"五色、五音、五味等，这里所铺陈的是一种纵情声色犬马的享乐生活，表面上是幸福与快乐的形态表现，是物质文明带给人类的享受，实则在这种物欲的追求中，人的生命受到了很大损伤。"腹"与"目"代表了人类生活的两个方面，"腹"代表的是生命的需要，"目"代表的是享乐欲望。为"腹"是根本，是对生命的关切；为"目"则是满足感官的欲求，而这却是以损伤生命为代价的。因为感官的功能是用于维持人的生存的，而享乐则是通过对感官的强烈刺激来达到欢娱目的的，这样便背离了自然之道，必然损伤人的自然真性。所谓"目盲"、"耳聋"，就是指物欲享乐给生命带来的损耗而言的。在自然状态的生死淘汰中，有长寿者，有短命者。但有一部分人本可长寿而却短命，这是因为"生生之厚"，求生太过了，奢侈淫逸，纵情酒色，糟蹋了性命。还有另一种情况，欲望追求，不知满足，结果招致灾祸，即所谓"罪莫大于可欲，祸莫大于不知足，咎莫大于欲得"。为此，破这个"欲"字就非常重要。破"欲"的方法就是"知足"。"知足不辱，知止不殆，可以长久。"河上公解释为："知足之人，绝利去欲，不辱其身。知可止，则财利不累身，声色不乱于耳目，则身不危殆也。人能知止足，则福禄在己，治身者神不劳，治国者民不扰，故可长久。"知足则要"见素抱朴，少私寡欲"，要虚静淡泊，使心灵处于清明状态。老子说："致虚极，守静笃。"虚静才是养生的根本。人心本是清明的，而后天的种种欲望追求及各种繁杂的知识搅乱了人的心境，使人心处在浮动不安的状态中，所以需要极力"致虚"、"守静"，恢复心灵的明净。"夫物芸芸，各归其根。归根曰静，静曰复命，复命曰常，知常曰明。不知常，妄作，凶。"回归本原曰"归根"，复归本性曰"复命"。"常"是事物不易的法则，"明"是对事物永恒法则的领悟。生命只有在"静"中才能获得复生，也只有在领悟生命的法则中，才能使心灵归于"静"的状态。如此才能符合自然之道，体道而行则可"没身不殆"。

老子的哲学，可以说是极通俗的哲学，人人都能懂，人人都能接受，却很难做到。江瑔说老子"尽泄天地之秘藏"，是因他抓住了事物的根本——即《汉书·艺文志》所说的"秉要执本"，抓住了人们平时所忽略了的道理。老子就是要教给人从反面思考问题的方法，他几乎把一切问题都倒了过来。你想得到某种利益吗？那就先付出一点，"将欲夺之，必固与之"；你想削弱对方的势力吗？那就让他先张狂，"将使弱之，必固强之"。夸夸其谈会显得知识很渊博吗？其实"知者不博，博者不知"。所谓"天下难事必作于易，天下大事必作于细"、"合抱之木，生于毫末；九层之台，起于累土"、"曲则全，枉则直，洼则盈，敝则新"、"自见者不明，自是者不彰，自伐者无功，自矜者不长"、"知不知上，不知知病"等，无不是从事物的反面看的。所谓老子的辩证法，其实就是指的这种"反"的哲学。他抓住了事物的两极，并看到了两极之间的联系以及其相互转化的本质与规律，故而能见正思反，慎始察终。

但这却是世人所忽略的。

2. 庄子：人生境界

如果说老子讲的是"处世哲学"的话，庄子谈的则是"生命哲学"，因为他表现出的是对生命的极大关切，无论讲"逍遥"，还是谈"齐物"、"养生"，都是围绕维护生命的健康快乐而立说的。老、庄虽同被认为是道家的代表，但老子是想结束混乱的社会纷争，让统治者听己一言；而庄子则只管自己，不管社会，根本不与统治者搭话。老子意识到自己是世界中人，追求在竞争中立于不败之地；而庄子则超然物外，追求一种境界。生与死是每一个人都要经历的，在生与死之间，每个生命都会根据自己的选择画出不同的曲线。选择的道路有多条，

庄子

但方向无非只有两个，一是追求物质的实利，另一是追求精神的境界，老子和庄子选择了不同的方向。老子表面上讲"不争"，讲"无为"，而其实是要以"不争"、"无为"为手段，获取更大的物质实惠。庄子则不然，他完全淡化了物质追求，而把精力凝定在精神的层面上，使心灵达到无牵无挂的自由境界。老子虽然也谈"摄生"，但那只是他理论的插曲；而对于生命意义的追求，则变成了庄子哲学的核心。老子是抽象说理，庄子则用故事讲理。

据《史记》记载，庄子名周，蒙人（今河南商丘），曾做过"漆园吏"。生活时代大约与梁惠王、齐宣王同时。庄子是一个物质上非常贫穷的读书人——这可以想象得到，因为他根本就不考虑生计，甚至贫穷到了以织草鞋为生的程度，有时不得不向人乞粮度日。可是他宁愿饿死，也不愿步入官场。据说，楚威王派使臣来请他出任楚相，他一口回绝："千金重利，卿相尊位也，子独不见郊祭之牺牛乎？养食之数岁，衣以文绣，以入太庙。当是之时，虽欲为孤豚，岂可得乎？子亟去，无污我。我宁游戏污渎之中自快，无为有国者所羁，终身不仕，以快吾志焉。"朋友做了梁国

的大官，他说那官位只不过是臭老鼠的肉而已。友人到他处炫耀富贵，他骂人家是舐痔之徒，赶出门去。他对当时的社会完全采取了不合作的态度。他的朋友很少，真正交情深的只有一个，就是惠施。惠施死了，他哭得很伤心，这也可证明他们的交情。可惠施是他的朋友，也是他的辩敌，两个人的学术观点相去甚远，一见面就辩个不休。最有名的是"濠梁观鱼"的一场辩论。《庄子·秋水》记载：

> 庄子与惠子游于濠梁之上。庄子曰："鲦鱼出游从容，是鱼乐也!"惠子曰："子非鱼，安知鱼之乐?"庄子曰："子非我，安知我不知鱼之乐?"惠子曰："我非子，固不知子矣。子固非鱼也，子之不知鱼之乐矣。"庄子曰："请循其本。子曰女安知鱼乐云者，既已知吾知之而问我，我知之濠上也。"

这场辩论显示的不只是庄、惠二人的机智，更主要的是两个人对事物不同的心态与认识方法。惠施是用科学的态度、逻辑的分析方法，来寻求事物的因果关系，他面对的不是生命，而是客观事物。而庄子则是在心灵与自然的默契中，感受生命的意义。鱼在水中那种出入从容的自得，不正是人世间生命本应获得的一份快乐吗？然而，利益纷争、欲望追求、物累情牵，完全使生命处于焦虑、恐惧、躁动不安之中，难道这不是可悲的吗？

叹人生之可悲，羡鱼游之从容，由此出发，我们来看庄子哲学的终极目标。他不是像惠施所代表的名家那样，讨论名实概念范畴的问题，也不像老子那样在对道的把握中，游刃于权谋方略之中，更不像儒墨那样为天下劳形伤神，消耗生命。他是要让生命超越物累情牵的俗世泥淖，开拓一个新的人生境界，获取充分的自由与快乐。他认为一切都是身外之物，唯有生命是属于自己的，因而生命才是人生最根本、最宝贵的东西，人的一切追求，都应该以保持生命的健康、独立、自由和快乐为原则。

在对于生命意义的追求中，最大的障碍来自两个方面：一是生存忧虑，另一是欲望困扰。前者使庄子感到莫大的痛苦，因为他生活在一个"窃钩者诛，窃国者为诸侯"的强盗世界里，看到了"殊死者相枕也，桁杨者相推也，刑戮者相望也"

（《在宥》）的残酷存在，生死无常，动辄得咎。《山木》讲了这样一个故事："庄子行于山中，见大木，枝叶盛茂，伐木者止其旁而不取也。问其故，曰：'无所可用。'庄子曰：'此木以不材得终其天年。'夫子出于山，舍于故人之家。故人喜，命竖子杀雁而烹之。竖子请曰：'其一能鸣，其一不能鸣，请奚杀？'主人曰：'杀不能鸣者。'明日，弟子问于庄子曰：'昨日山中之木，以不材得终其天年；今主人之雁，以不材死。先生将何处？'庄子笑曰：'周将处夫材与不材之间。'"整个社会都处在吉凶未卜、动乱不安之中，无论"材"与"不材"，祸福都难预料，人终日生活在恐惧之中，这样的生存景况，这样的心理感受，能不痛苦吗？再则，人活着就有口腹之累，在《至乐》篇中描写了其与骷髅的对话，骷髅说什么都不愿意复活，就是因为活着太苦，不如死后能获得解脱。

说到欲望困扰，这更是人生一大患。因为生命是人存在的根本，只有生命存在，才能谈其他。人们本应该珍爱它，在健康与快乐中完成生命的历程。但世人不知珍爱，反而滥用生命力，为了种种欲望劳心伤神，使生命之光在欲望的膨胀与追求之中走向毁灭，这难道不悲哀吗？欲望是生命意义追求中最大的障碍，因为它使生命偏离了健康发展的方向。如"天下之所尊者，富贵寿善（令名）；所乐者，身安、厚味、美服、好色、音声"，如果得不到，就会"大忧以惧"（《至乐》）。富贵之人，"五色乱目"、"五声乱耳"、"五臭薰鼻"、"五味浊口"、"趣舍滑（乱）心"，这是对生命的残害。"趣舍声色以柴其内，皮弁鹬冠搢笏绅修以约其外，内支盈于柴栅，外重纆缴"（《天地》），简直与犯人差不多。然而，"富者苦身疾作"，一味地为财而劳心劳神；"贵者夜以继日思虑善否"，一味为仕途官运而绞尽脑汁（《至乐》）。庄子《齐物论》中曾这样描写俗世的心态：

> 其寐也魂交，其觉也形开。与接为构，日以心斗。缦（柔奸）者、窖（阴险）者、密（深藏）者。小恐惴惴，大恐缦缦（惊恐失神貌）。其发若机栝，其司是非之谓也；其留如诅盟，其守胜（静待机宜）之谓也；其杀如秋冬，以言其日消也；其溺之（于）所为之，不可使复之也；其厌（闭塞）也如缄，以言其老洫（老洫无水，全不流动）也。近死之心，莫使复阳（生）也。

人生活在如此的焦虑之中，哪里还有幸福快乐可言呢？庄子把这种心称作"近死之心"。他又说：

> 一受其成形，不亡以待尽。与物相刃相靡，其行尽如驰，而莫之能止，不亦悲乎！终身役役而不见其成功，苶然疲役而不知其所归，可不哀邪！人谓之不死，奚益？其形化，其心与之然，可不谓大哀乎！人之生也，固若是芒（昏惑）乎？其我独芒而人亦有不芒者乎？

在欲望之心的驱动下，人不是以物养生，而是使生命变成了欲望的奴隶，为物欲所驱使，"终身役役"而不自觉。生命的生机与意义，在利益追逐中完全丧失了。

要想使生命获得生机与真实的意义，必须从生活的烦恼中解脱出来，超越生死、是非、贫富、贵贱、利害、善恶等世俗生活观念的层面，进入一个新的生命境界，使心灵处于无牵无挂的"逍遥"境地。于是庄子提出了"齐万物，等生死，同是非"的理论。"天地与我并生，万物与我为一"，取消物与我的对立，泯其界域，物即我，我即物，物我两忘，与自然化为一体。著名的"庄周梦蝶"的故事，即反映了他的这一观点。所谓生与死、是与非都是相对而存在的。"方生方死，方死方生，方可方不可，方不可方可。"老婆死了，他非但不哭，反而鼓盆而歌，说：本来就没有她，后来有了她，现在又没有了她。这就像春夏秋冬四时迭起循生一样，自然不必要悲伤了。至于是非，本来就是此亦一是非，彼亦一是非，是没有定论的。毛嫱、西施长得很美吗？可是"鱼见之深入，鸟见之高飞，麋见之决骤"。在潮湿的地方睡觉就会患风湿病吗？泥鳅为什么不？他要人们用这种方式打破自我中心主义，最大限度地减少与外界的摩擦，从而使心灵达到逍遥自得的境地。

在《让王》篇中，庄子讲到了"曾子居卫"的故事：

> 曾子居卫，缊袍无表，颜色肿哙，手足胼胝。三日不举火，十年不制衣。正冠而缨绝，捉衿而肘见，纳屦而踵决。曳縰而歌《商颂》，声满天地，若出金石。天子不得臣，诸侯不得友。故养志者忘形，养形者忘利，致道者忘心矣。

这是一个典型的不为物累、不为情伤的安贫乐道者的形象。生存之忧、欲望之惑在这里完全被丢弃，他已完全从世俗的情怀中解脱。他追求的是心灵的一份安稳，坚持的是人性健康发展的方向，贫病饥寒都无法让他改变这个方向，因而在逍遥自得中，使生命保持着健康、快乐、自由的状态，保持着勃勃的生机。这也正是庄子所追求的境界。

总之，庄子的哲学，是痛苦时代酝酿出的哲学，是为解脱人生的痛苦而产生的。他淡化了物质层面的追求，走进的是一个更高的人生境界与层次。

老子、庄子的理论，听起来都能接受，但要操作仍需修炼一番。

第二节　墨子、荀子与韩非子

墨子曾受业于儒者之门，荀子是战国末儒家最大的代表，韩非子是荀子的学生。三人与儒皆有关系，而他们的思想主张却相差甚远。墨子讲平等，荀子讲隆礼，韩非讲法术，各有所重，但目标却只有一个，让社会走向统一，建立新的秩序。

1. 墨子：和平主义

在先秦诸子中，墨子是谜团最多的一人。《史记·孟子荀卿列传》只有二十四字的记载："盖墨翟，宋之大夫，善守御，为节用。或曰并孔子时，或曰在其后。"后来人关于他姓甚、名甚、何处人氏、生于何时等，都歧说纷纭。《元和姓纂》云："墨氏，孤竹君之后，本墨台氏，后改为墨氏。战国时宋人墨翟，著书号《墨子》。"孔稚珪《北山移文》则称墨子为"翟子"，似乎其又姓翟。江瑔《读子卮言》有《墨子非姓墨》一章，也以为墨非其姓。钱穆以为墨子因受墨刑而称墨，杨向奎认为墨翟是目夷之别写，胡怀琛、卫聚贤等以为因面目黑而名墨。至于其国别，则有宋人说（葛洪《神仙传》、杨倞《荀子注》）、鲁人说（《吕氏春秋·当染》，孙诒让本之）、楚人说（毕沅、武亿以"自鲁往见荆王"之鲁为鲁阳，即楚邑）。20世纪又出现了阿拉伯人、印度佛教徒等说。如卫聚贤《古史研究》第二册《墨子小传》说《墨子·公孟》篇有人名"跕鼻"，即低鼻，墨子称中国人低鼻，则其自为高鼻。孟子说："墨子兼爱，摩顶放踵，利天下为之"，"摩顶"是秃头，"放踵"是赤足。秃顶赤足，利天下为之，这分明是苦行僧的形象。关于他的身份，又有贵族、平民、奴隶、宗教徒等种种不同。

但无论关于墨子的身世多么神秘，墨子的思想、行为以及他的为人，我们还是看得很清楚的。他是一个和平主义者，一生为反侵略、反战争而奋斗不已。听说楚国要攻宋，他便一面派弟子帮宋国守城，一面不辞劳苦十天十夜跑到楚国制止出兵。听说鲁阳文君要攻郑，则又风尘仆仆跑去劝阻。齐国要攻鲁，他也是极力劝阻。为此一生奔波不已。故《文子》云："孔子无黔突，墨子无煖席，非贪禄也，欲为天下除害耳。"《庄子·天下》也说墨者"日夜不休，以自苦为极"。有人说墨子是平民阶级

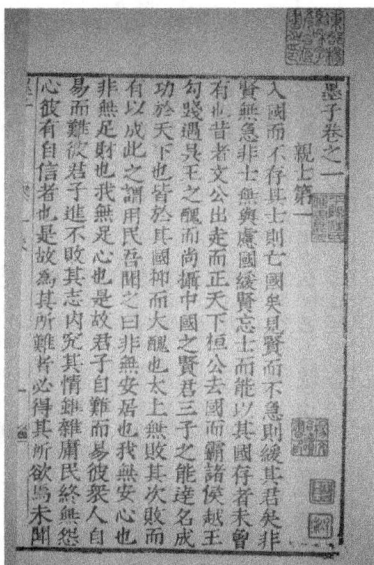

《墨子》书影

的思想家，看来也不无道理。从他的吃苦精神来看，贵族出身的人实难忍受。在那个时代，人人都想平息社会动乱，使天下恢复和平、稳定，但采取的方式显然各有不同。儒家和法家以及道家，都是想通过君主的手来实现自己的理想，希望君主能采纳自己的治世方案。但墨子却不同，他要靠自己的力量来实现理想，为此组织起了一个带有宗教性质的集团，由这个团体的人共同行动来完成理想。可以说他是一个实践家与布道者，他的最高目标就是建立一个"兼相爱交相利"的和平社会。

墨子认为天下之所以处于动乱与战争之中，就是因为人们"不相爱"。"天下之人皆不相爱，强必执弱，富必侮贫，贵必傲贱，诈必欺愚。凡天下祸篡怨恨其所以起者，以不相爱生也。"要想消除"乱"，就只有"兼爱"。兼爱就是人人平等相爱，"视人之国若视其国，视人之家若视其家，视人之身若视其身"（《兼爱》中）。近代西方的平等博爱思想传入中国，国人虽惊以为高，却不知早在两千多年前，中国就产生了这种思想。在战争频发的今天，墨子的思想对我们无疑是有启发意义的。

以和平社会为目标，以兼爱思想为核心，墨子还提出了系统的治世理乱方案。在《墨子·鲁问》中清楚地表述了他思想的十大纲领：

> 国家昏乱，则语之尚贤、尚同（政治观）；国家贫，则语之节用、节葬
> （经济观）；国家熹淫湛湎，则语之非乐、非命（生活观）；国家淫僻无礼，
> 则语之尊天、事鬼（宗教观）；国家务夺侵凌，则语之兼爱、非攻（道德
> 观）。

这十大纲领的基本精神就是平等，要强者勿凌弱，富者、贵者勿浪费材用，与平民齐等，甚至政治上也要求平等。这里最令人惊诧的是他的政治学说与经济学说。他在政治上主张尚贤、尚同，要求"选择天下贤良、圣知、辩慧之人，立为天子，使从事乎一同天下之义"（《尚同》中）。这实际上是要建立民选政府，废除贵族统治。又言："虽在农与工肆之人，有能则举之……故官无常贵，而民无常贱。"（《尚贤》上）君主是民主选举，贤能由君主任用，这确实有些共和国的性质了。在经济上主张节用、节葬，要求人人劳作，"赖其力者生，不赖其力者不生"（《非乐》上）。要社会上的人都能各尽所能，"凡天下群百工……各从事其所能"（《节用》中）。显然他的这种思想与等级社会的要求是不相符的。在两千多年前能产生这样近于近代社会的思想，也足以显示墨子的胆量和智慧了。

2. 荀子：隆礼主义

如果说墨子的基本精神是平等的话，荀子则正好与之相反，是绝对不要平等的。他强调的是"礼别异"的礼。孔、孟都强调礼，但孔、孟之礼，有浓郁的道德意味，而荀子的礼，则更多的是制度化倾向，具"定伦"、"明分"的功能。

荀子是先秦儒家的最后一位大师，赵国人，姓荀名况，字卿，又名孙卿，《汉书·艺文志》就称他的书为《孙卿子》，这主要是因为"孙"、"荀"古音相通的原因。荀子有两个得天独厚的条件，一是他是战国的最后一位学者，故有机会总百家之长，以之丰富、充实自己的学说；二是他的年寿很高，可能超过了百岁，秦统一六国时他还在世，故有丰富的阅历。这两个条件，使他的学说内涵丰富而又平实沉稳，不务虚夸，有很大的实践可能性。在先秦时代，荀子的影响看来要大于孟子，孟子活动于东方的齐梁之间，而荀子则生于赵，游于齐，南至楚，西入秦，将儒家的学说传遍了全国各地。故当时有人视荀子为"圣人"，称"今之学者，得孙卿之遗言余

教，足以为天下法式表仪。所存者神，所遇者化，观其善行，孔子弗过"（《尧问》）。先秦诸子以崇古相胜，孔子从文化的角度推出了文王、周公，墨子便推出了更为古老的夏禹，孟子则更往上推举出了尧舜，庄子则把"至德之世"推到神农氏之前的太古时代，一个比一个古老。到荀子则无法再往前推了，结果来了个一百八十度的大转弯，提出了"法后王"的口号。这"后王"其实就是周盛世之王。之所以要法周王，就是因为周崇尚礼。他说："礼莫大于圣王。圣王有百，吾孰法焉……欲观圣王之迹，则于其粲然者矣，后王是也。"所谓尧舜禹汤等，那都太久远了。"欲知上世，则审周道。"（《非相》）周是最后的王朝，其文物粲然，礼法昭然可见，效法周道，自然是最实际可行的方略。

荀子的思想可以说是以"性恶"为基石，以"劝学"为起点，以"隆礼"为核心，以"四海一家"为终极目标。他的"性恶说"，是遭人攻击最多的理论。"性恶说"认为："人之性恶，其善者伪也。""伪"是人为的意思。"不可学、不可事而在人者谓之性；可学而能、可事而成之在人者谓之伪。"（《性恶》）人之恶性"必将待师法然后正，得礼义然后治"（《性恶》）。这样，这一理论又归结到了"礼"上。他强调学习，实际上也是从礼出发的。"在物者莫明于珠玉，在人者莫明于礼义。"（《天论》）礼义可以美人之身，故说："君子之学也以美其身"，"始乎诵经，终乎读礼"（《劝学》）。"故礼之生，为贤人以下至庶民也，非为成圣也；然而亦所以成圣也，不学不成。"（《大略》）

在荀子看来，礼是治乱的根本。他认为："人生而有欲，欲而不得，则不能无求；求而无度量分界，则不能不争。争则乱，乱则穷。"（《礼论》）这样看来，欲望是人间动乱的根源。《王制》篇云："物不能澹（赡）则必争。"人的欲望没有止境，而有限的财物又不可能满足所有人的需求，如此则必然会因争夺财物而发生动乱。《荣辱》篇亦云："从（纵）人之欲，则势不能容，物不能赡也。"面对这种情况，最有效的办法就是采取礼制。礼具有"节欲"与"足欲"双重功能。礼将人分为贫富贵贱不同的等级，每一个等级的人在物质享用上都有规定，人不能超越礼。这是"节欲"，即《致士》篇所云："程者，物之准也；礼者，节之准也。程以立数，礼以定伦。"《礼论》篇亦云："礼者，以财物为用，以贵贱为文，以多少为异，以隆杀为要。"这是说，车服旗章的装饰，物用的多少，礼的厚薄，都是用来区别贵贱的。而由于礼的规定，使每一个等级的人都可以满足其级别的需求，这是"足欲"。故荀子云："先王恶其乱也，故制礼义以分之，以养人之欲，给人之求，使欲必不穷乎物，物必不屈于欲，两者相持而长。"（《性恶》）又云："先王案为之制礼义以分之，使有贵贱之等，长幼之差，知贤愚、能不能之分，皆使人载其事而各得其宜，然后使悫禄多少厚薄之称，是夫群居和一之道也。"（《荣辱》）这一理论，对于遏制人类因无节制的物欲追求而带来的危机，应该说是有一定借鉴意义的。

以"礼"为核心，荀子推衍出了一套为人、为君、为官的理论。在他的著作中，像《劝学》《修身》《不苟》等，是关于为人的；像《臣道》篇，是关于为臣的；《君道》《君子》《王制》等，是关于为君的。就做人言，他强调以礼修身。"礼者，所以正身也。"（《劝学》）"人无礼则不生，事无礼则不成国，家无礼则不宁。"（《修身》）。礼可以通过学习获得，"君子之学也，以美其身"（《劝学》）。命运也可以通过学习改变："我欲贱而贵，愚而智，贫而富，可乎？曰：其唯学乎？"（《儒效》）他像孔子一样强调君子人格，如曰："君子之求利也略，其远害也早，其避辱也惧，其行道理也勇"；"君子贫穷而志广"；"君子宽而不慢"等。就做官言，他一方面强调"以礼侍君，忠顺而不懈"（《富国》）；另一方面则揣摩固宠全身之术，如曰："持宠处位，终身不厌之术：主尊贵之，则恭敬而僔（僔，谦退）；主信爱之，则谨慎而嗛；主专任之，则拘守而详；主安近之，则慎比而不邪；主疏远之，则全一而不倍；主损绌之，则恐惧而不怨。贵而不为夸，信而不处谦，任重而不敢专。财利至，则善而不及也，必将尽辞让之义，然后受。福事至则和而理，祸事至则静而理。富则广施，贫则用节。可贵可贱也，可富可贫也，可杀而不可使为奸也。""求善处大重，理任大事，擅宠于万乘之国，必无后患之术。莫若好同之，援贤博施，除怨而无妨害人。能耐任之，则慎行此道也；能而不耐任，且恐失宠，则莫若早同之，推贤让能，而安随其后。如是，有宠则必荣，失宠则必无罪。是事君者之宝，而必无后患之术也。"（《仲尼》）就为君而言，他强调以礼治国："以礼分施，均遍而不偏"（《富国》）；强调平政爱民："马骇舆，则君子不安舆；庶人骇政，则君子不安位。马骇舆，则莫若静之；庶人骇政，则莫若惠之。选贤良，举笃敬，兴孝弟，收孤寡，补贫穷。如是，则庶人安政矣。庶人安政，然后君子安位。传曰：'君者，舟也，庶人者，水也；水则载舟，水则覆舟。'此之谓也。故君人者，欲安，则莫若平政爱民矣；欲荣，则莫若隆礼敬士矣；欲立功名，则莫若尚贤使能矣——人君之大节也"（《王制》）；强调君的协群能力："君者，何也？曰：能群也。能群也，何也？曰：善生养人者也，善班治人者也，善显设人者也，善藩饰人者也。善生养人者人亲之，善班治人者人安之，善显设人者人乐之，善藩饰人者人荣之。四统者具，而天下归之，夫是之谓能群"（《君道》）。值得思考的是，荀子的为人、为君的理论，都能出于正道，可是在谈到为官时，却特别强调保护自己，这无疑是官场自古多风险的反映。

《荀子》一书中有许多经验性很强的精辟之论，如曰："非我而当者，吾师也；是我而当者，吾友也；谄谀我者，吾贼也。故君子隆师而亲友，以致恶其贼。"（《修身》）"与人善言，暖于布帛；伤人之言，深于矛戟。"（《荣辱》）"高上尊贵，不以骄人；聪明圣知，不以穷人；齐给速通，不争先人；刚毅勇敢，不以伤人；不知则问，不能则学，虽能必让，然后为德。遇君则修臣下之义，遇乡则修长幼之义，遇长则修子弟之义，遇友则修礼节辞让之义，遇贱而少者，则修告导宽容之义。无不爱也，无不敬也，无与人争也，恢然如天地之苞万物。如是，则贤者贵之，不肖者亲之。"（《非十二子》）这

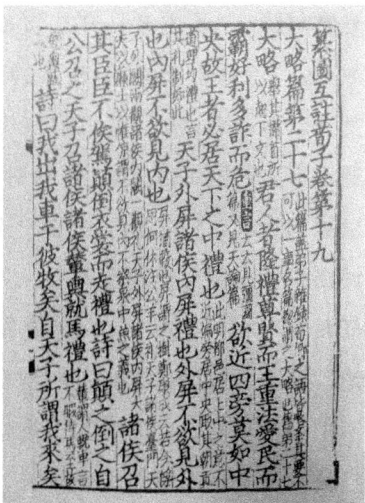

荀子

些格言式的教诲，在今天看来也是很有教育意义的。

3. 韩非子：专制主义

在荀子的理论中，有明显的尊君倾向。到了韩非，则把这种尊君理论发展成为"专制主义"。韩非是韩国的贵公子，是大儒荀卿的学生。可是他的那一套与荀子完全不同，或者说是超越了荀子。荀子主张尊君，是要打造精神与政治合一的领袖；而韩非子只是要成就统一帝国的政治领袖，至于道德精神则全不要了。荀子说人性恶，是要通过教育让人归于正，合于礼；而韩非子则是把所有的人都看成是坏人，让君主不要相信任何人。《史记》本传说他"为人口吃，不能道说，而善著书"、"喜

刑名法术之学，而其归本于黄老"。他的一套理论大受秦始皇赏识，但他还没有来得及为秦始皇重用，就被他的老同学陷害死于狱中。

秦始皇为什么会对韩非子感兴趣呢？因为秦始皇是一位极端的专制主义者，而韩非子的一套理论就是专为专制君主设立的。韩非子思想中最核心的三个字是法、术、势，而这三者无一不是从专制者获得利益的角度去考虑的。所谓"法"就是法令，是要让天下百姓都必须晓知的行为规则。用韩非子的话说："法者，编著之图籍，设之于官府，而布之于百姓者也。"（《韩非子·难三》）"法"最主要的内容就是赏与罚。"人主者，守法责成以立功者也。"君主只要把握赏罚，国便可治而强，故云："治强生于法。"在法的面前，没有是非，不讲感情，为君者只考虑如何依法赏罚，不考虑"仁下"；为臣者则考虑死力守职，不考虑"忠君"。"君通于不仁，臣通于不忠，则可以王矣。"（《外储说右下》）"明主之国，臣不得以行义成荣，不得以家利为功，功名所生，必出于官法。"（《八经》）这显然是一种非常偏激的做法，说白了就是仁义道德全不要，只要法。法操握于君主之手，"事成君收其功，败则臣任其罪"（《八经》）。一定要保证君主的绝对权威性与绝对正确性。关于行法的典范，韩非子曾举过秦昭王的例子。秦昭王病了，有百姓买牛为他祈祷。昭王知道了，不但没有嘉赏，反而重罚了祷告的人，因为他擅自为祷。昭王的理论是："夫非令而擅祷，是爱寡人也。夫爱寡人，寡人亦且改法而心与之相循者，是法不立；法不立，乱亡之道也。不如人罚二甲而复与为治。"（《外储说右下》）

所谓"术"，指的是权术，是君主驾驭臣子的手段。韩非子云："术者，因任而授官，循名而责实，操杀生之柄，课群臣之能者也。"（《定法》）"法"是要让天下人都明白的，而"术"则是"藏之于胸中，以偶众端，而潜御群臣者也"（《难三》）。比如："商太宰使少庶子之市，顾反而问之曰：'何见于市？'对曰：'无见也。'太宰曰：'虽然，何见也？'对曰：'市南之门外，甚众牛车，仅可以行耳。'太宰因诫使者：'无敢告人吾所问于汝。'因召市吏而诮之曰：'市门之外，何多牛屎？'市吏甚怪太宰知之疾，乃悚惧其所也。"（《内储说上》）这就是术的具体应用。

所谓"势"，就是权力、权势，这是君主一刻都不能丢掉的。故韩非子说："权势不可以借人。"（《内储说下》）"夫势者，便治而利乱者也。"（《难势》）"势足以行法。"（《八经》）有了权力，才可以禁暴、绝奸。

君主与法、术、势三者的关系可以用驾车马作喻，法如道路行轨，术如驾驭的技术，"国者，君之车也；势者，君之马也"（《外储说右上》）。以术驭马，驾车行道，便可行至千里。这就是韩非子理论的主体。在韩非子看来。君主最主要的是要把"势"——权力紧紧掌握在手里，而且要用"术"操纵"力"，来向臣下百姓行使法令——赏、罚，如此天下便可大治了。在法的面前，没有"仁"，没有"义"，根本不能相信臣下的忠心，君臣不同利，绝对没有忠爱可言，只有法来说话。《汉书·艺文志》说法家"无教化，去仁爱，专任刑法，而欲以致治，至于残害至亲，伤恩薄厚"，这对于韩非子来说，还是很恰当的。

韩非子一方面从专制者的角度出发，总结并揣摩出了种种控制臣下的方法与手段。同时从专制的前提出发，也为臣下设计出了取信于君的种种方略。最典型的是《说难》篇。所谓"说难"，就是指向人主进说之难，也就是取信于君之难。他认为取信于君最大的难度在于"知所说之心，可以吾说当之"，即了解君主的心理需求，而采取相应的措施，投其所好。君主心理深不可测，一旦触犯逆鳞，便有性命之忧。但要靠近他，取信于他，改变自己的命运，又"不可不察"、"不可不知"。鉴于此，韩非子在深入揣摩人主心理和总结历史教训的基础上，提出了一系列进说之术。他提出进说大要在于"知饰所说之所矜而灭其所耻"，即懂得满足君主自我夸耀的心理欲求，掩盖其所自以为羞耻的行事。其次提出了八种进说的谋略：

第一，借公义之名劝急私之行。即所谓"彼有私急也，必以公义示而强之"。

第二，以卑下为高尚，鼓励其不能自已之行。即所谓"其意有下也（如声色犬马之好），然而不能已，说者因为之饰其美而少其不为也"。

第三，以高尚为卑下，劝止其无法达到的目标追求。即所谓"其心有高也，而实不能及，说者为之举其过而见其恶，而多其不行也"。

第四，给君主提供自我夸耀的根据。即所谓"有欲矜以智能，则为之举异事之同类者，多为之地（根据），使之资（借）说于我，而佯不知也，以资其智"。

第五，纳言必以合于私利以相诱。即所谓"欲内（纳）相存之言，则必以美名明之，而微见其合于私利也"。

第六，劝止必以合于私患相危。即所谓"欲陈危害之事，则显其毁诽而微见其合于私患也"。

第七，借桑说槐，以免阿谀之嫌。即所谓"誉异人与同行者，规异事与同计者。有与同污者，则必以大饰其无伤也；有与同败者，则必以明饰其无失也"。

第八，顺风行舟，不扫君主之兴。即所谓"彼自多其力，则毋以其难概（量米器，这里做动词，平抑之意）之也；自勇其断，则无以其谪（过失）怒之；自智其计，则毋以其败穷（窘）之"。

用今天的观点来看，这真可说是一套揣摩领导意图、以求加官晋爵的绝高招数。其钻营之道虽无道德可言，但对我们了解官场、了解为官者的心理、了解社会，却是大有好处的。而其中所展示出的韩非子的智慧，也使我们领略到了古代权术理论家的风采。

总之，墨子是和平主义者，像救世的苦行者，更多地考虑免除民众的灾难。荀子是"隆礼"主义者，以严肃的面孔对待世界，希图在礼的规定下，完成人的品德修养与社会制度的建立。而韩非子则是专制主义者，以冰冷的心肠与超人的智慧，为专制者提供了一套可运作的程序，促成了统一帝国的实现。

思考题

1. 如何理解老子的处世智慧？

2. 如何评价庄子的人生境界？

3. 老子与庄子思想有何异同？

4. 墨子的基本主张是什么？

5. 简述荀子关于礼的论述。

6. 荀子"性恶论"与孟子"性善论"，你认为哪一种理论比较正确？为什么？

7. 比较墨子与荀子思想的异同。

8. 韩非子思想的核心是什么？

9. 如何评价韩非子关于"术"的理论？

参考书目

杨荣国：《中国古代思想史》，北京，生活·读书·新知三联书店，1954。

韦政通：《先秦七大哲学家》，南京，江苏教育出版社，2006。

陈鼓应:《老子注译及评介》,北京,中华书局,1984。

方勇、陆永品:《庄子诠评》,成都,巴蜀书社,1998。

王焕镳:《墨子校释》,杭州,浙江文艺出版社,1984。

王天海:《荀子校释》,上海,上海古籍出版社,2005。

陈奇猷:《韩非子新校注》,上海,上海古籍出版社,2000。

5 | 第五编
文 学

　　《说文》云："文，错画也。象交文。"在甲骨金文中，"文"字像一个人正立形，胸部有刻画的文饰，因此朱芳圃《殷周文字释丛》以为即"文身"之"文"的本字。人体文饰谓之文，由此引申，文便有了花纹、纹理、文采、文字等种种含义。日月星辰为天之文，水文山脉为地之文，诗书礼仪为人之文。"文学"则是指人用语言文字创造的精神产品。《论语》中即出现了"文学"一词，但指的是"文章博学"或"经籍文献"，不是现在意义上的文学。今天所说的"文学"，古代只用一个"文"字来表示。如《后汉书》《晋书》《魏书》《北齐书》等，皆把以文章见称的文士列入《文苑传》。所谓"文苑"犹今所谓"文坛"，"文"即指"文辞"。昭明太子编《文选》，也是用一个"文"字概括文艺作品。梁萧子显撰《南齐书》，始列《文学传》。其后姚思廉撰《梁书》《陈书》，亦改《文苑传》为《文学传》，以为"文即兼学"，故曰"文学"。刘昫撰《唐书》，则又改称"文苑"。其后宋、明、清著史书，亦皆以"文苑传"称。在中国方志中则或作《艺文志》，或作《文词志》，或作《丽藻志》，其所容纳的多半是所谓"文学"的那种东西。欧阳修修《新唐书》，则改"文苑"为"文艺"，并声明"但取以文自名者为'文艺'篇"，这大概是把写文章作为一门技艺来认识了。即如宋周敦颐《通书·文辞》所说："文辞，艺也。"后来元人修《金史》，亦沿用此称。

今天所用的"文学"概念，是从日本引进的。鲁迅在《门外文谈》中就曾说过："用那么艰难的文字写出来的古语摘要，我们先前也叫'文'，现在新派一点的叫'文学'，这不是从'文学子游子夏'上割下来的，是从日本输入，他们的对于英文 Literature 的译名。"然而自从这个概念输入以来，中国古代文学研究领域始终就没有平静过。从 19 世纪与 20 世纪之交第一部《中国文学史》始，一部接一部的中国文学史著作，都将经、史、子、集纳入"文学"的范畴，而进行着"史"的寻绎。理论研究界则对这种现状表现出了极为不满的态度，认为把不是"文学"的东西也装到了"文学"的菜篮子里。于是又出现了所谓"纯文学"与"杂文学"、"理智文学"与"感情文学"等的探讨与争议。一直到 20 世纪末，争论还在持续。这种争论主要原因有二，一是舶来的"文学"概念所携带的意义与中国传统所谓的"文学"固有的意义相冲突。在中国文化传统中，即前所说，"文学"指"文章博学"或关于文章典籍的学问，并非专指文艺作品。二是外来"文学"概念所携带的意义与汉语语义体系的冲突。从汉语的语义体系而言，"文"本可指诗文等文艺作品，而"学"字则有"学问"、"学识"、"学说"、"学科"之意，有研究的意味在内。其构词范例，如"法学"是指研究法律的学科，"哲学"指研究哲理的学科，"史学"指研究历史的学科，"政治学"指研究政治理论的学科。那么，"文学"呢？顾名思义，则应该指研究"文"之学科，而现在却指向了文艺作品本身。这显然"名"、"实"之间出现了问题。现在看来，用"文艺"这个词来指称文学作品或创作，比"文学"一词是要好一些的。因为诗文创作本身就是一门艺术。不过现在大家既然已经接受了这个概念，我们也只好"将错就错"了。在现代学术分类中，文学则与史学、哲学并峙，而成为一大学科。在传统的四部分类中，文学则被列为集部。之所以称为"集"，是因为诗文作品多以集的形式保存、流传于世，如总集、别集之类。

第九章　文学概说

中国传统文学理论最强调的一点是"教化"，这一理论发源于《毛诗序》。《毛诗序》一方面强调诗歌"经夫妇，成孝敬，厚人伦，美教化，移风俗"的价值，而另一方面又强调"上以风化下，下以风刺上"的功能，这实是要求文学肩负起社会道德的责任，以保证人性的健康发展与社会的稳定、和平。这一理论在中国古代一直占据着主导地位，成为文学创作的指导思想。故曹丕有"文章经国"之说，宋儒有"文以载道"之论。从这个意义上讲，如果说"史学"是中国文化的一个监督系统的话，那么，"文学"则是中国文化的德化系统。"史"起着法官的作用，"文"起着教官的作用，二者从不同的方面，确保着经学道德精神的落实。

同时，《诗序》又提出了"诗者，志之所之也，在心为志，发言为诗。情于中而形于言"的理论，这是从发生学的角度对文学作出的本体论的认识，强调了诗是个体生命激荡高扬的声音。它是在"心"的"志"和"动于中"的"情"的合一，"志"是带有方向性的欲望追求的体现，"情"则是内在生命冲动的表征。二者合一，构成了一种发自生命意识深处的力量，不可抗拒，也无法抗拒。这一理论，直接影响到了后世文学理论的发展，从陆机的"诗缘情"，到明清人之"情真"、"性灵"诸说，无不渗透着它的精神，而它也确实触及了文学深邃的问题。

在此，需要说明的主要有两个方面，即文学内在的心灵世界与外在的体裁表现问题。以下分而述之。

第一节　文学中的心灵世界

我国传统"四分法"分文学为四大类，即诗歌、散文、小说、戏剧。就其要者言之，诗歌宣泄心中的情感，散文书写不能释怀的事、理，小说勾勒心灵所感受的世界形象，戏剧在演唱故事的同时，又在表达着世俗情怀。文学与哲学、史学以及人类学著作的最大不同，在于文学的情感色彩及其所展示的心灵世界。文学是生命的一种存在形式，因而无论诗、文还是小说、戏剧，其价值重心都在生命姿彩的展现上。因而我们讲文学，首先需要揭示的便是文学中的心灵世界。扬雄有言："言，心声也；书，心画也。"（《法言·问神》）王禹偁《答张扶书》云："夫文，传道明心也。"（《小畜集》卷十八）清代学者纪昀《鹤亭诗稿序》亦云："心灵百变，物色万端，逢所感触，遂生寄托。"（《纪文达公遗集》卷九）所谓"心声"、"心画"、"明心"、"心灵寄托"，无非是说诉诸语言文字的文学乃心灵的图像。心灵世界的展示，是文学最深刻的意义所在。

不过，这里需要首先说明的是，"文学"是一个有着多重意义的存在。王弼《周易略例·明象》云："夫象者，出意者也。言者，明象者也。尽意莫若象，尽象莫若言……意以象尽，象以言著。"此虽非专论文学，而实可揭文学之秘。"言"即语言，是文学的载体；"象"即物象，是生活世界的物质形态；"意"即心意，是作者的心灵表达。"言者所以明象"、"象者所以存意"，言、象、意，正代表着文学的三重世界。旧署为白乐天所作的《金针诗格》，言"诗有三本"、"以声律为窍，以物象为骨，以意格为髓"。"声律"、"物象"、"意格"，所代表的也正是文学的三个不同层面。清李重华《贞一斋诗说》亦言："诗有三要：发窍于音，征色于象，运神于意。"此虽专言诗，实可兼及全部的文学。我们参照前贤的这些理论，将文学划分为三重世界。

文学的第一重是"语言世界"。这是形式层面上的最早被人们所认识的一个世界。刘勰《文心雕龙·情采》篇开首即言："圣贤书辞，总称文章，非采而何？"袁枚《续诗品·振采》说得更明确："明珠非白，精金非黄。美人当前，烂如朝阳。虽抱仙骨，亦由严妆。匪沐何洁？非熏何香？西施蓬发，终竟不臧。若非华羽，曷别凤凰。"没有语言层面的光彩，文学意义是会大打折扣的。中国古代关于文章学的论述，以及所谓字法、句法、章法之类的评说，"艺文志"、"文词志"、"丽藻志"之类的命名，皆产生于对这个世界的探讨。今人所谓的"文学性"、"语言艺术"，多半也是在这个层面上立说的。20世纪初，在关于中国文学界定的讨论中，产生了"杂文学"、"理智的文学"等概念，这些概念的所指，在今人看来，多半都是非文学的文字。而前贤之所以要以"文学"视之，就是因为在语言的层面上，它们表现出来的纤巧弄思的特点，能给人以美感。中国第一部以文学的眼光所编撰的文学选本《文选》，其所取舍的标准就是"综缉辞采"、"错比文华"、"事出于沈思，义归于翰藻"。尽管唐宋古文家，有反华丽文风的倾向，但他们对于诗歌韵律的讲究，对于文章结构的布局，对于表情达意的追求，无一不是在语言的层面上下工夫的。韩愈的《师说》，不过一篇论说文，正是因为语言漂亮，而被认作古文经典之作。李白《上韩荆州书》，如果不是其文辞动人，一封阿谀逢迎的书信，根本不可能进入文学选本。因此可以说语言是文学的第一生命。

第二重是"生活世界"。这是作者着力要展开的内容层面上的一个世界。这个世界漫无边际，现实生活的所有内容，几乎都可以在这里找到。欧阳修《代人上王枢密求先集序书》曰："言以载事，而文以饰言。事信言文，乃能表见于后世。"（《欧阳文忠公文集》卷六十七）这里所谓的"事"，包括了事物、人情、物理，即现实生活的一切内容。戏曲、小说，对于生活故事的描写；诗歌、散文对于景物的描绘、对于抒情主人公形象的表现；辞赋对于事物的描摹，无一不是对生活世界的勾勒。所谓"文学是生活的反映"，正是在这个层面上立说的。20世纪中国文学理论界最大的成就就是充分认识到了文学对生活世界表现的意义。但要注意的是，文学作品中关于这个世界的勾勒，往往是心灵的幻影，而非真实存在的世界。叶梦得《石林避暑录话》中记有如下一段故事：

> 子瞻在黄州……与数客饮江上，夜归，江面际天，风露浩然，有当其意，乃作歌辞，所谓"夜阑风静縠纹平，小舟从此逝，江海寄余生"者，与客大歌数过而散。翌日，喧传子瞻夜作此辞，挂冠服江边，孥舟长啸去矣。郡守徐君猷闻之，惊且惧，以为州失罪人，急命驾往谒。则子瞻鼻鼾如雷，犹未兴也。

苏东坡写"小舟从此逝，江海寄余生"，不过表达的是一种心情，是生活的幻想情景，可是人们却以为真，便闹出了大笑话。因此20世纪把文学的重心放在这个层面上，显然是有问题的。

第三重是"心灵世界"。所谓"心灵"，包括情感、思想、意识、精神、思维、性格、心理、良知等诸多方面，即内在于人的一切。文学不是客观世界的机械反映，而是作者在一定的文化背景下以生活世界为素材，编织出的心灵图像。内在心灵支配着人的外在表现，人的行为实际上是心灵的外向化。因而在文学的"生活世界"背后，隐存着一个无限深广的心灵世界。这个世界的光彩只有文学或艺术才能表现出来。文学之所以能脱离学术之附庸地位而独立，就是因为她表现了史学、哲学等无法表现的心灵世界。她的独立品格，正是在对民族心灵世界的展示中体现出来的。在"语言"的层面上，文学没有独立性可言，她随时可能成为学术、科学的"侍婢"。如明汪机《怪脉》描写医家不治之症的脉相说："雀啄连来三五啄，屋漏半日一点落。弹石硬来寻即散，搭指散乱真解索。鱼翔似有一似无，虾游静中跳一跃。"[1]用文学的语言来装扮科学的论说，实际上是在"语言"的层面上对文学的奴役。在"生活"的层面上，文学也未能体现其个性，因为人类学家的著作，像林耀华的《金翼》、庄孔韶的《银翅》等，也无一不是反映生活的，且局部描写也十分细腻，也有虚构。只有在心灵的层面上，文学才能表现出其独有的风采来。因为历史、哲学、科学等都没法进入这个领域。一种文字一旦具有了展示心灵世界的意义，它便成为文学自身了。

文学的第三重世界，是一个看不见的隐形世界。哲学、史学及科技著作，是有什么说什么，意义全在语言的表层，而文学的深刻意义则在语言的深处。用古人的话说是"意在言外"。在"言外"的那个"意"，就是心灵世界之光。文学的"生活世界"与"心灵世界"是两种不同性质的存在，前者是意识领域的，后者则侧重于无意识领域。20 世纪文学观念所关注的是意识的层面，即作者着意描写的"生活世界"，同时也波及浮动在心灵世界表层的主体情感、思想倾向等。但这个世界的光彩，很大程度上取决于生命的浸入。《垓下歌》与《大风歌》，本出自草莽之夫，却能流传千古，根本的原因就在于这两首诗，浸入了歌者全部的生命，这生命能够撼动读者意识深处的神经。而这"生命"却是看不见的，是属于无意识层面的。印度的《唱赞奥义书》中讲述过这样一个故事：乌达勒恪·阿垄尼对儿子说："孩子，从树上摘一颗无花果来。"儿子摘来了，他又说："把它打开！""打开了，父亲。""里面有什么？""有籽。""把籽破开！""破开了，父亲。""在里面看见有什么啦？""什

---

[1]　（元）戴起宗撰、（明）汪机补订：《脉诀刊误》，90 页，上海，上海科学技术出版社，1958。

么也没有！"阿垄尼于是说："孩子，看不见的才是最精妙的东西，一棵大的无花果树便是由此诞生的！"这个故事充满哲理，它说明真正有价值的东西不在事物的表层，而在其内在意蕴。同样，文学的价值重心，并不在表层的、看得见的、作者用艺术之笔精心构建的生活世界本身，而在于他注入生活世界躯壳的生命色素，即看不见但能感觉到并体悟到的、使生活世界充满灵性和活力的无限广阔的生命情感与精神力量。比如，王之涣的《登鹳雀楼》，可谓妇孺皆知，它的魅力何在呢？固然作者用白日、远山、黄河、大海等自然意象，与"依"、"尽"、"入"、"流"等动态意象，所构建起的宏阔辽远、永恒运转的时空世界，给人们展示出了一种雄宏壮阔之美。然而在此表象的背后我们所感受到的是作者在创作时根本不可能意识到的那种奋发向上的精神风貌，那种奋力把握永恒世界的生命理想，那种人类追求欲的无限冲动，不是更能撼动读者的内心世界吗？此不也正是这首诗的生命力与价值重心之所在吗？

我们可再举杜牧《山行》为例：

> 远上寒山石径斜，白云生处有人家。
> 停车坐爱枫林晚，霜叶红于二月花。

研究者多从此诗表面的描写入手，认为这首诗的妙处在于最后一句"霜叶红于二月花"，把秋天描写得像春天一样美丽。而且还说后面的"红"字与前面的"白"字相互映照，形成了诗篇的色彩美。却忽略了此诗的重心在于对内心世界的展示。作者走出喧闹的城市，游览于曲折的山路之间，闯入他视野的首先是那弯曲的山道上走向白云生处的人，白云生处没有人世间的嘈杂，是多么的祥和、宁静！作者在仕途半生奔波的劳累、厌倦，使他对白云深处的那一户人家，产生了由衷的向往。在那里面对悠闲的白云，可以免除人世间的一切烦恼。可是就在这时，他突然发现了山坳中的一片枫林，经霜的枫叶，尽管生命就要结束，却呈现出了火一样的红色。这燃起了他生活的激情——生命不能就这样结束，它应该展示出最美丽的姿彩。这种心理只有经过长期奔波的人才会有，一个生气勃勃的少年绝对无法体会。短短的四句诗，展示出了作者心灵世界中的巨大反复与波动。如果把这首诗与明秦简王朱诚泳的《山行》诗作一对比，就更容易说明问题了：

> 万木阴阴石径斜，乱山深处有人家。
>
> 春风满耳多啼鸟，涧水流来半落花。

"寒山"给人以凄凉、寡欲的感觉，而"万木"则是繁荣的气象；白云虽悠闲，乱山却是喧闹的。满耳啼鸟、涧满落花，一个清静的山木被表现得如同自然界的闹市。这哪里是写山中的景色，分明是作者荣华富贵心态的展现！

文学的"心灵世界"，就其性质而言，有两个不同区域，一是存于意象之中的心理模式，一是存于"生活世界"背后的心灵表现。这里所谓的"意象"，并非一般性的建构文学中"生活世界"的意象材料，而是在人类经验的无数次重复中所生成的饱含着文化意义的"象"。署名贾岛的《二南密旨》，曾对诗歌中意象的象征意义作过如下的总结：

> 春晚，正风将坏之兆也；夏天，君暴也；夏残，酷虐将消也；秋日，变为明时，正为暗乱也；残秋，君加昏乱之兆也……风雷，君子感威令也；野烧，兵革昏乱也……

又曰：

> 幽石、好石，此喻君子之志也；岩岭、冈树、巢木、孤峰、高峰，此喻贤臣位也；山影、山色、山光，此喻君子之德也；乱峰、乱云、寒云、翳云、碧云，此喻佞臣得志也。

这里所言无疑是诗人惯用的程式套语，但是，越是程式化的东西，越具有文化意义，因为它是在一定的文化氛围中，在心灵的觉解、体悟、接受、传播中形成的心理模式。比如，在古代诗人的笔下，"菊"意象中蕴有高洁、隐逸、傲骨天生、不同凡俗的品格。这一意义的生成，一方面与菊的自然属性相联系，而另一方面则与屈原餐菊、陶渊明爱菊有关。人们一咏菊，就想到了菊花傲寒的品格，想到了屈原"夕餐秋菊之落英"，想到了陶渊明"采菊东篱下"。而且这一意识在历代文人的人格追求中，不断得到强化，于是便把傲寒品格与隐逸君子人格这一"意"熔铸在菊这一"象"中。因而中国文化中的菊意象，便凝结了文人的生活经验与内心体验。同时这一意象，也只有在文人的笔下，才具有这样的意义，因而它隐存的是文人心理模式。

我们仍以杜牧《山行》中的意象为例。"寒山"意象多有凄凉、寡欲、感伤、无所追求之情的意义，如《楚辞·大招》："魂乎无北，北有寒山，逴龙赩只。"（注：逴龙，山名也。赩，赤色，无草木貌也。言北方有常寒之山，阴不见日，名曰逴龙，其土赤色，不生草木，不可过之，必冻杀人也。）李白《泾溪南蓝山下有落星潭可以卜筑余泊舟石上寄何判官昌浩》："沙带秋月明，水摇寒山碧。佳境宜缓棹，清辉能留客。"杜甫《客亭》："秋窗犹曙色，落木更天风。日出寒山外，江流宿雾中。圣朝无弃物，老病已成翁。多少残生事，飘零似转蓬。""石径"意象则与曲径通幽相联系，如李白《寻山僧不遇作》："石径入丹壑，松门闭青苔。闲阶有鸟迹，禅室无人开。"刘长卿《栖霞寺东峰寻南齐明征君故居》："山人今不见，山鸟自相从。长啸辞明主，终身卧此峰。泉源通石径，涧户掩尘容。古墓依寒草，前朝寄老松。"白居易《题天竺南院赠闲元旻清四上人》："山深景候晚，四月有余春。竹寺过微雨，石径无纤尘。"李东阳《和亨大修撰席上联句赠行韵》："石径缘厓半入云，独开斋阁坐斜曛。""白云"意象则与悠闲自得、隐逸相联系，如陶弘景《诏问山中何所有赋诗以答》："山中何所有，岭上多白云。只可自怡悦，不堪持寄君。"王绩《山夜调琴》："促轸乘明月，抽弦对白云。从来山水韵，不使俗人闻。"张说《赠崔公》："我闻西汉日，四老南山幽。长歌紫芝秀，高卧白云浮。"李白《驾去温泉宫后赠杨山人》："待吾尽节报明主，然后相携卧白云。"这样在一首诗中，寒山、石径、白云等构成的意境，便自然把期慕隐逸的心态呈现出来。

文学意象中隐存的都是凝定的静态的心灵图景，而更广阔的气象万千的心灵世界，则隐存在由众多意象构成的生活世界背后。这是一个动态的心灵区域，也是我们需要着力发掘的一个领域。这个领域可分为四个层次。

第一是个性的层次。这是我们接触作品首先能感受到的且研究者难以回避的一个表层层面。许多批评家评价作品艺术的高低，往往是从这个层面上立说的。形象越鲜明生动，感情越具活力，作家的艺术手段越高，同时对于作家及作品个性心灵世界的展示也就越鲜明。在这个层面上，往往是意识与无意识相交织，而更突出的是意识形态领域的东西，是作者着意要表现的思想倾向、情感状态方面的东西。在展示这个层面的时候，作者或作品中的主人公，都有着非常强烈的自我意识，他要向世界公布的就是"我"，是一个独立于任何外物而存在的"我"，用文学批评术语说，就是"这一个"。

第二是群体性的层次。这是在个性层面下覆盖着的一个层次。以前所谓的阶级性，就是这个层面上的东西，所谓的典型意义，也是在这个层面上立说的。社会有各个不同的群体、集团、阶层、行业、地域等，他们的思想感情、性格特点、群体心理等，必然要从个体中表现出来。文学作品在表现个体的形象及情感的同时，不可回避地要表现出其所属群体的思想与行为特点。在此及以下几个层面上，古代文人与现当代作家之间有着显著的不同。古代作家对此及以下几个层面的表现往往是无意识的，因为他们所注意的是"我"与"生活"相遇的那种感受、认识，在创作上没有理论的范式。而现当代作家因为有种种理论的导引、种种观念的先在，因此在这个层面上往往有所用力。20 世纪中叶革命文艺界所大力倡导否定人性而张扬阶级性的行为，即对文学表现群体性层面价值的充分肯定。但因为本文重在讨论古代文学的问题，故以下凡涉及现当代文学创作、理论与研究的问题，一概予以忽略。

第三是民族性的层次。这是一个最基本的层面。一般说来，一部文学作品，如果不能表现这个层面上的东西，就不可能成为传世之作。为全民族所喜爱的文学艺术，无一不是在这方面有突出表现的。《水浒传》的故事之所以为广大民众喜闻乐见，是因为它所讲的是情义，是在社会黑暗势力的压力之下，共同走到一起的人们团结战斗、生死与共的"江湖义气"与"忠心赤胆"。而"忠义"二字正是民族所崇尚、所追求的人生理想。因而这故事可以一直讲下去，这个民族也就可以一直听下去。作者在创作众多的艺术形象与张扬"忠义"精神的同时，不可能意识到这就是民族层面上的东西，也不可能想到作品的生命会因这个层面的存在而得到延伸。但作为文学，只有在这个层面上充分地展示，才具有与世界其他民族进行对话的能力，才有可能在更广阔的时空得到传播。

第四是人性的层次。这是当代作家与批评家最侧重的一个层面。它所表现的是人类共存的东西，因而有着更广阔的空间。在世界民族之林中，文学作为各个民族的精神产品，"民族性"是其具备民族之间对话能力的基础，而其所展示的"人性"层面，则是民族之间能够沟通的依据。比如屈原，他是中国特殊的历史造就的人物，是忠奸斗争中一个可怜的失败者，也是一位胸怀大志、无力补天的不遇之士。可以说，假如没有君主专制社会忠臣遭谗、佞臣当道的历史长期重演，没有封建时代大批知识分子怀才不遇的悲剧命运，没有近千年的民族坎坷史；或者说，屈原不是投江自杀，而是老死深山，或者是被流放之后组织地方武装去反抗强秦而被敌所杀，或是为楚王所杀，屈原绝不会有今天这么大的影响和声誉。他为什么会被列入世界四大文化名人之列？他的作品为什么会被译成英、法、德、意、日等多种文字在国外流传？很显然，这是因为这些作品不仅有丰富的想象力、独特的表现自我感情的方式，更主要的在于它们所表达出的是失去依归的生命在寻找安顿中的痛苦、焦虑、绝望与哀号（《离骚》），是人类圆满渴望的一次次幻灭（《九歌》），是超越生之困惑的努力与挣扎（《天问》），是走向死亡的痛苦选择（《九章》）。而这一切都是发自人性生命意识深处的呼喊，故尽管屈原是地地道道的民族文化造就的一个人物，他的作品却能在不同文化的人群中传播并产生情感上的共鸣、震荡。

这四个层次是一个有机的整体，可以在一个"艺术个性"中同时展开。就以王之涣的《登鹳雀楼》为例，诗中所表现的作者对辽阔无垠、生生不息的宇宙时空的感受，无疑是自我情感的展示；而诗中所呈现出的奋发向上的精神力量，则是中国传统士大夫阶级在博取功名利禄的上升时期表现出的风采；诗中俯仰天地、奋力把握永恒世界的理想，则是中国传统"仰观俯察"把握宇宙精神的思维模式的展示。（如《周易·系辞上》："仰以观于天文，俯以察于地理，是故知幽明之故。"《系辞下》："古者包牺氏之王天下也，仰则观象于天，俯则观法于地……"宋玉《高唐赋》："上属于天，下见于渊"，"仰视山巅……俯视峥嵘……"张衡《归田赋》："仰飞纤缴，俯钓长流……"班固《西京赋》："仰悟东井之精，俯协河图之灵。"嵇康《养生论》曰："仰观俯察，莫不皆然。"潘岳《怀旧赋》："仰睎归云，俯镜泉流。"成公绥《隶书体》："仰而望之，郁若霄雾朝升，游烟连云；俯而察之，漂若清风厉水，漪澜成文。"王羲之《兰亭诗》："仰视碧云天，俯瞰渌水滨。"《兰亭集序》："仰观宇宙之大，俯察品类之盛。"等，皆此一思维之体现。）而那种人生不懈的追求欲的呈现，则又是人性深处永恒的冲动。简言之，我是我，这是个性的层次；我是书生，这是群体性的层次；我是中国人，这是民族性的层次；我是人，这是人性的层次。个性、群体性、民族性、人性，都寓于"我"这个个体之中。"我"是一个活生生的、可以感知的个性生命存在。就像一棵树，我们可以看到它的独特的形式表现，只是露出地面的部分，它的下面则是深扎在土壤中的根，群体性、民族性和人性就是根所生长的不同层次的土壤，根扎得越深，树就长得越茂盛。扎根于花盆中的树，是绝对没有生命力的。"我"的鲜明的个性只有根植于深厚的民族文化以及人类文化的土壤之中，才能充满生命的活力，对活泼的生命产生强大的感染力。

第二节　诗文的体裁分类

体裁是文学外在的形式表现。在三千年的文学历程中，大多数时间占据文坛中心地位的是诗文。虽说元明以来小说、戏剧兴盛起来，但就创作队伍的社会、政治地位与文化素质来看，小说家根本无法与诗文作者相比。因而在社会上层流行的仍然是诗文。上至王侯显贵，下至一般士大夫，几乎很少有不作诗文的，诗文成了一种身份地位与才能的说明书。小说、戏剧因不登大雅之堂，故像今人所推崇的所谓"四大古典小说名著"和"四大戏剧名著"，在《四库全书》中都没有位置。就文学体裁而言，诗文也最为复杂，故此处重点介绍诗文。

诗文体裁的分类，可以说是"文学"之目下的一大学问。今见到的最早的诗文选集《文选》，其列文体多达39种。刘勰《文心雕龙》中提到的文体多达60余种。宋代姚铉《唐文粹》，分文体为23类，而其子目则有316种。各家分类互有不同，即可看出问题的复杂性。以下参考诸家之说，略述其要者。

1. 诗之体裁

诗是文学史上最早出现的体裁。"诗言志"是中国诗歌史上形成的最早的理论，这个理论为后人留下了无限的可阐释空间。诗与其他文体最显著的不同有两点：一是其巨大的情感力量与神秘功能，即《诗序》所说："正得失、动天地、感鬼神，莫近乎诗"；二是其明快简洁、富有韵律的音乐般的语言。由此而使诗具有了永久的魅力，作为中国文学中最具情感力量的主流河道，贯穿于几千年的历史中。在历史的发展中，由四言，到五古、七古，到格律诗，诗体随时而变，并影响到生活的方方面面，从古代建筑的厅壁石碑，到客堂挂轴、山水绘画、摩崖石刻，以至现代装潢艺术，到处可以见到诗。诗装饰了中国人的生活，也丰富了中国人的人生情趣。

如果我们从韵律的角度，把有韵的文体都归于诗的范围的话，那么诗体就可分为主流与支衍两大类。主流诗体有两大宗，即古体与近体（格律诗），在传统文人的集子中所占比重较大，而且始终都冠以诗名，也最为传统文人所重视。诗的支衍则特别多，有骚、赋、颂、赞、箴、铭、辞、连珠、诔、哀、词、曲诸多名目。以下择其要者介绍数种。

一、古体诗　古体诗是相对于格律诗而言的。唐以前人写诗，只讲叶韵，不讲平仄格律。唐以后格律诗兴起，于是就把不依格律写作的诗称作"古体诗"或"古诗"。古体诗的特点是除了押韵之外，不受任何限制。如每句的字数，可是五言，也可以是七言，以表达意思、读来顺口为准。每篇诗可是四句，也可以是六句、八句，甚至更长，以意思表达完整为准。不讲平仄，不讲对仗，没有格律的束缚，可自由地表达情感，因而古体中往往能呈现出一种古朴、浑元之气来，宜于表达世俗的生活内容。像杜甫的"三吏"、"三别"，即用古体。明吴讷《文章辨体》将"古诗"分为四类，即四言、五言、七言、歌行。歌行体是受乐府诗影响产生的，风格、语言都学习汉魏乐府，句式以五、七言为主，间以杂言。有些短小的古体诗，近于格律诗。像李白的《静夜思》，看起来像五言绝句，其实是一首古体，因为它全不讲平仄。

二、格律诗　格律诗是按一定的平仄要求写出的诗歌，有格式、音律上的要求，故叫格律诗。因为产生并流行于唐以后，与古体相较，时间为近，故又称"近体"。这种诗体读起来音乐感很强，语言抑扬顿挫，结构起承粘连，形式上显然比古体诗精美，艺术上也显然达到了极精致完美的程度，因而成了唐以后诗歌最普遍的形式，也宜于表现高雅的生活内容。格律诗分绝句、律诗两种。从语言上分，又有五律、七律、五绝、七绝之别。我们以谭嗣同的《崆峒》诗为例：

斗星高被众峰吞，（仄平平仄仄平平）

莽荡山河剑气昏。（仄仄平平仄仄平）

隔断尘寰云似海，（仄仄平平平仄仄）

划开天路岭为门。（平平平仄仄平平）

松擎霄汉来龙斗，（平平平仄平平仄）

石负苔衣挟兽奔。（仄仄平平平仄仄）

四望桃花红满谷，（仄仄平平平仄仄）

不应仍问武陵源。（平平仄仄仄平平）

这首诗大气磅礴，写出了峋峒的雄伟高峻，也写出了山周边的美好景致。上下两句间平仄相对，两联相接的二句相互粘连，这是一首标准的七律。依律诗格律截取两联成四句，则为绝句。律诗也有不大合于格律的，即称拗体。如丘濬《咏五指山》诗云：

五峰如指翠相连，撑起炎荒半壁天。

夜盥银河摘星斗，朝探碧落弄云烟。

雨余玉笋空中现，月出明珠掌上悬。

岂是巨灵伸一臂，遥从海外数中原。

像第三句"星"字是平声，依律当为仄声字才是。

三、骚体诗　骚体诗是由战国时著名诗人屈原所创立的一种诗体。其代表作是《离骚》，所以后人称作骚体。又因为它产生于楚国的歌辞，所以又称作"楚辞"。骚体的特点是，在句子的中间或前一句的末尾有一个"兮"字。"兮"字相当于"啊"字，这是一个表达强烈情感的语助词，放在歌辞中，最能表达放声而歌的情怀。如《离骚》云：

余固知謇謇之为患兮，忍而不能舍也。

指九天以为正兮，夫惟灵修之故也！

······

忳郁邑余侘傺兮，吾独穷困乎此时也。

宁溘死以流亡兮，余不忍为此态也！

这里表达的是不遇之士的情怀。几个"兮"字那种深长的咏叹，将诗人的激愤与忧伤一泄而出，产生出强烈的情感力量。《离骚》基本上奠定了骚体诗以发泄牢骚为主旨的基调，这种诗体也非常宜于表达忧愤与不得志的情怀，故而从屈原始，骚体便承担起了宣泄文人心中郁闷、嫉俗情怀的使命。像汉代贾谊的《吊屈原赋》、庄忌的《哀时命》以及署名蔡文姬的《胡笳十八拍》等，所表达的都是类似的情感。在此中我们很难见到欢乐、明快的作品。许多文人，写风花雪月时选择古体或格律诗，而要写心中郁闷不平及不得志的情怀时，则往往要选择骚体。如果要研究中国的感伤文学，此类诗体则是一个重点关注的对象。

四、赋体 赋是介于诗文之间的一种文体，由散文的语言、诗的韵律构成，因为是有韵之文，故这里把它归于诗类。古人也认为它是"古诗之流"。现在的古文选本则多把它归在文类。赋是"铺"的意思，用《文心雕龙》的话说，其特点是"铺采摛文，体物写志"，即铺叙文采，体察事物，抒写志怀。这种文体可以说是最早脱离音乐而独立的一种文学样式，因而它最能表现出文人的文采来。虽然关于赋的起源，学术界有不同的意见，但汉代是赋的鼎盛时期，这一点则是公认的。从汉赋中可以看到赋在描摹事物方面的功能。如司马相如《子虚》《上林》二赋，尽夸饰之能事，写到水，则水旁之字联缀成片；要写山，则山部字排列成行，真有点"巍巍乎若高山，洋洋兮若流水"的感觉。而且描写一处景物，往往是东西南北四方尽情铺陈，让人感觉似乎要把所有能用的词汇都要用上。赋后来随着诗文的变化，出现了骈律（追求对仗工整）、律赋（除讲对仗外，又限定音韵）、文赋（散文化）等形式。要注意的是，赋"体物"只是形式，"写志"才是目的。如傅咸《叩头虫赋》，叩头虫是一种昆虫，指头一触到它，它便会点头，如叩头状。作者由此引发，而讲了一通柔以自存的人生哲学，颇耐人寻味。

五、词曲 "词"和"曲"是从诗的主流中派生出来的两条影响最大的支流。词的得名来于歌词，原被称为"曲词"或"曲子词"，也称作"歌词"或"小歌词"，是隶属于音乐的。因而词都有词牌，像《菩萨蛮》《蝶恋花》《清平乐》之类，即是词牌的名字。根据乐调来填词，自然句子就有了长短，故又叫长短句。因为是诗的变体，所以又称作"诗余"。因为句子长短错落，所以利于表达委婉哀伤的感情，因此早期的词很多都是以伤春惜花或男女相思为主题的。像北宋晏殊、欧阳修这样的大官，笔下的词却缠缠绵绵，充满感伤，这是由词这种体裁的性质决定的。经过柳永、苏轼、辛弃疾等大词人的努力，词的境界才大大开拓。宋代是词的鼎盛时代，词也最能代表宋代文学的成就。

"曲"即"乐曲"，和词性质一样，也是歌唱的曲辞。明王世贞《曲藻序》云："曲者，词之变。自金、元入主中国，所用胡乐，嘈杂凄紧，缓急之间，词不能按，乃更为新声以媚之。"这是说，曲是词在音乐的牵动下而变化出的新形态。因为它行于民间，因而适合于表达俚俗的东西。前人用"浅俗"来定位，也有一定道理。

六、铭箴　铭与箴也是诗的流衍。铭刻在金石器物之上，三代时就已出现，多为记功而作，也含自警之意。故刘熙《释名》云："铭者，名也，述其功美，使可以称名也。"关于这种文体的特点，《文心雕龙·铭箴》篇云："铭兼褒赞，故体贵弘润。其取事也，必核以辨；其摘文也，必简而深。"所谓"弘润"，是指宽宏温和，辞气从容。所谓"核以辨"，是指实事求是，无半点儿虚夸。所谓"简而深"，是指言简意赅。箴与铭是同类东西，所不同的是箴重在规谏。"箴"同"针"，其意是由针石治病引申来的，故《文心雕龙·铭箴》篇云："箴者，所以攻疾防患，喻针石也。"又说："箴诵于官，铭题于器，名目虽异，而警戒实同。箴全御过，故文资确切。"箴有官箴、私箴之别，臣下对君之劝谏为官箴，自警者为私箴。铭箴之类文体，主要流行于古代上流社会。

七、颂赞　颂和赞也是古诗的流衍。颂重在歌颂功德，赞重在赞美人、事，也用于评述，如《汉书》《文心雕龙》等著作，在每篇之后都有"赞曰"。《文心雕龙·颂赞》篇云："颂者，容也，所以美盛德而述形容也……赞，明也，助也。"《释名》云："赞，纂也，集其美而叙之也。"颂有时与赋很接近，像董仲舒《山川颂》、马融《广成颂》，都与赋没有什么区别。故《文心雕龙》云："原夫颂惟典雅，辞必清铄，敷写似赋，而不入华侈之区；敬慎如铭，而异乎规戒之域。"赞多书于人物画像，如夏侯湛有《东方朔画像赞》，王维有《裴右丞写真赞》，李白有《宣城吴录事画赞》等。赞虽多赞美，但有时有与铭箴相近者，如朱熹的《画像自赞》。有些画像自赞，则近于自嘲，如张瑞玑的《小像自赞》。

2. 文之体裁

文与诗最大的区别是，文必须依赖于文字才能表现，诗则可以口头表达。诗是有韵律的，文则不必注意押韵、节奏诸问题，只求达意，因此文比诗有更广阔的发展空间。《尚书》与周代的铜器铭文，可以说是文的最早形态。从内容上说，有议论有述事；从形式上说，时而随笔记述，时而用韵，时而散句，时而对偶，特别灵活，没有任何限制，完全从需要出发。到汉代以后，文体渐渐区分开来，而且形成了各种定规。虽然古人有"文章原出'五经'"的说法，但"原"不等于"形成"，后人是在"原"的基础上强化了某一种用途的文字特点，然后才成为各种不同的文体的。文体从语言形式上言，主要有两类，一是散体，一是骈体。散体就是我们所说的"散文"，语言没有任何限制，以达意为第一要义。骈体即所谓的"骈文"，以追求骈丽之美为第一要义，讲究对仗，盛行于南朝。这两种不同的语言形式，可用于各种不同的体裁。文章的用途不同，体裁、性质也不同。

从内容上讲，文章有两大宗，一是记事体，一是论说体。记事以《左传》立法，论说以诸子为尚。由此，两大宗分出了所谓诏、册、制、诰、策、表、檄、书、记、序、辩、原、解、戒、奏议、露布、题跋等。以下择其要者归纳介绍之。

一、传记　"传记"文章是正统的记事文，分为两类：一是历史著作中的人物传记，一是史书之外的散篇传记。史书传记像《史记》中的《项羽本纪》《魏其武安侯列传》等，虽是对于历史的记述，但经过作者的剪裁加工，堪称传记文学的典范之作。散篇传记有写实者，也有虚构者。像柳宗元《种树郭橐驼传》《童区寄传》与韩愈《毛颖传》等，其中便有实有虚。其实与文学创作没有什么两样。在传记文章中有一种叫"行状"的文体，如韩愈《赠太傅董行状》、李翱《韩文公行状》等，"行状"是指一个人的德行状貌，因而这类文章是以传记的形式为人歌功颂德，与其他的传记文章不同，只褒不贬。

二、论说　"论说文"就是说理的文章，与传记文章可并称为古代文章的两大宗。它的功能主要是辨是非，明得失，穷事理，理原委。世界万物脱不开一个"理"字，论说道理就涉及方方面面，因而在古代文章中，论说文的名堂最多，有史论、设论、问答、辨、论、说、解、原、驳、考、评、议等不同名目。如韩愈有《进学解》《师说》《原道》，柳宗元有《封建论》《桐叶封弟辨》《驳复仇议》等。"解"以辨释疑惑、解剥纷难，"说"是解释义理而以己意述之，"辨"有不得已而辨之意，"原"是推原其本，"论"是议论古今时世人物，"议"是议论事理以陈述己见。名色不同，而其本质没有大异。

三、杂记　"杂记"指以"记"命名文章。记以记事为主，兼及议论抒情和山川景观等。因所记事物很广，不限一隅，所以称作"杂记"。如范仲淹的《岳阳楼记》，属于名胜记；欧阳修的《醉翁亭记》，属于造亭记；柳宗元的《永州八记》，属于山水游记；韩愈的《画记》，属于书画记；刘禹锡的《机汲记》，属于杂物记；曾巩的《越州赵公求灾记》，属于人物记，等等，似乎无事不可以记，无物不可以记。只要事有感于心，便可记而释怀。因而杂记一般都带有较多的主观情感的色素。

四、赠序　"赠序"是专为送别亲友而立的一种文体。姚鼐《古文辞类纂序》云："赠序类者，老子曰：君子赠人以言。颜渊、子路之相违，则以言相赠处，梁王觞诸侯于范台，鲁君择言而进，所以致敬爱、陈忠告之谊也。"看来临别赠言是很古老的一种传统，但作为一种文体出现，则是在晋代，盛行则在唐代。像韩愈《送董邵南序》《送孟东野序》《李愿归盘谷序》等，都是赠序中的名篇。这类文章多在叙友情、慰别情、劝德行、咏怀抱，以此而表达送别之意，故感情真挚，最能体现人间温情。

五、序跋　"序跋"指书的序文和跋文。序，也作"叙"。是言书或诗、文之所以作的缘由的。在先秦与汉，叙多在书之后，是书稿写完之后，作者对成书过程中一些问题的说明与归纳，如《史记·太史公自序》与《汉书·叙传》都在最后。后人则一般把序言放在书前，而把题写于书籍或文章、诗、画、金石拓片等后面的文字称作"跋"。序跋一般学术性较强，内容大多属于评介、鉴定、考释、记述之类。如自作序，则多述原委，为他人作序、跋，则评价、考释性文字较多。这类文章一般都很理性，较少感情色彩，文字宜雅，不可随意为之。

六、书牍　"书牍"指简牍书信之类，这是人与人之间一种交流的手段。"书"是古代书信的总称，"牍"是写字的木板，是书信所用的工具。在姚鼐《古文辞类纂》中，把这类文字分为"章表"（臣向君上书）、"书说"（亲友来往信函）、"诏策"（君向臣下书）等，其实都应归于"书牍"类。这类文字不是期待第三者来看，而像是对亲人、对朋友、对君上、对臣下的交谈，务在尽言，把自己心中要说的话全说出来。故《文心雕龙·书记》篇云："详总书体，本在尽言，言所以散郁陶，托风采，故宜条畅以任气，优柔以怿怀；文明从容，亦心声之献酬也。"像司马迁《报任安书》、诸葛亮《出师表》、苏辙《上枢密院韩太尉书》等，都是这方面的代表。

七、碑志 "碑志"是刻在石碑上的文字。如墓碑、墓志、庙宇以及古建筑的碑刻等。碑志重在记事，以求传于后世，以垂不朽。文字庄而雅，述事简而明。有些墓碑实际上与人物传记相差无几，它与史传不同之处，在于作者感情投入，且没有批评文字，而全在颂功。碑文往往后缀韵语，即所谓"铭"，故古人往往将其放入"箴铭"一类中。其实碑上的铭文远远没有记述文字重要。像韩愈《平淮西碑》《柳子厚墓志铭》与欧阳修《石曼卿墓表》等，均为碑志中的上乘之作。

八、哀祭 "哀祭文"包括哀吊文与祭祀文，古代有祭、哀、吊、诔、挽等不同名称。诔文、挽文、吊文、哀辞等为伤逝之辞；祭文则有祭天地、山川、社稷、宗庙、死者之别，但以祭祀死者的文章最为可称，其与现在的悼词或悼念文章差不多。这类文章一般要叙述死者的生平功德，哀悼其不幸，表达悲痛之情，以文当哭，即挚虞《文章流别论》所云："哀辞之体，以哀痛为主，缘以叹息之辞。"就体式言，一般前用散文，后用韵文，有些则全用韵文。韩愈《祭十二郎文》、欧阳修《祭石曼卿文》等，即这类文章的代表作品。

每一种文体都有写作上、风格上的要求。如曹丕《典论·论文》云："夫文本同而末异，盖奏议宜雅，书论宜理，铭诔尚实，诗赋欲丽。"陆机《文赋》亦云："诗缘情而绮靡，赋体物而浏亮，碑披文以相质，诔缠绵而凄怆，铭博约而温润，箴顿挫而清壮，颂优游以彬蔚，论精微而朗畅，奏平彻以闲雅，说炜晔而谲诳。"由此而形成了诗文风格的丰富性、多样性。同时通过不同的形式与风格，也展示出作者丰富多彩的心灵世界。

思考题

1. 中国文化在中国文学中的位置如何？

2. 对于文学展示心灵世界这一命题你是如何认识的？

3. 请试以心灵世界的四个层次理论分析两篇作品。

4. 中国古代主要有哪些诗歌体裁？

5. 中国古代有哪些主要的散文体裁？

参考书目

袁行霈：《中国文学史》，北京，高等教育出版社，1999。

褚斌杰：《中国古代文体概论》，北京，北京大学出版社，1990。

周振甫：《文心雕龙注释》，北京，人民文学出版社，1981。

张少康、刘三富：《中国文学理论批评发展史》，北京，北京大学出版社，1995。

第十章　文学文献

文学文献，是指关于文学的文献，或作品，或评论，或研究，或记述，凡与文学相关者，都应该归于此。从理论上说，因为文学中存在着人类活动的基本内容，凡与人相关的事物，都会出现于文学之中，因而与文学有关的内容，就要涉及所有的典籍，这也就是"国学"的全部内容。但事有侧重，因此我们这里所讲的只是与文学关系密切的文献。

第一节　总集与别集

传统四部分类中，"集部"即属于文学文献。"集"字古作"雧"，"隹"是鸟，众鸟集于木，故有聚集的意思。文章汇编于一起，名之曰"集"，正取此义。四库全书将集分为五类，即：一楚辞，二别集，三总集，四诗文评，五词曲。《四库全书总目·集部总叙》云："集部之目，楚辞最古，别集次之，总集次之，诗文评又晚出，词曲则其闰余也。"前三者是楚汉以来传统文学的主流内容，"诗文评"则是对传统诗文的评论性文字，"词曲"则属于俗文学，为正统文人所不屑为，如四库馆臣云："词曲二体，在文章技艺之间，厥品颇卑，作者弗贵。特才华之士，以绮语相高耳。"故附词曲于集部之末。其实诗文评及词曲，都可归于总集或别集中。如欧阳修的《六一诗话》及其词作，就皆收入《欧阳修全集》中。只是个别专著除外，如《文心雕龙》《诗品》之类。

所谓"别集"，是指收录个人诗文的集子。汉代以前，文人的作品，除思想性、理论性的著述外，像辞赋箴铭之类，都是散篇流传。因此《后汉书·文苑传》述文士作品，多提其篇数，而不言其有集。如言杜笃"所著赋、诔、吊、书、赞、七言、女诫及杂文，凡十八篇。又著《明世论》十五篇"；王隆"能文章，所著诗、赋、铭、书，凡二十六篇"；夏恭"著赋、颂、赞、诔，凡四十篇"；傅毅"著赋、诔、颂、祝文、七激、连珠，凡二十八篇"等，显然还没有结集的习惯。后汉以降，文人创作日多，文体渐繁，于是出现了集子。如曹丕《典论·论文》就曾提到将徐干、陈琳、应玚、刘桢等人的文章，"都为一集"的情况。《四库全书总目·集部总叙》曾述"集之小史"云：

> 古人不以文章名，故秦以前书无称屈原、宋玉工赋者。洎乎汉代，始有词人，迹其著作，率由追录。故武帝命所忠求相如遗书，魏文帝亦诏天下上孔融文章。至于六朝，始自编次，唐末又刊板印行。夫自编则多所爱惜，刊板则易于流传。四部之书，别集最杂，兹其故欤！

又于《别集类叙》云：

> 集始于东汉。荀况诸集，后人追题也。其自制名者，则始张融《玉海集》。其区分部帙，则江淹有《前集》，有《后集》；梁武帝有《诗赋集》，有《文集》，有《别集》；梁元帝有《集》，有《小集》；谢朓有《集》，有《逸集》；与王筠之一官一集，沈约之《正集》百卷，又别选《集略》三十卷者，其体例均始于齐梁。盖集之盛，自是始也。

《隋书·经籍志》著录楚兰陵令《荀况集》一卷、楚大夫《宋玉集》三卷、《汉武帝集》一卷、汉《淮南王集》一卷、汉中书令《司马迁集》一卷等，显然都是后人追录的。在古代文献中，别集是最杂的一部分。其一是数量太多，特别是明清以来，随着印刷业的发展，版刊书籍相对方便，不仅文人有结集的习惯，就是一些能够识文断句的商人，也喜欢附庸风雅，出诗集、文集，赠送亲友。至于从政的官员，就更是如此。此风南方尤甚。翻开正史的《经籍志》或《艺文志》就可看到，文人别集往往在四部中可以占到三分之一，甚至更多。其二是内容非常庞杂，往往是把一个作者除专著之外的一切文字，都要收罗在内（当然也有单纯的诗集、词集或文集）。因此文集中，除诗赋文章之外，往往还有奏表、策问、墓志、行状、祭吊等之类的文字。越是名头大的人，应酬性的文字就越多。古代有身份地位的人都有生前著书、死后树碑的习惯，出书要请名人写序，树碑要请名人撰文，这些序文、碑文大多是为谀人而作的，但这些都会收入作者的文集中。有的文集可以说包括了经、史、子、集四个方面的内容。如傅山的《霜红龛集》，除赋、乐府及各种诗体之外，还有传、叙、书后、题跋、寿叙、墓铭、哀辞、记、碑碣、疏引、书札、家训、杂文、杂著、读经史、读子、杂记等目，这甚至有点像丛书的性质了。

别集的编排，一般有两种形式，一是以时间为序，一是分类。如方世举《韩昌黎诗集编年笺注》、邓广铭《稼轩词编年笺注》等，即以时间为序编辑。但大部分集子是分类的。分类中又一般以赋为首，其次是诗、文。若有词曲，则多以殿后。这可能是魏晋以来的一种传统。之所以以赋为首，当与赋作为最早脱离音乐、历史、哲学而独立的文学体裁有关。而词曲则是产生较晚的文体，故放在后面。但也有以古诗或章表为首者，这可能与编者的思想认识有关。

别集除作为文学作品为直接的文学文献外，其对于研究文学也很重要。这主要有几点值得注意。

第一，在相当多的序跋书札中，保存了作者的文学评论及文艺思想。像郭绍虞先生主编的《中国历代文论》，以及今所著的各种"文学批评史"、"文学思想史"，其取材或依据都主要是别集。

第二，别集中保存了文人交游活动的大量资料。正史中对于文人活动的记载非常有限，一般只是在《文苑传》中有简略记述；总集中多是精选出的文学作品，也很少涉及文人的活动。而文人间的交游，如诗文酬唱、书札往来，以及集会结社情况，则在文人集子中多有记述或反映，而这是研究一个时代文学不可忽略的背景资料。

第三，别集中保存了作者方方面面的信息。因为一般别集内容都很庞杂，往往包括了政治、经济、社交、文化等方面活动留下的文字。如在其奏议表章中，可以看到他对时事的认识和看法；在其策问之类文章中，可以看到他的政治思想与主张；在史论之类文章中，可以看到他的历史观；在行状之类文章中，可以看到他对时人的评论；在书札及赠答之作中，可以看到他的亲友关系等。因此要研究某一个作家，绝不可不读他的全集，如此才可能"知人论世"。

第四，相当多的别集，还保存了其同时代人的种种信息。比如，我们要研究某一个作家，不但要读他的集子，还应该读他同时代与他有过关系的人的集子。因为在书札或传记、碑志类文章中，作者往往会把自己同时代有过交往的人的信息留存下来。如在韩愈的集子中就保存了《柳子厚墓志铭》，对研究柳宗元的家世、生平，提供了重要的依据。

所谓"总集"，是指众多人的文章汇编而成的集子。关于总集的源起，《隋书·经籍志四》有如下一段说明："总集者，以建安之后，辞赋转繁，众家之集，日以滋广。晋代挚虞，苦览者之劳倦，于是采摘孔翠，芟剪繁芜，自诗赋下，各为条贯，合而编之，谓为《流别》。是后文集总钞，作者继轨。属辞之士，以为覃奥，而取则焉。"四库馆臣也以为始于挚虞《文章流别集》。其实总集之名虽始于晋，总集之实则远在先秦。马其昶《桐城古文集略序》即以为"总集盖源于《尚书》、《诗》三百篇，洎王逸《楚辞》、挚虞《流别》后，日兴纷出，其义例可得而言"。胡玉缙《四库全书总目提要补正》以为"荟萃文章自预（杜预《善文》）始，非虞始也"。《四库全书总目·总集类叙》云：

> 文籍日兴，散无统纪，于是总集作焉。一则网罗放佚，使零章残什，并有所归；一则删汰繁芜，使菁稗咸除，菁华毕出。是固文章之衡鉴，著作之渊薮矣。《三百篇》既列为经，王逸所衷，又仅《楚辞》一家，故体例所成，以挚虞《流别》为始。其书虽佚，其论尚散见《艺文类聚》中，盖分体编录者也。《文选》而下互有得失。至宋真德秀《文章正宗》，始别出谈理一派，而总集遂判两途。然文质相扶，理无偏废，各明一义，未害同归。惟末学循声，主持过当，使方言俚语，俱入词章；丽制鸿篇，横遭嗤点。是则并德秀本旨失之耳。今一一别裁，务归中道。至明万历以后，侩魁渔利，坊刻弥增，剿窃陈因，动成巨帙，并无门径之可言，姑存其目，为冗滥之戒而已。

这可以说是一篇"总集小史"。这里特别强调了总集"网罗放佚"、"删汰繁芜"的两大功绩，很值得注意。许多总集带有辑佚的性质，历史上的大量散篇残什，赖此得存，故四库馆臣称其"网罗放佚，使零章残什，并有所归"。比如南朝陈徐陵所编的诗歌总集《玉台新咏》，收录自汉至梁作家共 130 余人，作品凡 870 篇。其中有一部分诗作，像《古诗为焦仲卿作》《上山采蘼芜》《羽林郎》《怨歌行》《董娇娆》等，都是赖此书得以保存并流传的。《四库全书总目·玉台新咏》云："其中如曹植《弃妇篇》、庾信《七夕诗》，今本集皆失载，据此可补阙佚。又如冯惟讷《诗纪》载苏伯玉妻《盘中诗》作汉人，据此知为晋代；梅鼎祚《诗乘》载苏武妻《答外诗》，据此知为魏文帝作；古诗《西北有高楼》等九首，《文选》无名氏，据此知为枚乘作；《饮马长城窟行》，《文选》亦无名氏，据此知为蔡邕作。其有资考证者，亦不一。"像这种情况，总集中非常普遍。其次是"删汰繁芜"之功。像《唐诗三百首》《古文辞类纂》《古文观止》之类，皆从大量诗文中精选而出，故而作为诗文精品流传甚广，致有"熟读《唐诗三百首》，不会作诗也会吟"之谚。总集选录诗文，往往有一定原则，最能体现编辑者的思想与见识，因此有理论意义。文学作品的经典化，往往是由不同的总集一次次地重复完成的。此外还有一点需要指出，总集因为有"删汰繁芜"的性质，便于流传，故而许多失传的作家文集的部分诗文篇赖此得以保存。如《文苑英华》，是宋朝人从南朝及唐代各家文集中选出的，李焘《续通鉴长编》云："太宗以诸家文集，其数实繁，虽各擅所长，亦榛芜相间。乃命翰林学士宋白等，精加铨择，以类编次为《文苑英华》一千卷。"但现在许多文集已经失传了。故四库馆臣云："迄今四五百年（《文苑英华》编撰到清修《四库全书》时），唐代诗集已渐减，于旧文集则《宋志》所著录者，殆十不存一，即如李商隐《樊南甲乙集》久已散佚，今所存本，乃全自是书录出。又如张说集，虽有传本，而以此书所载互校，尚遗漏杂文六十一篇。则考唐文者，惟赖此书之存实，为著作之渊海。"

总集约可分为六类：一是以朝代为限，如《唐文粹》《宋文鉴》《明诗综》之类；二是以地域为限，如《吴都文粹》《河汾诸老诗集》《粤西诗载》之类；三是以人为限，如《唐宋八大家文钞》《苏门六君子文粹》之类；四是以文体为限，如《乐府诗集》《词综》之类；五是总选各体但有入选原则，如《文选》《文苑英华》之类；六是总汇一朝之作，如《全唐诗》《全宋词》之类。其中有四部总集不可不提，这就是《楚辞》《文选》《乐府诗集》《文苑英华》，它们对研究中国文学意义重大。

《楚辞》最早的撰编者是刘向，内容是屈原、宋玉的作品及汉代部分骚体作品。

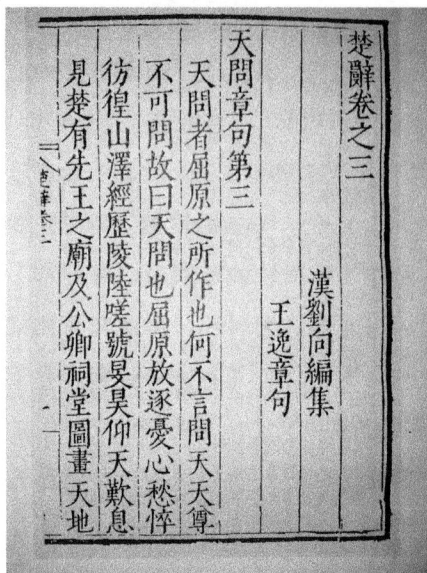

《楚辞》书影

后汉王逸撰《楚辞章句》，补入了自己的作品，并对全书作了注释。王逸字叔师，南郡宜城（今湖北宜城市）人，汉安帝元初中（117年左右），为上计吏进京奏事，留拜校书郎，入东观校书。曾参与修撰《东观汉记》。《四库全书总目》云："初刘向裒集屈原《离骚》《九歌》《天问》《九章》《远游》《卜居》《渔父》，宋玉《九辨》《招魂》，景差《大招》，而以贾谊《惜誓》、淮南小山《招隐士》、东方朔《七谏》、庄忌《哀时命》、王褒《九怀》及向所作《九叹》，共为《楚辞》十六篇，是为总集之祖。逸又益以己作《九思》与班固二叙为十七卷，而各为之注。"在中国文学史上，影响最大的两部总集，就是《诗经》与《楚辞》。而《楚辞》对于文人创作的影响，包括情感、思想、风格的影响，又在《诗经》之上，以致形成了一种特殊的文学体裁——楚辞体。而《楚辞》之流传，赖王逸章句之功实多。屈原、宋玉等为楚人，每用楚语。王逸因是楚地人，能解其语，其训释或本于经书故训，或本于方言楚语，颇能得其正解，故影响甚大。王逸之后，注释《楚辞》者不下数百，影响大的是宋代洪兴祖的《楚辞补注》和朱熹的《楚辞集注》。20世纪出版了不少《楚辞》的注本，但大多只注屈原的作品，实际上成了"别集"。

《文选》共30卷，梁昭明太子萧统撰，共收录先秦至梁作家130人，收录作品514篇。选文的标准是"以能文为本"，因而对于诸子百家及经史诸书，皆不录取。其所录是"事出于沉思，义归乎翰藻"、独立成篇的文章，即如"赞论之

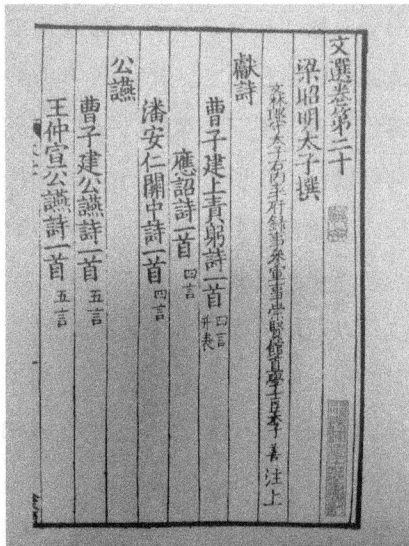

《昭明文选》书影

综缉辞采，序述之错比文华"。全书将文章划分 38 类。在赋、诗等大类中，又按内容划分为若干门。如赋则分为京都、郊祀、耕籍、畋猎、纪行、游览等 15 门；诗则分为补亡、述德、劝励等 23 门。可以说，《文选》是今所见到的中国文学史上第一部有意识地从文学角度选编的总集，因而它对于中国文学的影响非常之大。唐代以诗赋取士，而士子们学习的最佳的诗赋范本就是《文选》。像大诗人杜甫，在他的诗篇中就曾反复提到《文选》，如云："呼婢取酒壶，续儿诵《文选》"、"诗是吾家事，人传世上情。熟精文选理，休觅彩衣轻"等。唐人诗赋中的许多典故取自《文选》，因此研究唐代文学，从《文选》入手，是一条很好的途径。在宋初，《文选》仍然是士子的必读书，故有"《文选》烂，秀才半"之谚。《文选》作为一门学问，从隋、唐就开始了。据不完全统计，今天还可以见到的《文选》专著约 90 种。现存最早、影响最大的《文选》注本是唐高宗时李善的《文选注》。李善注《文选》引书多达近 1700 种，其重点在考索语源和典故。这为唐人作诗用典提供了很大方便。另外的一种是唐玄宗时的《五臣注文选》。"五臣"指吕延济、刘良、张铣、吕向、李周翰五人。五臣注是针对李善之不足而发，李善偏重典故语源，五臣则偏重探求旨趣，疏通文义，但因学问不及李善，故疏误较多。宋人将五臣注与李善注合编，称《六臣注文选》。清于光华《文选集评》凡 15 卷，从文学角度研究《文选》，集前人评语，颇可参考。高步瀛《文选李注义疏》，用功甚勤，是今不可多得的佳著。

《乐府诗集》是宋代郭茂倩编撰的一部辑录汉魏至唐、五代的乐府歌辞总集，并及先秦及唐末的歌谣。全书 100 卷，共录乐府歌谣 5000 多篇，分为郊庙歌辞、燕射歌辞、鼓吹曲辞、横吹曲辞、相和歌辞、清商曲辞、舞曲歌辞、琴曲歌辞、杂曲歌辞、近代曲辞、杂歌谣辞和新乐府辞十二大类；每大类中又分若干小类，如相和歌辞

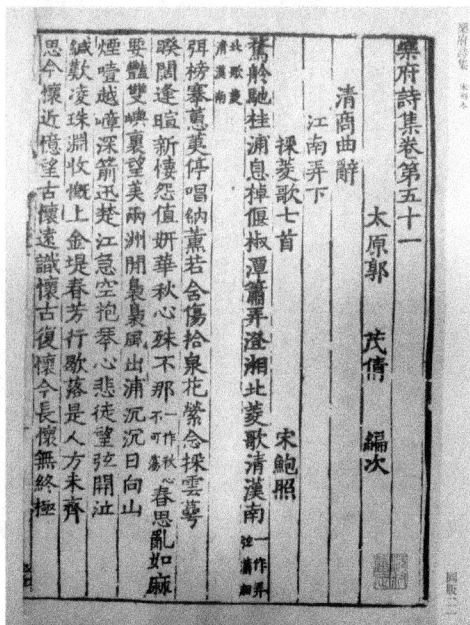

《乐府诗集》书影

又分为相和六引、相和曲、吟叹曲、平调曲、清调曲、瑟调曲、楚调曲和大曲等类，每曲有解题。这是目前收集历代各种乐府诗最为完备的一部重要总籍，为乐府诗歌的整理和研究提供了很大方便。《四库全书总目》云：

> 其解题征引浩博，援据精审，宋以来考乐府者，无能出其范围。每题以古词居前，拟作居后，使同一曲调而诸格毕备，不相沿袭，可以药剽窃形似之失。其古词多前列本词，后列入乐所改，得以考知孰为侧，孰为趋，孰为艳，孰为增字减字。其声词合写，不可训诂者，亦皆题下注明，尤可以药摹拟声牙之弊。诚乐府中第一善本。

《四库全书简明目录》又称此书"言乐府者，以是集为祖本，犹渔猎之资山海也"。

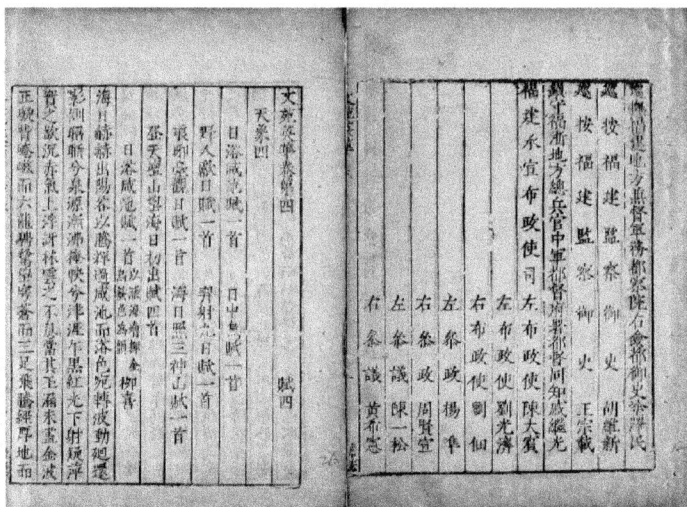

《文苑英华》书影

《文苑英华》是宋太宗命李昉、徐铉、宋白等人编纂的一部大型文学总集。太平兴国七年（982年）开始，雍熙三年（986年）完成。其后几次修订、校勘，到南宋嘉泰元年（1201年）始得刻版，四年完工。全书1000卷，上继《文选》，下讫晚唐五代，选录作家2000余人，作品近2万篇。按文体分为赋、诗、歌行、杂文、中书制诰、翰林制诰等39类。每类之中又按题材分若干子目，如赋类下分天象、岁时、地、水、帝德、京都等 42 小类。小类之中又有小类，如赋类"天象"类下，又分天、日、月、星、星斗、天河、云、风、雨、露等若干目。书中十分之九是唐人作品，保存了不少有价值的文献资料，是研究唐代文学必读之书。《四库全书简明目录》云："唐人诸集，传世日稀，所藉以考见者，赖此编之存而已。"其地位之高、价值之大，可想而知。中华书局 1966 年有影印本，并附录彭叔夏《文苑英华辨证》及劳格《文苑英华辨证拾遗》，皆有重要参考价值。

越是早的总集，其在文献上存佚之功就越大，影响也就越大。以上所举几部，最具代表性。宋以后总集日多，各代之作皆有总集，如《唐文粹》《宋文鉴》《明文海》《宋诗钞》《中州集》《金文最》《元文类》《元诗选》《元曲选》《词综》《晚晴簃诗汇》《国朝文汇》等。特别是清代考据学兴起以后，总集"网罗放佚"的性质更为明显。如陈元龙等编《历代赋汇》184 卷，收入先秦至明代的赋作 3834 篇；严可均编《全上古三代两汉三国六朝文》740 卷，搜辑上古迄隋的文章，收录作者多达 3495 家；曹寅等编《全唐诗》900 卷，共收诗 48900 余首，作者 2200 余人；董浩等编《全唐文》1000 卷，辑唐五代文章 18488 篇，作者 3000 多人。民国以来则如丁福保《全汉三国晋南北朝诗》、逯钦立《先秦汉魏晋南北朝诗》以及《全宋词》《全宋诗》《全宋文》《全辽文》《全辽金诗》《全辽金文》《全元散曲》《全元戏曲》《全元文》《全明散曲》《全清散曲》等。这些总集的编撰，大多是总括现存别集，广泛搜辑佚文，力求竭泽而渔，为研究者带来了极大的便利。

此外关于"诗文评"，《四库全书总目·诗文评叙》有如下概括：

文章莫盛于两汉，浑浑灏灏，文成法立，无格律之可拘。建安黄初，体裁渐备，故论文之说出焉，《典论》其首也。其勒为一书传于今者，则断自刘勰、钟嵘。勰究文体之源流，而评其工拙；嵘第作者之甲乙，而溯厥师承，为例各殊。至皎然《诗式》，备陈法律；孟棨《本事诗》，旁采故实；刘攽《中山诗话》、欧阳修《六一诗话》，又体兼说部。后所论著，不出此五例中矣。宋明两代，均好为议论，所撰尤繁。虽宋人务求深解，多穿凿之词；明人喜作高谈，多虚憍之论。然汰除糟粕，采撷菁英，每足以考证旧闻，触发新意。

此说颇精。此类著作，一般部头较小，大多被收入《历代诗话》《清诗话》之类丛书中。

第二节　类书与丛书

在总集、别集之外，有一种书与文学关系极为密切，这就是"类书"。类书是将古今资料分门别类汇于一编的书。它的分类方法约有两种，一种是以内容分，将资料根据内容分隶于天、地、岁时等若干个门类下，像《艺文类聚》《初学记》等即属此；一种是以字分，或以尾字之韵，或以首字，像《佩文韵府》《骈字类编》等，即属此。在四库全书中，类书因为内容庞杂，不好归类，故放到了子部。《四库全书总目·类书类叙》云：

> 类事之书，兼收四部，而非经非史，非子非集。四部之内，乃无类可归。《皇览》始于魏文，晋荀勖中经部分隶何门，今无所考。《隋志》载入《子部》，当有所受之。历代相承，莫之或易。明胡应麟作《笔丛》，始议改入集部，然无所取义，徒事纷更，则不如仍旧贯矣。此体一兴，而操觚者易于检寻，注书者利于剽窃。转辗稗贩，实学颇荒。然古籍散亡，十不存一，遗文旧事，往往托以得存。《艺文类聚》《初学记》《太平御览》诸编，残玑断璧，至捃拾不穷，要不可谓之无补也。

以上对类书的概括是比较精辟的。类书之起，当与文人的文学活动有关。从东汉开始，辞赋文章用典渐多。魏文帝曹丕是一位文士气十足的君主，同时又是一位文坛领袖，他主编第一部《皇览》的目的虽诸书不言，具体内容今亦不可知，但十之八九是为了作文章取资的。由此入手，我们来认识类书对于文学的意义。

第一，类书可直接服务于文学创作。文章之学的兴起，促进了类书发展。同样，类书的兴起，也会极大地促进文学创作，特别是诗赋创作。作者在创作时，往往会出现力不从心之感，这就需要寻找词汇，寻找利于表达自己心声的典故。比如写月亮，如何描写会更具神采，就需要找与月亮相关的诗赋文和相关的典故作参考。但是直接去翻检别集或总集，或其他著作，那自然如同大海捞针，而类书则为此提供了极大的方便。如果我们翻开《艺文类聚》《渊鉴类函》之类类书，找到"月"类，便会知晓。

第二，类书可直接服务于文学阅读。四库馆臣所谓"操觚者易于检寻，注书者利于剽窃"，实际上就是从类书服务于文学创作与阅读两个方面而言的。因为类书中汇集了大量诗赋典故，而创作者又多取自于类书，因而诗文中的许多典故都可以从类书中找到答案。如李贺《浩歌》："南风吹山作平地，帝遣天吴移海水。王母桃花千遍红，彭祖巫咸几回死。"为什么说天吴移海水？这就可以查类书，因为这里是描写水的，所以可以从类书关于水的资料中查找。《初学记·地部中·总载水》云："水神曰天吴。《山海经》云：天吴八首十八尾，亦曰水伯。""王母桃花"则是与桃相关的。《初学记·果木部·桃》在"已三偷"典下注说："《汉武故事》曰：东郡献短人，帝呼东方朔。朔至，短人指朔谓上曰：王母种桃，三千岁一子。此子不良，已三过偷之矣。后西王母下，出桃七枚，母自啖二，以五枚与帝。帝留核着前，母曰：用此何？上曰：欲种之。母笑曰：此桃三千年一着子，非下土所宜植。""彭祖巫咸几回死"显然是说长生，这与神仙方术有关，因此可以到类书有关"仙"、"道"、"方术"的部分中去找。

第三，类书多有保存文学文献之功。类书因属于工具书性质，所收录甚广，故许多文献赖此得存。像清代学者的辑佚工作，相当多的古籍都是从类书中辑出的。如马国翰的《玉函山房辑佚书》、黄奭的《汉学堂经解》等，离开类书，我们很难想象他们的工作能够有多大成就。像《四库全书》中所收的司马光《温公易说》、邵伯温《易学辨惑》、李光《读易详说》、胡瑗《洪范口义》等，都是从大型类书《永乐大典》中辑出的，约计不下数百种，其意义之大可想而知。四库馆臣所谓"古籍散亡，十不存一，遗文旧事，往往托以得存"，实非虚言。

类书的种类、类别很多，相互之间差别很大。明胡应麟《少室山房笔丛》卷二十二《华阳博议上》云：

> 集之靡冗而难周者，莫大于类书。类书之中，又有博于名物者、典故者、经史者、词章者。刘峻之《类苑》、徐勉之《华林》，博于名物；杨亿

之《元龟》、李昉之《御览》，博于典故；乐天之《六帖》、景卢之《法语》，博于经史；敬宗之《玉彩》、李峤之《珠英》，博于词章。总之，则《玉彩》《珠英》《六帖》《法语》之属，博于文；《御览》《元龟》《类苑》《华林》之属，博于事；欧、虞、祝、谢，兼载事文；杜、郑、马、王，独详经制。大抵书以类称，体多沿袭。创造之力，刘、徐实难；考究之功，马、郑为大。至纤微曲尽，毫末咸该，即陆澄、王摛，并操觚翰，未必亡憾也。

从胡氏的论述可以看出，古代的类书是极丰富的。胡氏提到的有些书，我们今天已难以见到。这里我们把在中国文化史上影响较大和今天比较容易见到的几种类书，推荐给大家。

1. 《艺文类聚》

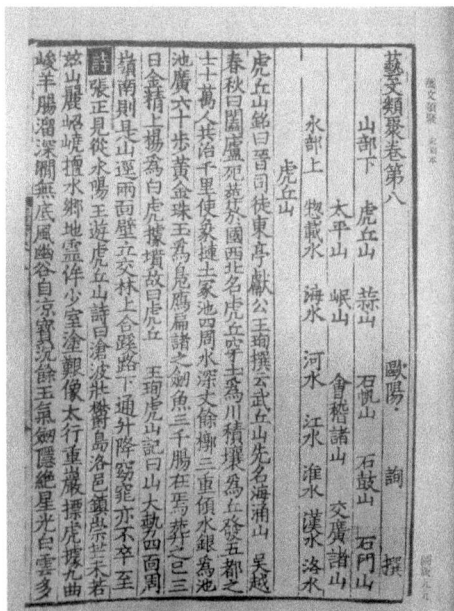

《艺文类聚》书影

《艺文类聚》100卷，是欧阳询、令狐德棻等奉诏编撰的类书。全书约百万字，按内容类别如天、岁时、地、山、水等，共分为46部，有子目727个，引用古籍达1400余种。经、史、子、集，皆括其中。六朝以降，特别是唐代，诗坛创作特别活跃，但为创作所用的工具书，却不十分令人满意。即欧阳询《艺文类聚序》所云："前辈缀集，各抒其意。《流别》（晋挚虞《文章流别集》）、《文选》，专取其文；《皇览》《遍略》，直书其事。文义既殊，寻检难一。"像《文选》之类的文章总集，只能找到些妙词佳句，找不到适用的典故；《皇览》之类的类事之作，则只能找到事物典故，但没有诗文参考。而《艺文类聚》则既有事，也有文，"使览者易为功，作者资其用"。如《地部·石》一类中，先罗列群书关于石的解释或涉及石的文字以及有关石的故事，如云："《物理论》曰：土精为石。《尚书》曰：青州，厥贡铅松怪石。""《毛诗》曰：渐渐之石，维其高矣。""《列子》曰：天亦物也，物有不足。故昔者，女娲氏炼五色之石，以补其阙。"等。再罗列关于石的诗、赋，如云："陈阴铿《咏石诗》曰"、"陈周弘正《咏石鲸应诏诗》曰"、"陈张正见《石赋》曰"、"晋郭璞《礧石赞》曰"等。引书多达 27 种，每一类中都是如此。这种体例为后世类书所效法。《艺文类聚》中所引诗文，多为佚篇。陈振孙《直斋书录解题》谓《艺文类聚》"所载诗、文、赋、颂之属，多今世所无之文集"，有学者统计，《艺文类聚》所收诗文，百分之九十以上今已失传，其文献价值可想而知。

2.《初学记》

　　《初学记》是唐代皇家敕令编撰的又一部类书，主编是唐玄宗时的集贤院学士徐坚，全书共 30 卷。刘肃《大唐新语》卷九云："玄宗谓张说（当时宰相）曰：'儿子等欲学缀文，须检事及看文体。《御览》（《修文殿御览》）之辈，部帙既大，寻讨稍难。卿与诸学士撰集要事并要文，以类相从。务取省便，令儿子等易见成就也。'说与徐坚、韦述等编此进上，以《初学记》为名。"所谓"欲学缀文"就是指学习作诗赋文章。因此这部书的针对性、目的性都很强。它的体例与《艺文类聚》略有不同。虽然也是分部编排，甚至顺序也有些相近，但内容却有变化。《四

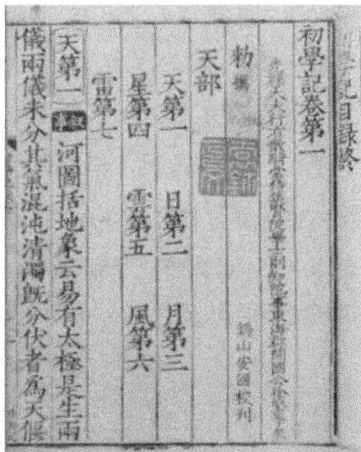

《初学记》书影

库全书总目·初学记》云："其书分二十三部，三百一十三子目。大致与诸类书相同，惟《地部》五岳之外，载终南山；四渎之外，载洛水、渭水、泾水。又骊山汤泉、昆明池别出两条。则唐代两都之故也。其例前为叙事，次为事对，末为诗文。"最值得注意的是在"叙事"和诗文录之外，增多了"事对"一项。这显然是专为学习诗赋对偶而设的。如在《天部》的"月"类中，先是"叙事"，杂引《淮南子》《释名》《汉书》等。其次"事对"，以"金精"对"水气"，"破环"对"合璧"，以"瑶蟾"对"金兔"，"破镜"对"圆璧"等，这些都是与月有关的，而且于每对之

下，都有出处说明，确实非常便于学习。故司马光《续诗话》云："唐明皇以诸王从学，命集贤院学士徐坚等讨集故事，兼前世文辞，撰《初学记》。刘中山子仪爱其书，曰：'非止初学，可为终身记。'"四库馆臣称此书"在唐人类书中，博不及《艺文类聚》，而精则胜之"。这两部书在唐代影响都很大，唐代人的诗赋文章用典，好多都是从这里学来的。因此研究唐代文学者，不可不读此二书。同时这两部书因为所引或为今所佚的诗文，或为古本，因此对于今天辑佚或校勘古籍，都有重大的意义。

3. 《太平御览》

《太平御览》共 1000 卷，是宋太宗命李昉任主编而编撰的一部大型类书。以太平兴国二年受诏，至八年书成，故初名《太平总类》。据宋敏求《春明退朝录》载，书成之后，宋太宗日览三卷，用了一年的时间才读完，故赐名《太平御览》。全书分55 部，比《艺文类聚》多九部，分类更为细密，故检索更为方便。每部之下又分若干子目，共 4558 类。天地万物，无不备于其中，故庆元五年蒲叔献序云："《太平御览》备天地万物之理，政教法度之原，理乱废兴之由，道德性命之奥。"《太平御览》引书多达 1690 种，连同杂书、诗、赋、铭、箴等，则超过 2500 种。经史百家，皆在采辑之列。所引古书，十之七八已经失传，是保存古佚书最多的类书。五四时期，

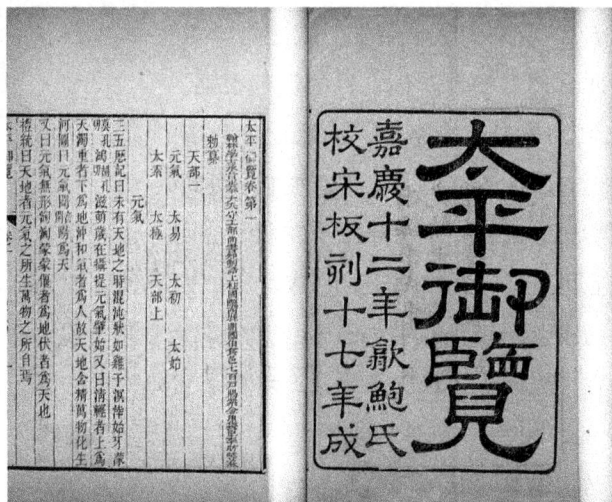

《太平御览》书影

北京大学校长蔡元培突然辞职，留下一则启事："我倦矣！杀君马者道旁儿。"当时人不知什么意思，据说是刘叶秋先生在《太平御览》的《兽部·马》类中找到了答案。《太平御览》引《风俗通》云："杀君马者路旁儿也。言长吏养肥马而希出，路旁小儿观之，却惊致死。按：长吏马肥，观者快之，乘者喜其言，驱驰不已，至于死。"

4. 《太平广记》

《太平广记》共 500 卷，是宋代太平兴国年间李昉等奉敕编撰的又一部类书。不过与《太平御览》相比，它实际上是古代的一部短篇小说的类纂，多取材于汉代至宋初的野史小说和道释的杂著。全书按题材分为 92 类，如神仙、女仙、方士、道术以及神、鬼、草木、龙、虎、狐、蛇之类。每大类下又分小类，共 150 多小类。《四库全书总目·太平广记》称："其书虽多谈神怪，而采摭繁富，名物典故，错出其间。词章家恒所采用，考证家亦多所取资。又唐以前书，世所不传者，断简残编，尚间存其什一，尤足贵也。"据今人统计，《太平广记》引书多达四百种。许多六朝志

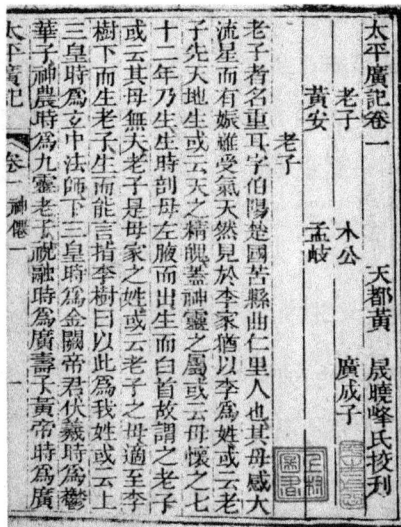

《太平广记》书影

怪、唐代传奇，赖此得传。如著名的《李娃传》《柳毅传》《霍小玉传》《莺莺传》《古镜记》《南柯太守传》等，皆保存其中。此书对中国小说影响甚大，宋以后的话本小说、杂剧等，每从中取材演义。像《古今说海》《五朝小说》《唐人说荟》之类书，往往取《太平广记》而改题篇目，说它是小说之渊薮实不为过。

5. 《渊鉴类函》

《渊鉴类函》是比《太平御览》规模还要大的一部类书，由清帝钦定，张英、王士禛、王惔等编撰，成书于康熙四十年（1701 年），共 450 卷。全书分 43 部，分 2500 余小类。虽与以往的类书相似，仍分天部、岁时部、地部、帝王部……服饰、

器物、食物、五谷等，但内容大增。此书以《唐类函》为蓝本，据《四库》提要言："广其条例，博采元、明以前文章事迹，胪纲列目，荟为一编，务使远有所稽，近有所考，源流本末，一一灿然。计其卷数，虽仅及《太平御览》之半，然《御览》以数页为一卷，此则篇帙既繁，兼以密行细字，计其所载，实倍于《御览》。盖自有类书以来，如百川之归巨海，九金之萃鸿钧矣。"几乎将以前类书中出现的内容，全部囊括。凡《唐类函》原有的文字，在前面标"原"字；增补部分则标"增"字，引文标出处，诗文标篇名。内容分三部分，第一部分是叙事，第二部分是对偶或典故，第三部分是诗赋文章。如果不是做辑佚工作，此书似乎可以取代以前同类类书。

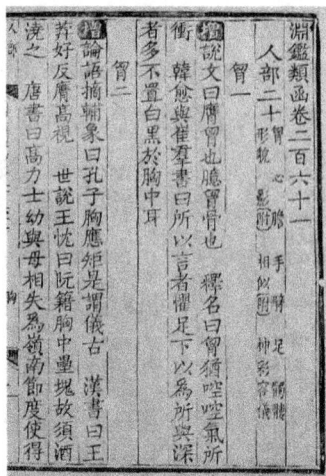

《渊鉴类函》书影

6. 《古今图书集成》

《古今图书集成》共 1 万卷，清康熙朝陈梦雷编撰，后经雍正朝蒋廷锡校订。这是目前所见到的最大的一种类书，仅目录就达 40 卷，共 1.7 亿字，是《大不列颠百科全书》的五倍。收录万余幅图片，引用书目多达 6000 余种。张廷玉《澄怀园语》中评价此书云："自有书契以来，以一书贯串古今，包罗万有，未有如我朝《古今图书集成》者。"法式善《陶庐杂录》称《集成》："荟萃古今载籍，或分或合，尽善尽美，发凡起例，纲举目张，猗欤盛哉！"仅医部就多达 520 卷，950 万字，征引历代重要医籍 120 余种。书分"汇编"、"典"、"部"三级目录，"汇编"分历象、方舆、明伦、博物、理学、经济等六类。"历象汇编"包括天文、岁时、历法以及自然与人类的种种异常变化内容；"方舆汇编"包括山川地理、都城建置、四方风物等方面的内容；"明伦汇编"包括政治伦理、家庭伦理、社会伦理以及氏族和人事方面的种种内容；"博物汇编"包括农、渔、医、商、神、鬼、释、道、卜筮、星命、堪舆、术数以及草木鸟兽等方面的内容；"理学汇编"包括文献及文史哲方面的种种内容；"经济汇编"包括政治、经济、礼仪、音乐以及各种制度方面的内容。每一"汇编"又分若干典，共三十二典。典下有部，共 6117 部。各部下资料又分为十类编排，即汇考、总论、图、表、列传、艺文、选句、纪事、杂录、外编，确实是一部规模罕见、体例完备的大型类书。其内容之丰富，实令人吃惊。如"理学汇编"中的《文学典》，字数约达300万字，分文学总论、名家列传、艺文、纪事、杂录，还有近50种文体的总论、艺文、记事与杂录。而其所录文学名家，远远超过了今天文学史著收录的范围，甚至方志中的许多作家也列入其中。这是研究中国文学与文化的人，不可不了解的。

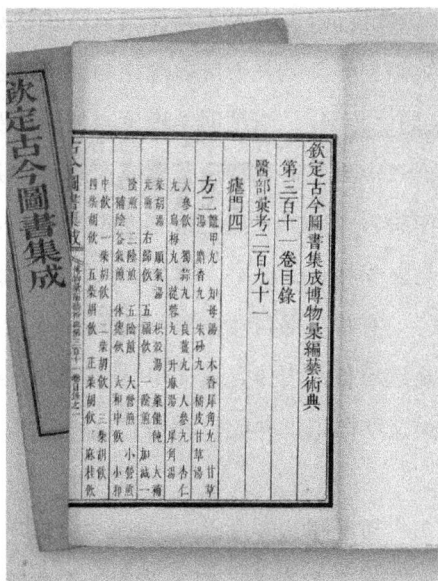

《古今图书集成》书影

"类书"实际上就是中国式的百科全书，确实给阅读、创作、研究带来了很大的方便。但要注意的是，类书的资料因多相互转抄，因此讹误较多，引用时一定要谨慎，最好是根据类书提供的线索，去核对原书。

除类书之外，丛书也是研究文学应该关注的图书。所谓"丛书"，就是按一定原则或目的丛聚起来的成套图书。丛书始于宋而盛于明清。《中国丛书综录》所收达2700余种，《中国丛书广录》收录3200余种。丛书有综合性的，也有专科性的。如《四库全书》《丛书集成》等，就是综合性的丛书；像《皇清经解》《通志堂经解》，就是专门关于经学的。大量的文学典籍，保存在丛书中。

关于专门性的文学丛书，为数甚多。诗、文、词、曲、戏剧、小说、文学评论等，都有专门的丛书。如明张溥辑《汉魏六朝百三名家集》、清吴重憙《九金人集》等，是包括诗赋及各类文章在内的文集丛书；明茅坤编《唐宋八大家文钞》、宋陈亮辑《苏门六君子文粹》等，则是关于文的；明朱警辑《唐百家诗》、宋陈思编元陈世隆补《两宋名贤小集》、明俞宪辑《盛明百家诗》等，是诗集的丛刊；像明吴讷编《百家词》、近人朱祖谋辑《彊村丛书》、近人陈乃乾编《清名家词》等，是关于词集的丛书；清人辑《乐府小令》、近人任中敏辑《散曲丛刊》等，是关于散曲的丛书；明毛晋辑《六十种曲》，以及民国以降所辑的《古本戏剧丛刊》《孤本元明杂剧》等，是戏剧的丛书；《笔记小说大观》《古本小说集成》等，是小说的丛书；清何文焕缉

《历代诗话》、近人丁福保辑《历代诗话续编》及《清诗话》、今人郭绍虞辑《清诗话续编》等，是关于诗歌理论与诗评的丛书；清查继超辑《词学全书》、今人唐圭璋辑《词话丛编》，则是词学理论与评论的丛书；近人陈乃乾辑《曲苑》、中国戏剧研究院辑《中国古典戏剧论著集成》等，则是关于戏剧理论的丛书；近人周钟游辑《文学津梁》，是文论的丛书；上海古典文学出版社辑《中国文学参考资料小丛书》，则是与文学相关的丛书。其他像尺牍、骈文、赋等，也都有丛书。

有些丛书与总集很相似，如清代李祖陶《国朝文录》、沈德潜《七子诗选》等，是选录各家之作，每人单独为集。不过我们没必要在概念上纠缠，只要知道有这一类文学图书，并能够利用它就可以了。

思考题

1. 何为别集？何为总集？各有何特点？

2. 总集有哪几类？

3. 请举出古代四部著名的总集，并略说其特点。

4. 何为类书？何为丛书？各有何特点？

5. 请举出古代五部著名的类书。

6. 请举出古代五种大型丛书的名称。

7. 请利用类书，写一篇关于月亮的文章。

参考书目

（唐）欧阳询：《艺文类聚》，上海，上海古籍出版社，1965。

（唐）徐坚：《初学记》，北京，中华书局，1962。

（宋）郭茂倩：《乐府诗集》，北京，中华书局，1979。

（宋）李昉等：《太平御览》，北京，中华书局，1985。

（清）纪昀：《四库全书总目提要》，石家庄，河北人民出版社，2000。

（清）邵懿辰撰、邵章续录：《增订四库简明目录标注》，上海，上海古籍出版社，1979。

（清）张之洞：《书目答问》，北京，商务印书馆，1933。

（清）张英、王士禛等：《渊鉴类函》，北京，中国书店，1985。

（清）陈梦雷等：《古今图书集成》，北京，中华书局；成都，巴蜀书社，1985。

李树兰：《中国文学古籍博览》，太原，山西人民出版社，1988。

李树兰：《中国文学古籍博览续编》，太原，山西古籍出版社，1996。

汤炳正：《楚辞今注》，上海，上海古籍出版社，1996。

胡晓明：《文选讲读》，上海，华东师范大学出版社，2006。

余论　国学的基本素质及其当代意义

　　中国传统学术是与西方学术完全不同的知识体系。现代的西方学术框架，无法容纳中国学术体系，西学也不能替代这个体系。用西方概念来规范中国学术，所得到的只能是肢解后的知识残骸，而失去的则是文化的精魂。在国学的知识体系中，承载着中华民族积累了数千年的生存智慧，以及为人类的和平、稳定而生成的价值体系。这种智慧与价值观念，对于人类未来的生存，有着极其重大的意义。在以上的分部论述中，我们已基本把握了中国学术的性质及其对于人生的意义。在此，我们需要作出综合性的论述，以更清楚地看到中国学术的特色。

国学的基本素质

　　"国学"作为中国传统学术，因其面对的是几千年从无间断的文明，是世界上最为丰富的文化典籍，因而其内涵十分丰富。就其要者而言，这是一个以"天人一体"为核心理论的知识体系，和以道义为核心价值的观念体系，以及以和谐为核心精神的智慧运作体系。我们可将其有利于人类发展的基本素质归纳为以下八种。

　　第一，"天人一体"的哲学理论。

　　当代学者多命之曰"天人合一"，这是不准确的。因为，在中国传统观念中，天与人本来就是一体的，而不是分开再合的，如真德秀《蒙斋铭》所言："天人一体，物我一源。"古人以天、地、人为"三才"，认为这三者是"万物之本"，相互联系着，不能分开。所以朱熹说："天即人，人即天。"《礼记·礼运》篇说："人者，天地之心也。"这是说天地本没有心，没有理性，有了人才有了心，有了理性，人是天地的代言人。没有天地，人无法生存；没有人，天地之理不能彰明。那些得道的大圣人，能够"与天地合其德，与日月合其明，与四时合其序，与鬼神合其吉凶"

（《周易大传》），成为天地自然之道的化身。所以说"圣人之道"，"发育万物，峻极于天"（《礼记·中庸》）。《毛诗传》中反复提到"太平而后微物众多"（《毛诗·鱼丽》）、"太平则万物众多"（《毛诗·凫鹥》）的现象，在文献中，我们经常看到关于太平年间，"五谷熟，草木茂"的描写。如汉代的大儒公孙弘描写上古圣人治天下时就说："阴阳和，五谷登，六畜蕃，甘露降，风雨时，嘉禾兴，朱草生。"（《汉书·公孙弘传》）《宋书·符瑞志》也说："周德既隆，草木茂盛。"这表示古代中国人，并不只是关心人的生存，同时对万物繁庶也表示了极大的关切。这实际上是一种人与万物共生、共存、共荣的精神。这种精神使这个族群在几千年的历史中，能够与自然和谐相处，并制定了大量保护自然生态的措施。

当然"天人一体"还有更多的意义，可说是中国传统文化的一块基石，像中国人的道德观念、人格理想、价值判断等都与"天人一体"观念有诸多联系。

如果人们考虑的不是要与自然共生共荣，而是要开发自然、征服自然，让自然为人服务，最终将适得其反。因为人与自然本来就是一体的。《韩非子·说林下》有这样一个故事：有种叫作"虺"的怪物，长着两个脑袋。为了争夺食物，两个脑袋相互撕咬。一个把另一个咬碎了，可它自己也完蛋了。因为它们本是同体的。这个滑稽而又富有讽刺意味的故事，很能说明目前人类征服自然而导致生存危机的结果。中国传统"天人一体"的哲学理论，对于人类认识自然、收敛征服自然的行为、挽救生态危机，无疑是有积极意义的。

第二，"勤俭"、"知足"的生活观念。

"勤"指尽力从事，"俭"指节约材用，这是一种生活方式。"知足"指心里永远满足，这是一种心理状态。《尚书·大禹谟》称赞大禹之德："克勤于邦，克俭于家。"古代中国许多人家的门额上挂着"勤俭持家"、"克勤克俭"、"勤俭传家"之类的牌匾；名人"家训"中，也一定要把"勤俭"写进去。这是个良好的传统。《左传》说："俭，德之共也；侈，恶之大也。"（《左传·庄公二十四年》）司马光在家训中对这两句话作了很好的解释，他说："共，同也；言有德者皆由俭来也。夫俭则寡欲：君子寡欲，则不役于物，可以直道而行；小人寡欲，则能谨身节用，远罪丰家。故曰：'俭，德之共也。'侈则多欲：君子多欲则贪慕富贵，枉道速祸；小人多欲则多求妄用，败家丧身；是以居官必贿，居乡必盗。故曰：'侈，恶之大也。'"

（《传家集》卷六十七《训俭示康》）这从根本上反映了中国人以勤俭为本的生活观念。

"勤俭"所要解决的是生活物资的问题，而"知足"则要解决的是人心问题。人在物质上的享受欲望是没有穷尽的，只有"知足"，才能制止"贪欲"。老子《道德经》第四十四章说得很明白："名与身孰亲？身与货孰多？得与亡孰病？甚爱必大费，多藏必厚亡。知足不辱，知止不殆，可以长久。"意思是说，人最重要的是生命，名和利都是身外之物，过于追求名誉和金钱，就会伤及生命自身，得不偿失。如果知道满足，抛弃贪婪的念头，就不会让自身受辱。《韩诗外传》也说："罪莫大于多欲，祸莫大于不知足。故知足之足，常足矣。"（卷九）说穿了，就是贪婪的欲望追求，是人类罪恶和灾祸的根源。朱熹提出"存天理，灭人欲"，中国古代标榜"安贫乐道"，一个很重要的目的，就是为了杜绝罪恶与灾祸的发生。

"勤俭"和"知足"是相辅相成的，知足并不等于没有追求，没有上进。追求与上进就体现在一个"勤"字中。"俭"则是合理地支配财物，以免匮乏。知足则要求适可而止，不要贪得无厌。这种生活方式与观念，对于遏制目前人类无限度地开采资源、无节制地追求生活享受，是有积极意义的。

第三，"贵和执中"的处世思想。

"贵和执中"其实就是中庸思想。所谓"中庸"就是中正不变的恒道。《礼记》中的《中庸》一篇，就是专门阐述"中和"思想的。"中"是定位，是要处的位置，这就有个度的问题，也就是程颐说的"不偏不易"，恰到好处。"和"是运作，是处理方式。能够把握住"中和"两个字，就会天下太平，万事大吉。但"中和"并不是不讲原则。孔子说"君子和而不同"，又说"君子和而不流"。"不同"、"不流"都是要保持个性，坚持原则，并不是随风倒；"和"则是要和谐相处。

儒家关于"中庸"的理论，其中包含了好多内容，但最重要的是两种基本精神，一是"包容"，一是"和谐"。这两种文化精神，决定了中国文化对于现代世界的意义。在中国文化史上有绝高地位的孔子，他所提倡的仁、义、礼、智、孝悌、忠恕等，一切带有温情的道德观念，无不是以"和谐"为基本精神的。所谓的"仁"，实际上强调的是人内在心性的和谐；"义"则是强调心与行的和谐；"礼"是强调人群关系的和谐；"智"是强调自我与外物的和谐；"信"是强调彼此心里联系上的和谐；"孝悌"是强调血缘内部关系的和谐；"忠恕"是强调群体内部关系的和谐。其他如墨家的"兼爱"，道家的无为而治，法家的"置法而不变，使民安乐其法"等，都是以追求人类社会的和谐为旨归的。而孔子所说的"君子和而不同"，这个"和"字既是和谐，同时也是讲相互包容的。在中国人的习俗生活中，处处可体现出"包容精神"来。中国不少庙宇中，既有和尚，又有道士；庙宇中的塑像，有时是儒、道、释三家的始祖同处于一个殿堂上。从中国历史的发展中，更可以看出中国文化"包容"的特色来。中华民族的历史，实际上就是一部"文化包容史"。"包容"不是一方消灭另一方，而是在相互承认"不同"的基础上，达到"和"的状态。

《国语》里有两句名言："和实生物，同则不继。"（《郑语》）汤一介先生对此有很好的解释。他说："和谐以共生共长，不同以相辅相成。相异的事物相互协调并进，就能发展，而相同的事物叠加，其结果只能窒息生机。如果琴瑟老弹一个声音，岂不令人生厌？而融合多种乐器的交响乐才是真正的和谐。"他又说："中国传统文化的最高理想是'万物并育而不相害，道并行而不相悖'，在经济全球化的今天，不同文明固然可以引起冲突，但多元文化同样可以并存不悖，世界需要多姿多彩。"[1]这话说得非常好。

"中庸"思想中的和谐、包容精神，实际上就是一种"共生"、"共存"精神。而现在人类最缺少的就是这种精神。只有相互包容，和谐相处，才能使人类有永久和平。

第四，"贵义贱利"的价值选择。

"义"和"利"是一组相对应的概念。"义"是属于道德层面的，"利"是属于物质生活层面的。在中国传统观念中，认为"义"比"利"更重要。孔子说："君子喻于义，小人喻于利。"（《论语·里仁》）又说："不义而富且贵，于我如浮云。"（《论语·述而》）这是说作为君子，心里更应该考虑的是义，如果不合道义而能让自己富贵起来，那是绝对不能干的。物质利益谁都想得到，但要看用什么方式，得的是什么性质的利。所谓"君子爱财，取之有道"，强调的就是在符合道德原则之下的利益获取，不义之财不能发，义是必须坚持的原则。中国古代的平民思想家墨子也说：

---

① 杨雪梅：《汤一介教授：找回民族力量之所在》，载《人民日报》，2004-12-24。

"有义则生，无义则死；有义则富，无义则贫。"（《墨子·天志上》）强调的是义对一个坚持道德原则的人的重要性。如果为了利而放弃义，那就是顶尖的大坏蛋，即荀子所谓"保利弃义，谓之至贼"（《荀子·修身》）。有人认为这是把义和利对立起来了，其实不然。中国文化并不是不讲利，在《周易》中，几乎无卦不言利。不过中国文化强调追求大利而不是小利。什么是大利呢？就是"天下之利"。《周易·文言》有两句话很值得注意，一句是"利者，义之和也"，一句是"利物足以和义"。所谓"义之和"，是说天利万物，使万物各得其宜，这是合于义的，故称"义之和"。用张载的话说，就是"义公天下之利"。所谓"利物足以和义"，实际上是说，让万物都获其利就是义。只为一己私利考虑，那自然不是义了。所以《孝经注》又说"利物为义"。用今天的话说，只考虑一人、一家、一国之利，而不考虑世界各国人民的利益，那就是"小利"。能为人类考虑，那就是大利，就是"义"，就是"公天下之利"。当个人利益与道义发生冲突时则要毫不犹豫地"舍利取义"。孔子主张"杀身成仁"，孟子主张"舍生取义"，都是指在义利冲突情况下的选择。也就是说要坚持道义原则，而不是利益原则。而世界的纷乱、争斗，正是在失去道义的利益争夺中发生的。使"贵义贱利"价值观进入人类未来选择的视野，在当今时代发挥作用，这应该是当下中国学人的责任。

第五，"修己治人"的治学理念。

"修己"是提升自己，"治人"是以智济世。《礼记·大学》提出了修身、齐家、治国、平天下的人生道路，这与"修己治人"是一个意思。修、齐、治、平是人生的四个步骤，修、齐属于"修己"的阶段，治、平便属于"治人"了。中国人的人生理想，其最佳结果便是"修齐治平"这四个字的实现，这也是中国传统大学的理念。《礼记·学记》中还提出了君子"化民易俗"的理念，这就是要每一个大学生有一种高远的志向抱负，读书不是为谋私利，而是要承担起引导社会向善的职责。古人认为，学习的第一要义是"修己"，此即孔子说的"古之学者为己"，荀子所说的"君子之学也以美其身"。在自己获得提升的基础上，然后要变知识为智慧，为社会服务。当然服务社会是有层次的，如果有机会做官，便可以立德立功，实现"治平"理想，这是最完满的。但更多的读书人是没有机会做官的，这就要求读书人有社会责任感，不可放弃一个知识拥有者的社会角色，要用知识教化民众，使社会能有一种好的风尚，呈现出健康的精神风貌。故《学记》说："九年知类通达，强立而不反，谓之大成。夫然后足以化民易俗，近者说服而远者怀之，此大学之道也。"顾炎武提出："君子之为学，以明道也，以救世也。""明道救世"，这正是一个传统知识分子的胸怀和责任，是在不能实现"治平"理想的条件下所抱有的一种志向。

第六，君子人格的人生目标。

中国传统的儒家教育，一个基本的目的，就是要教人如何做人，而"君子"就是儒家教育设定的一个人格目标。《论语》中的孔子，则是君子人格的典范。在《论语》与《孟子》中，对君子有很具体的描写，如好学善问、温厚宽容、崇德向善、慎言敏行、仁民爱物、见利思义、勇于改过、安贫乐道、严于律己，等等，都是君子的基本品格。一句话，君子就是一个堂堂正正、不断追求更高的人生境界的人。君子的德、才、智都有高低之别，但他们能够不断学习，不断上进，追求人格的完满。孔子强调"仁"，就是君子人格最高境界的标志。"仁"是一种心灵状态，是以爱对待天地万物，视天地万物为一体，即宋儒程颢所说："仁者，以天地万物为一体，莫非己也。"（《二程遗书》卷二）所谓"仁者无敌"，就是指仁者心中没有对立面，能用爱化解天地间的戾气。这种爱施于天地间，便可营造一种人文生态，一种让人心情舒畅的环境，同时使自己的心灵达到和乐的状态。《论语》开首言："子曰：学而时习之，不亦说乎！有朋自远方来，不亦乐乎！人不知而不愠，不亦君子乎！"这写的其实就是仁者的心灵境界：读书是快乐的，交友是快乐的，人不知而无忧怨之色，仍然是快乐的。所谓"仁者不忧"，就是在这个层面上说的。

中国传统文化中设定的君子人格目标，应该代表人类发展的主流方向，因为它把重点放在了人心、人性的修养上，这应该是人类发展的一个本质性的问题。君子的高尚带给社会的是安详，是精神上的舒畅，是人类永久的和平、安宁、幸福与快乐。

第七，"天下大同"的政治理想。

大同理想是中国文化与他种文化一个特大的不同之处。《礼记·礼运》篇说："大道之行也，天下为公。选贤与能，讲信修睦，故人不独亲其亲，不独子其子。使老有所终，壮有所用，幼有所长，矜寡孤独废疾者皆有所养。男有分，女有归，货恶其弃于地也，不必藏于己；力恶其不出于身也，不必为己。是故谋闭而不兴，盗窃乱贼而不作。故外户而不闭，是谓大同。"这实际上是说，天下大同是一种最美好的社会景象，它的美就在于"天下为公"，世界充满了祥和。这无疑是中国人的一种社会理想，但这种理想中却洋溢着一种"世界精神"。这种"世界精神"关注的不是一人、一家、一国之利，而是天下之利。中国传统知识分子一个自我实现的最高目标就是"平天下"。"达则兼济天下，穷则独善其身"，所谓"天下"，就是所有人类的地方。这是一种大胸怀、大气概、大抱负。梁漱溟先生在对中西文化作比较时曾说，西方人更重个人和国家，中国人更重家庭和天下。① 有人认为，中国人所谓的天下，其实还是中国。这是不对的。《礼记·中庸》里所说的天下乃"天之所覆，地之所载，日月所照，霜露所队"，显然不是中国所能包括的。

由于有这种"天下观念"和"世界精神"，所以古代中国很少有狭隘的本土利益考虑，而总是要考虑到"天下"。故而出现了康有为的《大同书》，出现了费孝通先生的文化大同理想："各美其美，美人之美，美美与共，天下大同。"② 正是这种观念和精神，使中国人不自觉地消除了狭隘的民族主义观念，能够与世界各民族共生、共存、共荣。

第八，"礼乐教化"的文明秩序。

"礼乐教化"是周代曾经实行过的一种制度，春秋之后"礼崩乐坏"，到秦汉以后，只是残存一些影子而已，但这种制度却给中国人留下了美好的回忆。孔子一生所追求的就是礼乐制度的修复与实践，当然其中也有些理想化色彩。

所谓"礼"，指的是一种行为规则。《说文》云："礼者，履也。"就是指礼是人所践履的，包括人的行为准则、道德规范、尊卑秩序以及礼仪规矩等。人的嗜欲好恶，都由礼来节制。在古人看来，人与动物不同的就是因为懂得礼。礼与法有点相似，但又不同，法是强硬的、缺少人情味的，而礼则是有温情的，是与道德、教养相联系的。在法的面前，人考虑的是敢不敢那样做；在礼的面前，人考虑的是该不该那样做。礼的核心是一个"敬"字，即《孝经》所说的："礼，敬而已矣。"人与人之间相互尊敬、礼让，便可以营造出一种和谐的气氛，故《论语》说："礼之用，和为贵。""乐"指音乐，它要表现的是一种精神状态，人心中喜乐，便"咏歌舞蹈，

---

① 《梁漱溟学术论著自选集》，331～332页，北京，北京师范大学出版社，1992。
② 《费孝通学术自述与反思》，142页，北京，生活·读书·新知三联书店，1996。

自不能已"。礼是社会规定的，乐是内心发出的。所以《乐记》说："乐由中出，礼自外作。""礼"负责规范人的行为，而"乐"则负责调和人的性情，人的喜怒哀乐之情，都可以在乐声中化解。乐还有一个重要功能，那就是教化，感发人的善心，诱导人向上，移风易俗，让社会处于平和的状态中。所谓"教化"，就是教育感化，使人在教育中，将仁义礼智信等社会道德内化为自己的心灵，在行为上表现出来。所以古人说："礼所以经国家，定社稷，利人民；乐所以移风易俗，荡人之邪，存人之正。"（《淮南子·时则训》高诱注）由此，实现社会秩序的文明化。

现代社会强调法治，但法治难以从道德层面遏制人贪得无厌的利益追求和生活享受。而中国古代制礼多半是为了解决这个问题的，即《乐记》所说的"礼者所以缀（辍）淫也"，意思是，礼是为了制止人的过分之求的。荀子说得更直接，他说，人的欲望追求无止境，便会引起争斗和混乱，所以先王要制定礼来规范人的行为，让人懂得节制（见《荀子·礼论》）。我们经常把"礼让"两个字合在一起。因为礼和让是相联系的，如果人与人、国与国之间，都能多一份礼让，世界也就会减少很多冲突了。但是对于礼，人并不一定能从内心接受，这就需要教化，就是汉朝大儒董仲舒所说："万民之从利也，如水之走下，不以教化堤防之，不能止也。"通过教化，"渐民以仁，摩民以谊，节民以礼"，这样就可使民风改善（见《汉书·董仲舒传》）。教化离不开"乐"，用健康的音乐来感发人的善心，把心中那种不健康的欲望冲洗掉，最后达到移风易俗的目的。显然，礼乐教化可以补充法治的不足，有利于人类的持久和平。

以上这八个方面，都是中国文化中对当代人类的和平、稳定有积极意义的精神资源。

国学的终极目标：万世太平

正是由于中国传统文化拥有以上所论述的基本素质，因此保证了中国社会乃至东方社会两千多年的相对稳定、和平、和谐与发展。而且，它对于未来世界的和平、和谐与人类的协调发展，也必将发挥积极的作用。

中国文化是"求善"的，有一个最终的目标，这就是《礼记》所说的"天下为公"的"大同"社会。用最通俗的话说，就是"万世太平"。宋朝人著《太平经国书》十一卷（郑伯谦），明朝有人给皇帝献《万世太平治要策》（桂彦良），清朝有人写《万世太平书》十卷（劳大舆）。柯尚迁《周礼全经释原序》即称"圣人作经，以开万世太平"。中国人是酷爱和平的族群，而古代中国的精英群体，他们的奋斗目标则是"为万世开太平"。这是一种非常宏大的理想、抱负，把人类永久的安定、团结、和平和幸福放在第一位。因而在世界存在着多种危机的今天，中国文化便成了人类和平的最大希望所在。

科学技术与经济的发展，只是外在于人的生产工具与生活工具、物质条件的发展，是人类创造力的一种体现，而不能代表，或者说不能完全代表人类的发展。人类发展更主要的应该指内在于人的精神的发展、人性的发展，应该是人类精神向道德领域的不断提升。人类文明的双轮车，除了科技之轮外，还有人文之轮。

其次，是价值取向的问题。中国传统文化中高扬的是一个"义"字。贵"义"贱"利"，是这一文化的价值取向。在社会生活中，中国人首选考虑的是"义"，"利"只有在服从于"义"的时候，才被接受。举个例子，汉宣帝时，西羌造反，当时国库空虚，因为汉武帝时用兵过多，耗尽了国库。关于筹措军费的事，大臣们进行了讨论，提出了两个方案：一个是让囚犯掏钱赎罪，赎罪的钱用于军费。另一个方案是加大税收，让百姓负担。用现在人的观念看，第一个方案是很不错的，既解决了军费问题，也不会加大百姓的负担。但在当时被否决了，而选择的是第二个方案。原因是，如果让犯人掏钱赎罪，尽管可以筹措到钱，但其后果会造成人对"利"的追求，钱既然可以赎罪，自然就可以买到一切，人们便会为钱奋斗，这样会把老百姓引到唯利是图的方向上去。而加大赋税，是让老百姓懂得"义"，知道家国一体的道理。国家有了难，老百姓有责任、有义务帮助国家渡过难关；如果百姓有了难，国家也会打开国库，救济百姓。这有关乎"教化"，利于长治久安。这是在"义"、"利"取舍上的一个典型例子。

最后，古代中国对于发展科学技术，是在保证人类长治久安的前提下考虑的。中国人对于科技发展有三个原则。第一是不影响人体健康，第二是不影响人类的生态环境，第三是有利于人类的健康发展。正是中国文化贵"义"贱"利"的价值取向，与追求长治久安的生活理想，使中国人具有了更加长远的眼光，他们考虑的是人类持久的发展，而不是眼前的利益。

在维护人类持久和平以及人类的可持续发展上，中国文化具有现实意义。我们现在倡导"国学"，是希望人类在发展科学技术的同时，更多地考虑一下人类未来的生存与和平发展问题，考虑一下人类自身的发展即人性的发展问题、人类道德精神提升的问题。在政治上我们反对霸权主义，文化上同样也反对霸权主义。每一种文化都有它存在的意义，都有别的文化所不及的长处。文化有性质的不同，而没有先进与落后之别。任何想用一种文化取代其他文化的念头都是错误的。

国学在人类文化格局中的角色

如何在人类文化的整体格局中，来认识国学的角色、性质及其对人类文明的意义，是一个新的命题。

中国文化根植于人类道德性的自觉，是对人类善性的发现与培植，有一种向善与向上的力量在导引着，而这也是人类独具的品性。人类从自然界走出，依靠两种力量，一是智慧，一是道德。"智慧"使人类在力不及虎豹、捷不及禽兽的条件下，能够战胜自然，创造了人类丰富多彩的生活；"道德"使人相互之间以诚相待、协同合作，构建了人类最初的社群和组织。

就道德而言，人类最初构建群体组织，信赖的便是一个"诚"字。所谓"诚"，就是"真实无妄"。《礼记·中庸》说："不诚无物。""诚者，天之道也；诚之者，人之道也。""唯天下至诚为能经纶天下之大，立天下之大本，知天地之化育。"换言之，天地间若没有了诚，万物不能生，人类无以成。我们习惯上用"淳朴"、"憨厚"、"赤子之心"形容人的纯正的德性，这正是对人类初始行为状态的表述。所谓"人心不古"，则是对世人失去古人淳朴之心的感叹。儒家所强调的"礼"，便是建立在作为"天下之大本"的"诚"的道德意识基础上的。在政治权力出现之前，有了相互之间的诚信守诺，才有可能出现人类最初的规则和群体，人类社会才能形成。但在国家机器形成之后，是用何种思路和方法维护社会秩序，这便因生活方式、价值取向的不同而有了区别。

中国是以农耕文明为基础的国家。农耕人群所从事的是培养生命成长的工作，田地里的作物，家圈里的牲畜，以及鸡、鸭、狗、猫之类等，每一种生命都需要在关爱中才能正常地繁衍、成长。而生物在四季循环中耕种收藏、休养生息的生活节律，又使从事农耕的人群感受到了天人一体的关系，以及"天地信而岁功成"的哲学道理，感受到了天地万物之间的联系乃是生命与生命间的一种联系。由对生命的关爱而培养的道德情怀，使之相信人皆有向善和向上的良知之心，人间的秩序应该建立在以"仁义礼智信"为原则的道义基础上，由此而形成了 18 世纪前西方人眼中的"礼仪之邦"。荀子在《礼论》篇中，曾对以礼为核心的社会秩序的建构，作了理论说明。他说：

> 礼起于何也？曰：人生而有欲，欲而不得，则不能无求；求而无度量分界，则不能不争；争则乱，乱则穷。先王恶其乱也，故制礼义以分之，以养人之欲，给人之求，使欲必不穷乎物，物必不屈于欲，两者相持而长，是礼之所起也。

这实际上是在强调，礼是维护社会道德秩序的纲纪。其功能一是确立尊卑秩序（注意，尊卑是表示上下位置，而不表示价值），二是制止人的欲望膨胀、人性下坠，最终则实现社会的有序与和谐。"礼"之内核在一个"理"字，故《礼记·乐记》说："礼也者，理之不可易者也。"后期儒学强调"理"，坚持的仍然是道德性原则。

中国社会长期以"礼"为核心，维持社会生活秩序，这是历史选择的结果，是在经验和教训中，选择出的最理想的人类生存之道。在东方的历史上也曾有过放弃"礼"的时代和地区，如战国时的秦国，用"法"代替"礼"，用赤裸裸的物质利益代替道义，被中原各国视为"虎狼之国"。虽然秦国凭借着利益煽动起的国民好战热情，获得了一时的成功，完成了统一大业，然而却因道义丧失，前后兴盛不到 150 年，便彻底消亡，给历史留下了深刻教训。《吕氏春秋·高义》篇就曾记到了"秦之野人，以小利之故，弟兄相狱，亲戚相忍"的民风。贾谊在《陈政事疏》中更详言法治推行后"秦俗日败"、父子如路人的情形。这种教训使得汉初百余年间的士大夫群体，在对秦二世而亡的思考中，不断探讨历史的运动方向。正是在对历史的深入研究和深刻反思中，知识群体在其智慧的充分发挥中，基本达成共识，最终选择了以道义为核心价值的经典文化体系，走上了以"礼"治国的道路。

　　所谓"仁"，就是"万物一体"的感受体验。即宋儒程颢所说："仁者，以天地万物为一体，莫非己也。"这种智慧的最大特点是，把整体性利益永远放在局部之上，对事物从生态的角度考虑其相互关联、彼此相依的关系，以创造良好的生态环境和达成和谐的精神状态为最高目标。儒家学说的创始者孔子提出的"仁"学理论，便是这大智慧的最高体现。相传为孔子所撰的《易传》云："天地之大德曰生"，"生生之为易"。又云："乾，其静也专，其动也直，是以大生焉；夫坤，其静也翕，其动也辟，是以广生焉。"这"生"气，就是天地"仁"心的体现，世俗把饱含生机的果核称作"仁"，原因也在此。宋杨伯嵒《臆乘》说："俗称果核中子曰仁……盖仁者生意之所寓，谓百果得此为发生之基。"仁者能以己体人，故能与万物相通、相贯、相爱，共生共荣。虽然在更多的情况下，人们把这种"仁"的学说作道德性的理解，但孔子明确地说："仁者安仁，知（智）者利仁"，把"仁"认作了大智慧。人可以通过仁的方式——相互宽容、理解、尊重、体谅、礼让、关爱，建构起和谐的良好生态。在这种生态（包括自然生态与人文生态）中，生命可以获得全面放松，从而实现全体利益的最大化。老子对这种智慧是用"道"来表述的。他说："道者万物之奥，善人之宝，不善人之所保。""善人"、"不善人"，就是孔子所说的"仁者"、"智者"。从"仁者"、"善人"而言，这"仁"这"道"就是一种精神要达到的境，这是道德性的；从"智者"、"不善人"言，这"仁"这"道"则是获得持久性利益所必须遵循的最高原则，这是智者的发现。从"仁"出发，孔子提出了"礼让"；从道出发，老子提出了"不争"。"不争"则"天下莫能与之争"；"礼让"则天下安宁。在"不争"、"礼让"的人文生态环境中生存，生命不但可以处于快乐的境界，而且还不失去基本利益的保证，这可说是一种艺术的人生。

国学在呼唤中复兴

　　面对"现代病"的危机，从普通民众到科学家与学者，用不同的声音对运载着人类积累了数千年文明成果的国学发出了呼唤。中国民间书院、私塾、国学馆、国学讲堂等雨后春笋般的涌现，便是一场民众自发的自救运动。而学者们的呼吁，则是为拯救人类采取的行动。像前所提到的汤因比、荣格、汉内斯、李瑞智、黎华伦等一批国外学者，把中国文化认作挽救人类的希望。中国一批旧学功底深厚的学者，更是从中国文化的深层来考虑其对于人类继续生存的意义。张岱年教授提出："中国传统文化对现代世界的意义，概括说起来就是能够有助于解决个人与社会，人与自然，道德与生命三种关系。"① 汤一介教授提出，在世界文明的冲突中，"儒家的'仁学'为'文明的共存'提供了有积极意义的资源"②。何兹全教授提出，"在世界未来的发展中，努力融入中国传统文化的中庸之道、和谐思想和天下为公、世界大同等积极因素，人类社会就有可能走出一条和平、发展、合作的道路"③。张立文教授提出了"和合学"理论，认为"和合学是求索现代人类所面临的五大冲突的化解之道，是文化方式的最佳选择和最优化的价值导向。作为中华民族多元文化所整合的人文精神的精髓，和合学的和生、和处、和立、和达、和爱的五大原则，是 21 世纪人类的最大原理和高价值"④。

总之，人类面临的种种危机和人群冲突，根源皆在"人心"，科学无法解决人心的问题。而以道义为核心价值的中国文化，其所解决的恰恰是人心的问题。因此在时代的呼唤中，国学的复兴便成为必然。

---

① 张岱年：《谈谈中国传统文化》，载《河南林业》，1998（4）。
② 祝乃娟：《中国文化能为文明的共存作出贡献——北京大学哲学系教授汤一介访谈》，载《21 世纪经济报道》，2004-12-29。
③ 何兹全：《把和谐思想融入人类发展》，载《精神文明导刊》，2007（4）。
④ 张立文：《中国文化的和合精神与 21 世纪》，载《宁波通讯》，2002（4）。

后　记

从 20 世纪 90 年代后期开始，国内逐渐掀起了学习国学的热潮。不仅以国学为名的出版物大量涌现，而且各地还陆续出现了针对各层次人群的国学学习班和国学讲座。值得注意的是，这次纯属民间自发行动，知识群体中除少数参与者外，大多都在旁观。进入 21 世纪后，国学热不但没有降温，声势反而更加浩大。

民间的国学热潮波及大学校园，国内部分高校成立或筹划成立国学研究机构。山西大学文学院与国学大师章太炎先生有很深的渊源，章太炎先生的两大弟子号称"南黄北李"的黄侃、李亮工两位先生，都曾在此执教。章太炎先生曾招过一期研究生，共七人，而七人中的两人——柏逸荪、姚奠中先生都曾在此执教。特别是姚奠中先生，在此执教达半个世纪之久，使得章太炎先生的学术血脉在此获得承传。这一传统形成了山西大学文学院的办学与研究特色。因此在国学热兴起的 20 世纪 90 年代末，我们即开始筹划成立国学研究院。在我们的观念中，国学是以小学为基础，文史哲不分，它是一个知识系统，也是一个价值系统，又是一种研究方法与治学路径。

进入 21 世纪后，我们开始向学生、向社会做有关国学的讲座和报告。2008 年，与太原市兴业银行共同开办了山西大学国学大讲堂，这完全是公益性的，每周六上午免费向社会开放。我们的理念是："建设中华民族精神家园，确立东方价值观。"为给国学大讲堂开课，我提前准备了讲稿，讲稿以体现东方价值观为核心，而以国学的知识系统为载体。其后我又在山西大学开设了"国学概论"全校公选课，又专为文学院的学生开设了"国学概论"课。这一行动不仅在社会上引起了很大反响，同时也得到了山西省教育厅、山西省科技厅的支持，于是随后作为科研项目立项进行研究。这本教材便是在此基础上形成的。

在书稿完成的过程中，得到了很多人的支持与帮助。在此一并致谢！

2009.6.23

附：2013 年底，出版社通过我的学生郭万金告诉我，这本《国学概论》在现有的同类书中，影响是比较大的。建议我作些修改，增加些内容，再版。于是我想到了在东京大学题为《中国传统文化的基本素质及其当代意义》的讲座稿。在讲座的基础上，根据本书稿的内容要求，作了适当调整和修改，作为余论，放在了书的最后。前面的部分也作了适当的修改。但因近年头疾，不能太用脑，不好作深度思考。虽近几年频繁应社会各单位的邀请做关于国学的讲座，形成了对一系列问题的新看法，特别是对当下的价值观念和关键词的分析、认识，可是要形成文字，还需费一番琢磨，因此也未能补充进书中，深觉遗憾！书中可能还存在错误，还望读者指正！

作者

2014 年 8 月 11 日